JN273289

「間(あわい)の文化」と「独(ひとり)の文化」

「間(あわい)の文化」
と
「独(ひとり)の文化」

比較社会の基礎理論

■

濱口惠俊著

知泉書館

プロローグ

　日本を社会的・文化的に論じる場合，日本人は行動における自律性を欠き，したがって社会・集団・組織の中に取り込まれてしまった人間である，あるいは世間体，恥の意識，恩・義理などの社会心理や社会倫理に強く拘束された人間である，と目されることが多かった。これまでの日本論では，こうした日本人観をその自明な前提にしていたように思われる。いわゆる日本「集団主義」説である。

　日本で自立的な「個人」が欠如しているという見解がまったく間違っているわけではないが，日本人自身の社会生活での実感からすると，まともに妥当するような事柄だとは言えない。

　ではなぜそのようになったのだろうか。恐らく日本研究の方法論が不適切だったからであろう。「集団主義」説は，自立的「個人」と，それを抑圧する「集団」という二元的な対立を分析の枠組みに据え，しかも，もっぱら前者の「個人」に，文化比較の基準点を設定しているのである。このような構図のもとでは，欧米人と較べて自己主張の弱い日本人は，明確な事実との対応なしに，もっぱら論理の上から，必然的に，社会集団の圧力に屈する集団主義者に仕立てられてしまう。

　それゆえ，先ずこうした比較の枠組みから脱却し，より客観的な立場から，新たな日本研究の方法を探索することが求められる。文化比較の方法論そのものを再検討することが先決事項となる。本書の意図する点もそこにある。

　「個人」対「集団」という日本文化への二元論的アプローチは，「方法論的個人主義（methodological individualism）」というパラダイムに準拠していた。この欧米起源のパラダイムは，実は，比較文化論のみならず，社会・人文科学全般に無条件で適用されてきた。しかもそれが全人類に普遍的なものであるかどうかの検討がなされないまま，ノーマルなものとし

て採択されていた。

　欧米では，当然のことながら，その方法論は，どの社会にもつねに当てはまるパラダイムであると固く信じられてきた。欧米の科学を範例として受け入れた日本の研究者も，その普遍性を疑ったことはなかった。

　しかしトーマス・クーンに拠るまでもなく，方法論それ自体は，そのパラダイムを生み出した時代や文化に拘束された（culture-bound）ものなのである。そうだとすれば，本来それぞれ相異なる文化を比較するのに，特定の文化に起源をもつパラダイムを，どこまで実際に適用しうるのだろうか。そのフィーザビリティを検討することなく，無条件で一方的に当てはめることはできない。この点慎重な配慮を必要とする。

　もっとも，特定の文化に根ざすパラダイムでの比較をあえて行なえば，現実との対応において問題はあるとしても，一つの対比結果が出てくることは確かである。つぎに同じように別の文化に依拠するパラダイムに基づいて大胆に比較を行なってみる。そして第一と第二の結果を，比較に用いた基準の違いに留意しながら，対照化することが考えられる。こうした相対化された二重の比較作業（エピローグ参照）が要請されるであろう。

　そこで，これまでのとは違って，日本人や東アジアの人の行動や思想に共通して内在する特性，すなわち，個人どうしの関係性，ないし当人の置かれた社会的な「場」（状況）がつねに重視されるという事実を，分析の焦点に据えてみよう。「個人」そのものではなく，人間的な連関性という分析拠点からのパラダイムを構想する試みである。関係性それ自体が文化比較におけるもう一つの普遍的な基盤だと仮定して，この立場からの新たな比較国民性論が展開されないだろうか。

　要するに，従来自明であった「個人」中心のパラダイムとは違って，「関係性」から出発する分析枠組みを構築しようとするのである。それは，日本では普通に存在する事柄がなぜ欧米では見当たらないのか，という発想から出発する「逆欠如理論」（園田英弘）に通じるものがある。もっとも，園田が言うように，日本の現実にかかわる「ローカルな理論」を乗り越えて，一挙に世界的に普遍的な抽象原理に到達することは困難であるかもしれない。しかしこうしたパラダイム・シフトが，比較文化論にとって少なくとも発見的（heuristic）な意義をもつことは確かであろう。

　実際，「関係性」へのシフトなしには，これまでのステレオタイプ化さ

れた,「集団主義者」日本人,というイメージは打破されないであろう。また,そのような分析図式に基づけば,欧米文化の特質も,新たな形で再発見・再規定されるのではあるまいか。たとえば,そこで重視される「個人」は,本来独自な (sui generis) 存在ではなく,相互の関係を個体レベルに極限化した,「関係性」の一つの特定形態として取り扱えるであろう。

なぜ「関係性」に注目するのかと言うと,日本型の社会・文化システムは,いわゆる複雑系 (complex system) としての特性を典型的に備えているからである。そこでは,構成要因個個によってではなく,むしろ要因の間のかなり複雑な関連性によって,当該システムが自成的に編成される,と考えられる。

だとすれば,「人と人との間」(木村　敏) そのものをその分析の拠点に据える必要があろう。従来の「方法論的個別体主義」(methodological individuum-ism) から,「方法論的関係体主義」(methodological relatum-ism) へのパラダイム・シフトが要請される。より具体的には,社会編成原理としての「個人主義」と「間人(かんじん)主義」との相関ダイナミクスに注目しつつ,それらに関して日本と諸外国との類似点と相違点を明らかにする必要がある。

新しいこのパラダイムを設定するとき,日本および東アジアの人たちは,概して「関係体」(relatum) の特性を示すのに対して,欧米の人たちの行動は,個体であるとともに,「関係体」の特定形態とも考えられる,「個別体」の特質を強く示す傾向がある,と言えそうである。両者の行動は,完全に対蹠的な形で異なるのではなく,人類一般に当てはまる「関係体」の表出形態の違いを示すにとどまる。

従来「個人」といえば,関係性に根づく「個別体」ではなく,もっぱら先験的に自立した存在である「独自体」を想定していた。この概念によるかぎり,「個人」対「集団・社会」の対立構造は永遠に解かれえない。この問題は,「個別体」と「関係体」とのかかわりとして検討されるべきであろう。

本書のねらいは,今までの日本論を再吟味した上で,「方法論的関係体主義」の理論的根拠を探り,この新しいパラダイムのもとで,「間(あわい)の文化」(nexus culture) と名づける,日本文化のパターンについて,学際的な議論を展開することにある。

この作業では，日本の文化を欧米の文化と単純に比較するのではなく，最初に妥当な対比の枠組みが何であるかを検討する。すなわち，〈にんげん〉モデルにかかわる相対化されたグローバル・スタンダードが提示され，これに基づいて，分析上一段階ハイアーなレベルでの比較文化・社会論が展開されることになろう。

　この場合，「間（あわい）の文化」と対比されるのは，いわゆる個人主義文化，すなわち「独（ひとり）の文化」（self-reliance culture）である。それは，〈毅然として一人立つ〉ような文化の形態を指している。ここで〈ひとり〉というのは，孤立した単独者のことではなくて，多くの連係する人たちのなかで自立的であろうとする，そうした社会的主体という意味である。だから，これら二つの文化形態は，決して互いに背反的なものではない。ともに「関係性」という一つの連続体の上にあって，対蹠的な極性を示すものと理解すべきであろう。

　本書では，「独（ひとり）の文化」の特性について詳しく分析するつもりはない。むしろそれとの密接な関連において，主に「間（あわい）の文化」の特質を学際的に究明したい。書名の『「間（あわい）の文化」と「独（ひとり）の文化」』における「と」は，英語の表現では"and/or"を指しており，両文化形態の併存と対比という意味が込められている。そうした視角から，比較社会のパラダイム革新に基づいて，新しい日本論を，したがってまたグローバルな社会文化論を，冒険ではあるがあえて意欲的に展開することにしよう。その際，分析・記述のロジックに留意することを心掛けた。

目　　次

プロローグ　　v

1　日本は本当に集団主義の社会か？

1.1　「集団主義」とは何か　　3
1.2　同位体としての個人・集団・社会　　9

2　日本研究の問題点

2.1　「罪か恥か」から「罪も恥も」へ——ベネディクトの場合　　15
　2.1.1　「文化の型」とは何か　　15
　2.1.2　「行動の型」としての日本文化　　16
　2.1.3　日本における「恩義」の文化　　20
　2.1.4　エトスとしての「恥の文化」　　25

2.2　「タテ社会」から「組み合う社会」へ——中根千枝の場合　　34
　2.2.1　「場」に基づく「タテ社会」　　34
　2.2.2　石垣モデルによる日本社会　　38

2.3　「甘える一方」から「頼り頼られ」へ（土居健郎の場合）　　44
　　　「自我不確実感」から〈ごもっとも主義〉へ（南　博の場合）
　2.3.1　依存欲求としての「甘え」（土居健郎）　　44
　2.3.2　日本人の「自我不確実感」と「集団我」（南　博）　　47

2.4 「グローバル・モデル」としての日本　55
　　　——E.ボーゲルとC.ジョンソンの場合
　　2.4.1　組織的社会制度としての『ジャパン・アズ・ナンバーワン』　56
　　　　　（ボーゲル）
　　2.4.2　日本型モデルとしての『通産省と日本の奇跡』（ジョンソン）　61

2.5 日本型社会編成原理——「協同団体主義」　68
　　2.5.1　日本型集団主義の形態と特色　68
　　2.5.2　社会編成原理としての「協同団体主義」　70
　　2.5.3　相互協力体制としての「人の和」　73
　　2.5.4　「個人主義」対「集団主義」という二分法構図は妥当か　73

3　二つの〈にんげん〉モデル——「間人」と「個人」

3.1 日本論の必要・十分条件　82
　　3.1.1　〈にんげん〉モデルの再構築——関係的存在に向けて　82
　　3.1.2　「自我原理主義」からの脱却　85

3.2 〈にんげん〉研究のパラダイム革新　91
　　　——システムとしての〈にんげん〉
　　3.2.1　「個人」の実在性への疑問　91
　　3.2.2　「個」の虚構性と「間」の実在性　94

3.3 「擬・個体」／「原・個体」／「原・関体」　100
　　3.3.1　「擬・個体」（独自体）　100
　　3.3.2　「原・個体」（個別体）　101
　　3.3.3　「個体」の二つの類型とその違い　102
　　3.3.4　「原・関体」（関係体）　104
　　3.3.5　「相対」（そうたい）と「相待」（そうだい）　106

3.4 〈にんげん〉モデル「間人」　112
　　3.4.1　〈にんげん〉主体モデルの類型　112

目　次　　　　　　　　　　　　　　　　　　　　　xi

　　3.4.2　「個人」モデルと「間人」モデルの設定　　113

4　日本研究パラダイム構築のための基礎

4.1　個体存在から相関存在への転換——「場所」の再発見　　122

4.2　対人関係の二つのとらえ方——「社会関係」と「間柄」　　133

4.3　「場所」という「主体」　　147
　　4.3.1　「関係としての人間」——木村　敏／キルケゴール　　147
　　4.3.2　素領域論——湯川秀樹　　148
　　4.3.3　「生活空間」論——クルト・レヴィン　　150
　　4.3.4　「脈絡」論——エドワード・ホール　　151
　　4.3.5　行為志向体系における「状況」——濱口惠俊　　154
　　4.3.6　生命システムの「場所」と「場」——清水　博　　156
　　4.3.7　「風土性」論——和辻哲郎／オギュスタン・ベルク　　158

4.4　「複雑系」と「システム関係体」　　165
　　4.4.1　「複雑系」とは何か　　165
　　4.4.2　〈複雑さ〉の意味　　167
　　4.4.3　「複雑系」としての社会システム　　169
　　4.4.4　「システム関係体」　　171
　　　　4.4.4.1　「関係子」の理論　　4.4.4.2　「ホロン」の理論

5　相関存在論の展開

5.1　相関存在論のねらい　　184

5.2　「自性」と「縁起」とのアンティノミー　　192

5.3　テトラ・レンマの論理　　197

5.4　「相待(そうだい)」と「依止(えし)」　　203

6　間人主義と個人主義

6.1　対人関係観の二つの類型——間人主義と個人主義　　212

6.2　「対人関係観」の国際比較調査　　215
   6.2.1　調査方法の概要　　215
   6.2.2　調査結果の概要　　217
   6.2.3　調査データの分析　　220

6.3　「対人関係観」と組織観・人間観・自然観　　235

エピローグ　　243

あとがき　　255
参考文献　　257
人名索引　　263
事項索引　　265

図・表一覧

第1図　「間人」と「個人」の相互作用 …………………………118
第2図　行為志向体系のサイバネティック・モデル ………………155
第3図　各調査集団別間人主義得点と個人主義得点の散布図 ………227
第4-1図　「間人主義」平均スコアーの日・英比較プロフィール …………228
第4-2図　「個人主義」平均スコアーの日・英比較プロフィール …………229
第5図　数量化Ⅲ類カテゴリー得点散布図（対人関係観・国別）…………231
第6図　数量化Ⅲ類カテゴリー得点（組織観別）……………………237
第7図　数量化Ⅲ類カテゴリー得点（人間観別）……………………237
第8図　数量化Ⅲ類カテゴリー得点（自然観別）……………………237
第9図　数量化Ⅲ類カテゴリー得点散布図（組織観・人間観・自然観別）………239

第1表　「間人主義」「個人主義」項目の平均スコアー …………………222
第2表　「間人主義」「個人主義」24項目の総平均スコアー ……………225
第3表　「間人主義」「個人主義」の国別平均スコアー …………………225
第4表　対人関係観の属性集団別のフェース・シート特性 ………………232

「間(あわい)の文化」と「独(ひとり)の文化」

―― 比較社会の基礎理論 ――

1

日本は本当に集団主義の社会か？

1.1

「集団主義」とは何か

　日本を論じた研究の中で，あるいは日本人の国民性を述べた文章において，「日本は集団主義の社会である」とする見解が共通して眺められる。そのようにはっきり述べていなくても，個人が自立性を欠き，その結果，集団や社会の規制を受けやすい傾向にあるとする説が多い。前者は，直喩的な集団主義説，後者は，暗喩的な集団主義説と名づけておこう。

　そのいずれであれ，「集団主義」なるものは，一体どういうことを指しているのだろうか。恐らくそれは，次のような行動傾向の複合体であろう。(1) 集団を構成する人たちが皆一斉に同じような行動をする。(2) 集団で決めたことに皆が素直に従う。(3) 他の成員と協力し，仲良くやって行く。(4) 所属もしくは準拠する集団のために喜んで自らが犠牲になる。(5) 集団の利害をその構成員の利得よりも優先する。

　このような画一的な振る舞い方，集団に対する忠誠心，組織至上主義などをひっくるめて「集団主義」と呼んだのは，実は日本人ではなかった。間　宏によれば，1962年にロンドン・エコノミスト誌が二回にわたって日本特集を組み，その中で「集団主義」なる語を使ったのを嚆矢とするようである。その場合，「集団主義」というのは，日本の企業などにおける集団的に高揚した雰囲気を指している[1]。

　経済の高度成長を遂げ始めた当時の日本企業の内実をとらえようとして用いたキーワードが「集団主義」であった。ただし，英国人ジャーナリストの目からすると，日本の企業とその従業員との密接な関係は，実際は理解に苦しむような事柄であった。始業前の朝礼で社歌を皆で歌う松下電器を例に挙げて，「集団主義」は，パブリック・スクールの活発な雰囲気に

---

1) 間　宏『日本的経営——集団主義の功罪』，日本経済新聞社，1971年，11頁

なぞらえられ，一種の戯画化された事象として受け止められている。そこでの「集団主義」は，日本の会社を科学的にとらえる概念ではなかった。

けれども，その後において日本人は，「集団主義」という語を冷徹に吟味することもなく，日本社会の基本的な特性だと思い込んでしまった。エコノミスト誌が，「日本人は生まれつき一種の集団主義を持っているように見える」と述べたことを無条件で承認したのだった。そこからまた，世界でただ日本だけがユニークであるとする「日本異質論」を，日本人自身が無批判で支持することにもなったのである。

この「集団主義」は，暗に，「個人主義」の対立項として設定されているように思われる。そのことは，欧米起源の社会科学理論で，「個人」と「集団」とは互いに相容れない二律背反的な存在として扱われてきたことに由来する。それは「社会名目論」と「社会実在論」との水掛け論的な論争に端的に現れている。この二元対立の構図の中で，自立した「個人」という存在が，その上位システムである「集団」によって許容されない状態を，「集団主義」という用語で表現しようとしたのである。

つまり，日本について言えば，「個人」対「集団」という概念二分割（dichotomy）に従って，欧米起源の「個人主義」が完全に抑圧，欠落している事実を指すために，「集団主義」なる語が開発されたのである。この場合，「個人」としての自律性をなくし，集団や組織に隷属する人間は，集団主義者と呼ばれることになる。

ところで，欧米起源の社会科学では，近代化を推進した人間的要因は「個人」の自律性と進取性だと考えられ，それが通説となっていた。それゆえ，こうした「個人」が人間のノーマルで自明な姿であると，明確な理論上の根拠づけなしに信じられてきた。それと同時に「個人」という人間モデルは価値づけられ，望ましい人間像を提示することにもなった。そうした「個人」に本来備わった自己依拠的な振る舞い方が奨励され，それを基本属性とする「個人主義」は，たんに一つの行動傾向を示すだけではなく，尊重すべき文化的価値に転換される。

「個人主義」の欠如態としての「集団主義」は，したがってその場合，マイナスの価値を示すものとして，比較文化上，貶価されることになる。「集団主義」は一種の全体主義であり，集団・組織への忠誠や没入の傾向は，「個人」優先主義の原理に反するものである。近代主義の立場からは，

厳しく批判すべき対象であった。だから日本の「集団」優先主義は，客観的な事実の記述というより，日本社会の近代化の遅れを批判的に取り上げる際に，その主たる要因だと考えられたのである。

エズラ・ボーゲルは，「集団の利害を自分個人の利害に優先させること」，「集団の目標を自己と一体と見ること」，「他の成員と喜んで協力すること」を「集団への忠誠」と表現し，日本人のそうした特性（「集団主義」）を，欧米人の「個人主義」と対比・考察している[2]。間　宏は，それを要約して，次のように述べている。

>　……個人主義によれば，忠誠は何よりもまず，自分自身に向けられる。個人主義は一種の道徳であり，自分自身に忠実な人間にとっての責任である。ところが日本では，個人主義というと，それは集団の利益に反してでも，個人の利益を追求する不道徳な行動——利己主義——と見なされがちである。義務とか責任という言葉についても同様で，欧米人ではまず自分自身に対する義務や責任が重視されるが，日本人ではそれが他人とか集団に対するものと考えられる[3]。

ここでは，価値観よりもさらに一段進んで，道徳レベルで，欧米人のように自己責任としての「個人主義」を受け入れず，むしろ他者や組織への義務を重視するのが，日本人の「集団主義」だと述べている。こうなると「集団主義」と「個人主義」との二元対立は，容易に両立し難い深刻な問題と化す。

だがそこまでつき詰めて対処の仕方を考えるまえに，検討しなければならない問題点がある。はたしてどの社会でも，忠誠心の対象としての「集団」と，自律的な志向をする「個人」との対立構造があるのだろうか，ということである。少なくとも日本では，強い「個人」はそれほど多くなく，そうした対抗現象は一般的には見当たらないから，この二元論的対比そのものが，一人相撲となってしまう恐れがある。

その点で，「個人主義」と「集団主義」との対比自体が意味のあるもの

2）　エズラ・ボーゲル，佐々木徹郎訳編『日本の新中間階級』，誠信書房，1968年，124-125頁
3）　間　宏，前掲書，16頁

1.1 「集団主義」とは何か

なのかどうか，という方法論の問題につき当たることになる。それについての「……個人と集団とを対置してとらえる考え方そのものは，個人主義的発想法だともいえよう」[4]という指摘は，極めて示唆的である。

間 宏は，「個人」を比較の基準点に据えること自体が「個人主義」文化の現れと見なすのである。これは，比較分析のパラダイム「方法論的個人主義」自体が，特定の文化に規定されている（culture-bound）ことを明らかにした重要な指摘である。

さらに間は，続けて言う。「集団主義の下で，個人と集団との『望ましい』あり方は，個人と集団とが対立する関係ではなくて，一体の関係になることである。ここから，西欧の観念からみて，個人の未確立の状態がでてくる。だが，集団主義の理想からいえば，個人と集団，もっと抽象的にいえば個と全体とは，対立・協調の関係にあるのではなく融合・一体の関係にあるのが望ましい。個人（利害）即集団（利害）であり，集団（利害）即個人（利害）である。この状態では，『会社のため』という，外部の人の目には自己犠牲と映る行動も，当人にとっては，他者への犠牲ではなく，自分自身のためのものでもある。」[5]

ここでは，従来の「方法論的個人主義」に代わる，「方法論的集団主義」とでも言うべき，逆方向からのアプローチが示唆された。日本の現実に迫るには，確かにこのパラダイムによるほうが有効であろう。だがしかし，「個人」と「集団」との融合性を前提とする比較作業は，日本の文化そのものに根ざしている以上，やはり国際比較の方法論上の問題点を抱えている。

「個人」と「集団」との対立の場合と同じように，「個人」と「集団」との一体化された状況が，欧米社会においても存在し，十分機能していると仮定しうるであろうか。つまり「集団主義」というものの成立要件が，「個人」と「集団」との相関性・相即性だとすれば，「個人」の主体性を重んじる欧米社会で，そうした「集団主義」を見いだすことは極めて困難であろう。

したがって，比較の基準点が日本側にあるとは言っても，そのような「集団主義」を欧米社会に適用する作業そのものが無意味なものとなろう。

---

4) 間 宏，前掲書，16頁
5) 間 宏，前掲書，16頁

「集団主義」と「個人主義」とのクロス・カルチュラルな対比は，それほど容易なことではない。

実は，間の提起する「方法論的集団主義」もまた，「個人」と「集団」との二元論的な枠組みの中にある。両者の融合とはいっても，二元論的論議の枠組みまでをも消去するものではなかった。「方法論的集団主義」と「方法論的個人主義」とは，「〈個人・集団〉二分法枠組み」の二つの分化形態であるにとどまる。そこで，こうした二元対比の方法論的構図そのものから脱却することが，客観的な比較社会論を展開する上で強く要請されるのである。

なお，本節で述べた二元論的な集団主義説とその修正理論とにかかわるリーディングスとしては，(1) 濱口惠俊編集・解説『集団主義——日本らしさの原点』（現代のエスプリ，160号）至文堂，1980年，がある。また，従来の言説の批判にとどまらず，より建設的に日本型集団主義の特性と機能を分析した文献として，(2) 濱口惠俊・公文俊平編『日本的集団主義——その真価を問う』有斐閣，1982年，がある。さらに，論を進めた著作として，(3) 濱口惠俊『間人主義の社会 日本』東洋経済新報社，1982年も存在する。

(1)における，濱口惠俊「概説・日本人にとっての集団主義」(5-21頁)，並びに(2)における濱口惠俊「日本的集団主義とは何か」[第1章] (1-26頁)，(3)の「比較社会論に向かって」[第II部第6章] (225-238頁) で，本章で提起した研究方法論上の問題点に関して詳述したので，それらを参照願いたい。

* 以上の論議の要点をまとめておこう。そこでの**準則** (postulate) というのは，著者が，当該文化や人間性などに関して，正当な理論と判断した命題を指している。ただし論証の必要がない公準そのものではない。また**系** (corollary) は，準則から派生した，あるいは，注釈としての下位命題である[6]。

---

6) Francis L. K. Hsu, The Study of Literate Civilizations, Holt, Rinehart and Winston, 1969. を参照。

1.1 「集団主義」とは何か

- **準則1** 日本社会・日本人を特色づける「集団主義」は，集団成員の同調行動，組織への自己犠牲的貢献，集団的意思決定，相互の協力関係，集団の利害の優先，などの属性をもつものと考えられてきた。
  - **系1** こうした行動傾向を戯画的に「集団主義」と呼んだのは，欧米人（たとえばロンドン・エコノミスト誌）であるが，日本人はそれを無条件で受容した。
- **準則2** 暗喩的「集団主義」説においては，それは「個人主義」との二元的対立の構図の中でとらえられ，「個人主義」の欠如態を指す概念とされた。
  - **系1** この二元対立は，従来の社会科学理論で，「個人」と「集団」とが二律背反的に扱われてきたことに由来する。
- **準則3** 欧米に起源をもつ社会科学では，「個人」の自律性と進取性が近代化の人間的要因と想定されたことから，「個人」存在が社会的に価値づけられた。その自己依拠的態度を基本属性とする「個人主義」は，単なる行動傾向から，文化的価値に転換されるようになる。
- **準則4** 「個人主義」の欠如態としての「集団主義」もまた，近代主義の立場からはマイナスの価値を帯びるようになり，全体主義を指すものとして，日本社会における近代化の遅れの主たる要因とされた。
- **準則5** 「個人主義」では，自己自身に忠実であることが道徳的な責務とされるが，「集団主義」では，他人や集団に対する忠誠が義務化される。
  - **系1** 「個人主義」と「集団主義」は，道徳的に深刻な対立をももたらす。
- **準則6** 「個人主義」と「集団主義」とを，比較社会のための枠組みの中で単純に対置することはできない。そのいずれかは一方の社会に当てはまるとしても，もう一つが他方の社会に妥当するとは限らないからである。
  - **系1** 間 宏によれば，「個人」と「集団」とを対置すること自体が「個人主義」文化に根ざしている。「方法論的個人主義」自体が，文化的に規定される。
  - **系2** 「集団主義」文化では，「個人」と「集団」とは融合・一体化する。「方法論的集団主義」もまた，文化的に規定される。
  - **系3** 欧米社会を「個人主義」文化，日本社会を「集団主義」文化として，二元的に対比することは妥当ではない。
- **準則7** 「方法論的個人主義」と「方法論的集団主義」はともに，「〈個人・集団〉二分法枠組み」の分化形態である。
  - **系1** 「個人」対「集団」という，特定文化に規定された概念二分割が，比較社

会の基本的方法論にまで及んでいる。したがって，この二元的対立を除去した客観的方法論の確立が望まれる。

───────────────

1.2

同位体としての個人・集団・社会

――――――

「個人主義」と「集団主義」との対蹠は，「個人」対「集団」という概念二分割に準拠している。「個人」としての自律性を欠き，「集団」の命ずるままに動く人間は，「個人主義」とは正反対の価値観である「集団主義」の信奉者だと想定されたわけである。

この場合，「個人」がそうした推論の拠点であり，それが「集団」と対置される，という分析構図になっている。「方法論的個人主義」と呼ばれるアプローチである。それが正反対の「方法論的集団主義」に変換されても，生産的な比較社会論を期待しえないことはすでに述べた。

ここで問題となるのは，「個人」対「集団」という二分法が，最初から疑いえない枠組みとして設定されていることである。欧米では，それに限らず何でも二分法によって捉えようとする傾向が強い（3章3.1節参照）。そこではなぜ互いに背反的なカテゴリーであるかは問われない。いずれの範疇が正当であるか，他がいかに誤謬であるかが，論じられるだけであった。

ここでの「個人主義」対「集団主義」，「個人」対「集団」についても同様であって，そのいずれがメリットをもつか，どちらが優勢に立つかが論じられるにとどまる。しかし両カテゴリーが〈対〉として併置されるものなのかどうか，改めて問う必要があろう。はたして「個人」が「集団」と相容れないものなのかどうかである。

社会学的視点からは，両者は，単独者としての存在と，複数者からなるシステムとして対比されるであろう。しかしその違いは，論理的な意味での対立項，すなわち「個」と「類」を形成するものなのであろうか。そうではなくて，両者は，社会的存在として連続するものである，と見なしえないだろうか。この点を行為の志向（orientation）のシリーズ構成を通

して検討してみたい。

　「個人」の「行為」は，次のように定義づけられている。すなわち行動（behavior）と呼ばれる生物有機体の状態変化のうち，行為者（actor）がそれに自分なりの主観的な意味を付与したものを言う。あるいは，何らかの目的を志向するような行動のことである。

　生物一般の行動と違って人間の行動については，有意味的（significant）である，あるいは有目的的（purposeful）であることが，「行為」になるための機能要件（functional requisite）となる。したがって反射的・無意識的な行動や，野球の打者・走者に球が偶然当たるような偶発的な出来事は，「行為」ではない。

　こうした行為者が複数存在する場合には，両者間で何らかの接触・交渉が始まるのが普通である。「個人」としての「社会的行為」（social action）の発現である。行為者の欲求と目標との結合である，何らかの動機（motive）に基づいて他者を志向したり，逆に他者からの影響によって自分の行為が方向づけられたりする，有意味な相互連関的な行為のことである。

　そこには複数の行為者が，その場に居合わせるか，居ると思いこむことが必要である。また，知らない者同士でも，コミュニケーションがなされる可能性があり，かつ，二者間で最低限守らなければならない行為のルールがある，といった機能要件が要請される。相手に対する内面的な態度だけでは，「社会的行為」は成り立たないし，ペットや愛玩物を志向しても，それを「社会的行為」とは呼ばない。

　このような「社会的行為」は，ある状況のなかで生じるが，それが自・他の間で継続して行われるようになると，そこでは「相互作用」（interaction）が認められるようになる。それは，一方の社会的行為が他方の社会的行為を触発し，社会的行為の交換が行われることを指している。

　もっとも，その交換がなされるについては，二者関係（dyad）において，相手の行為の予測がある程度できる，という機能要件が満たされなければならない。そのような相互の理解が十分成り立たないとき，たとえば，事故のように，自分では相手を志向していなくても，結果的には他者を志向したことになる場合，あるいは逆に，片想いのように，自分で相手を志向していながら，客観的には他者に志向していない場合は，相互作用では

1.2 同位体としての個人・集団・社会

ない。そのような「相互作用」において，通常，相手の行為についての自分なりの予想と，実際の相手の示す行為との間にはギャップがある。したがって，「相互作用」が安定した形のものに定着する保証は必ずしもない（4章4.2節参照）。しかし自我と他我の関係がうまく一本化し，二者間で一定期間，安定した相互作用が成り立つ場合には，そのパタンが確立され，それが人間関係の機能的な単位となる。これが「社会関係」(social relation) と呼ばれるものである。

夫婦間や親友間の相補的な役割関係などが，その典型例であろう。そうした関係では，相互間で期待し合うものの安定したセットがある。要するに「社会関係」の成立する必須条件は，交渉する行為者相互の間で，相手の示す行為と，自分のそれに対する期待（予期）とが，適合し合うこと (compatibility) である。期待 (expectation) といっても，見込み (probability) と願わしさ (desirability) との二つがあるが，ここではその両方を含んでいる。

このような「社会関係」がいろいろ複合化し，あるいは一定の形に統合化されると，そこに「集団」が眺められるようになる。それは，社会関係を取り結ぶ者どうしの間で，何らかの統合感があり，共通の目標がもたれ，共有された行為規範が作用し，また頻度の高いコミュニケーションがなされる，システム形態である。標準化された相互作用のパタンと，成員どうしの役割上の相互依存によって形成された，組織立った機能単位のことだと言ってもよい。

「集団」では，1．統一的な「われわれ感情」，2．共通の目標・関心，3．成員の行為や関係を規制する規範，4．相互作用の持続性・定型化，5．役割分化による組織化，という成立の機能要件の充足が求められる。それらを満たさない統計的集団などは集団ではない。

こうした「志向」の一連のシリーズを眺めると，「集団」は「個人」の「行為」の進化の結果であって，決して「個人」を抑制するような存在ではないことがわかるであろう。「社会関係」と「集団」を総括するような存在を「社会システム」と呼ぶのであるが，この「社会」もまた，「個人」と対立するものではない。「個人」・「集団」・「社会」は共に，同じレベルに存在する「同位体」(coordinate) であって，「位相」(phase) だけを

異にするにすぎない。「個人」対「集団」というスキームは，何の根拠ももたないのである。（3章3.1.2項参照）

準則1　「個人主義」と「集団主義」との対比は，「個人」対「集団」という概念的枠組みに基づいている。だが，「個人」が「集団」と対立するとする発想の根拠は明確ではない。

準則2　「個人」と「集団」が，「個」と「類」という論理的な対立項ではなく，むしろ連続したカテゴリーであることは，「個人」の「行為」から「社会システム」としての「集団」に至る，志向シリーズの進化過程によって立証される。

系1　「行為」とは，「個人」の有意味的・有目的的な行動のことである。

系2　「社会的行為」は，他者を志向したり，他者から影響される，相互連関的行為である。

系3　自他間の「社会的行為」の交換が「相互作用」である。そこでは，相手の行為についての予測が必要となるが，それと実際の行為とが合致するとは限らない。

系4　「相互作用」が安定したものに定着する保証はないが，そこにパタンが確立されるような場合には，人間関係の機能的単位としての「社会関係」が生成される。

系5　「社会関係」では，相手の行為とそれに対する自分の期待（予期）とが適合することが求められる。

系6　複合化し，統合化した「社会関係」によって「集団」が形成される。それは標準化された相互作用のパタンと，成員間の役割上の相互依存により形成された，組織立った機能単位をいう。

系7　「集団」では，1. 統一的な「われわれ感情」，2. 共通の目標・関心，3. 成員の行為や関係を規制する規範，4. 相互作用の持続性・定型化，5. 役割分化による組織化，という成立の機能要件の充足が求められる。

準則3　「志向」シリーズの検討から，「集団」は，「個人」行為の発展の結果であって，「個人」の対立項ではないことが知られる。「個人」・「集団」・「社会」は，位相を異にするが，同一レベルに存在する「同位体」である。

準則4　「個人」対「集団」という二元論的スキームは，はっきりとした根拠をもたない。

2

日本研究の問題点

これまでの日本研究は、「集団主義」という紋切り型のキーワードを用いて記述されがちであった。しかし日本が事実の面で、いわゆる「集団主義」の社会ではなく、また「集団」が社会システムの一つの位相を示すだけで、決して「個人」の主体性を抑圧するものではないとすると、別の視点から日本研究を展開する必要が出てくる。

　ここで代表的な日本論を若干取り上げ、そのアプローチの特徴を検討してみよう。これらの著作でも、その多くが、個人の自律性のなさ、そして全体システムによる抑圧を、自明の前提にして論じられている。一見「集団主義」論の色彩が強い。しかしその一方で、そうした傾向ではない日本的特性も指摘されているのである。この点を具体的に確認することにしたい。

2.1

「罪か恥か」から「罪も恥も」へ
――ベネディクトの場合――

2.1.1 「文化の型」とは何か

「文化の型」(patterns of culture) に関して日本研究を行なったのが、ルース・ベネディクトである。その代表作が『菊と刀――日本文化の型』であることは、よく知られている。ここで「文化の型」と言う場合、その「型」が"patterns"という複数形で表現されていることに気付く。それは観察可能な「行動の型」を意味している。そのことは、この本の序章において、「私たちは、日本人の〈くせ〉になっているような考え方や感じ方と、そうした〈くせ〉から生成される型を理解しようとすることが必要だった」(Ruth Benedict, The Chrysanthemum and the Sword, Patterns of Japanese Culture, 1946, p. 4. なお引用文は、長谷川松治訳『菊と刀』[定訳版] 社会思想社、1967年、によるものではない。以下も同じ。)、と記していることからも明らかである。またベネディクトが戦時情報局での研究報告として執筆した、『菊と刀』の原型となる論文、"Report 25: Japanese Behavior Patterns", 1945. での"patterns"も、「行動の型」を指すことは明らかである。

しかし、「文化の型」という概念は、ベネディクトが1934年に刊行した主著の『文化の型』(Patterns of Culture) で述べたように、行動の型よりもいっそう統合された文化前提の類型を指すこともある。文化の統合形態 (configuration)、すなわちゲシュタルト (*Gestalt*) としての「文化の型」である。「文化的行動はまた統一されてゆく性質を備えているのである。ちょうど一人の個人のように、一つの個別文化はいわば思想と行動のともかくも一貫したパターンなのである。」したがって文化は、「いろいろ

な文化的行為の単なる寄せあつめ以上のもの」である，とベネディクトは言う¹⁾。

　さらにまた，より高次のレベルにまで抽象化された「文化の型」も想定される。文化の統合原理を表明するようなエトス（ethos）としてである。それは，クラックホーンの表現に従えば，「単一の優勢な主たる統合形態」（a single dominant master configuration）²⁾であって，基本的な人間観，世界観，宇宙観，神観（宗教）のレベルでとらえられる。

　文化人類学で特定の文化類型をどのレベルの「文化の型」としてとらえるかは，必ずしも一定しているわけではない。だが，ベネディクトの研究においては，つぎのようにレベル分けがなされている。第一の「行動の型」としての文化は，『菊と刀』で指摘された，日本人の多くの行動矛盾（たとえば，頑固だが順応性も高い，他人の目を気にするが恐ろしいほどの良心をもっている，など一連の背反的性格の併存）が形成している，一定のシステムがそれに該当する。ここでは，ベネディクトに従って，「徳目間での［採択上の］戸惑い」（dilemma of virtue）と呼んでおこう。

　第二の文化類型は，『文化の型』で例証されたような，ズニ族のアポロ型文化，クワキゥトル族のディオニソス文化がそれである。『菊と刀』の場合，「恩義」の文化とでも言うべき「文化の型」がそれに該当する。第三の類型は，ベネディクトが『菊と刀』で，欧米の「罪の文化」との対比で日本の「恥の文化」を論じたときのエトスを指している。

2.1.2　「行動の型」としての日本文化

これら三つのレベルの「文化の型」について検討してみよう。第一の「行動の型」に関しては，日本人の行動は，世界に例を見ないほどの奇怪な「しかしまた」（"but also's"）の連鎖でもって記述されるとして，次のように言う。

　まじめな観察者が日本人以外の国民性を記述するとき，礼儀正しい国民だが，しかしまた不遜で横柄である，とは書かない。同じように，つぎに

　1）　ルース・ベネディクト著，米山俊直訳『文化の型』，社会思想社，1973年，83-84頁
　2）　Clyde Kluckhohn, "Covert Culture and Administrative Problems", American Anthropologist, Vol. 45, No. 2, 1943, pp. 213-227.

2.1 「罪か恥か」から「罪も恥も」へ

挙げるような相矛盾した性格を叙述することもない。たとえば，比肩しがたいほどかたくななのに，極端なまでの革新にも適応する。柔順なのに，上からの統制にたやすく服することはない。誠実で寛容なのに，ちっとも当てにならないし意地悪でもある。本当に勇敢なのに，詳しく述べれば臆病である。他人の抱く見解に従って振る舞うのに，恐ろしいほどの良心の持ち主でもある，などなどといったふうに[3]。これまで民族的性格は，それらの対のいずれか一方に限定されるのが普通であった。

日本人が，俳優や芸術家を尊敬し，菊の栽培に惜しげもなく労力を注ぐ，といったふうに，大衆的な美の崇拝者である一方で，刀剣を礼賛し，武士に高い威光を与えることにも熱中するなどとは，どの著者も書かないものだ，とベネディクトは言う。そうだとすれば普通は『菊か刀か』という表題の本が書かれることになる。しかしベネディクトは，あえて『菊と刀』という書題を付けた。それはどうしてだったのか。

ベネディクトは，こうした正反対の性格を合わせもつ者を，一般の欧米人が受け止めるように，二重人格者であると見なしているのではない。むしろそのような相互矛盾そのものが日本人の現実であって，相反する事柄が日本論を構成するタテ糸とヨコ糸だとする。〈菊〉と〈刀〉は，ともに一幅の絵の部分なのである[4]。そこでベネディクトは，日本人の国民性を，「逆接」表現ではなく，今度は「順接」の形で，すなわち"but"をとって，"also's"の連続として，"both A and B"の表現形式でもって，次のように記述する。

> 日本人は，最高度に攻撃的であるとともにおとなしく，尚武的であるとともに審美眼があり，不遜であるとともに礼儀正しく，かたくななのだが適応性もあり，柔順であって，しかもまた人にこき使われることには腹を立てる，誠実であると同時に当てにならない，勇敢かつ臆病であり，保守的でありながら，同時に新しいやり方を歓迎する。彼らは，自分の行動を他人がどう考えるかを非常に気にするとともに，<u>他人に自分の不行跡が知られていないときにも，罪の意識によってうちひしがれる</u>*。日本人兵士は徹底的に訓練されるが，しかしまた言

---

[3] Ruth Benedict, The Chrysanthemum and the Sword, Patterns of Japanese Culture, Houghton Mifflin, 1946 (Tuttle, 1974), p. 2.
[4] Ruth Benedict, op. cit., p. 2.

うことを聞かないこともある⁵⁾。
　（＊　アンダーラインの箇所の長谷川訳は，「他人に自分の不行跡を知られない時には罪の誘惑に負かされる」とあるが，明らかに文脈からはずれた誤訳である。）

　この文章からも知られるように，一見したところ互いに相反する行動型が同一人において併存しうるとすれば，その二律背反の事実それ自体が，「行動の型」レベルでの「文化の型」である，と結論づけることができよう。たとえば，前述のように，日本人が，世評を気にしながら，つまり恥の意識をもちつつ，同時に人知れず罪の意識にさいなまれるという，複合化された行動型が「文化の型」として抽出されるわけである。
　このように相容れない対立項と見なされる二つの行動形態も，実は互いに矛盾しているのではなく，たまたま置かれた相異なる状況に見合った個別の行動形態が併存しているにすぎないのである。ベネディクトは日本人の行動への動機づけは「状況的」(situational) である，と表現している⁶⁾。
　日本人にとって必要なのは，どの行動形態や要因がその場にふさわしいかを決めることである。それをベネディクトは，「徳目間での［採択上の］戸惑い」と呼んでいる。たとえば，日本の民話・小説・演劇の主題は，欧米におけるように，主人公の性格の一貫性や，善と悪の葛藤ではなく，「義理と人情」「忠と孝」のような両立し難い徳目のいずれを採るかの惑いなのである。当人にとってどちらの義務も正当で，拘束力をもつが，二つの責務のうちのいずれを優先させるか，という葛藤がそこにある⁷⁾。
　ベネディクトの言う「徳目間での［採択上の］戸惑い」について，さらに検討しておこう。四つの指摘がなされている⁸⁾。
　(1)「日本人の言葉づかいでは，人の生活は，〈忠の世界〉〈孝の世界〉〈義理の世界〉〈仁の世界〉〈人情の世界〉，その他多くの世界から成り立っている。おのおのの世界には，それぞれ特有の，詳細にわた

---

5) Ruth Benedict, op. cit., pp. 2-3.
6) Ruth Benedict, op. cit., p. 316.
7) Ruth Benedict, op. cit., p. 198.
8) Ruth Benedict, op. cit., pp. 195-197.

2.1 「罪か恥か」から「罪も恥も」へ

る掟がある。」

ここでは先ず，日本人の生活圏が多元的に構成されており，各生活空間は，それぞれの掟によって規制されることを明らかにしている。行為における徳目は，相対的に相異なることにもなる。

(2)「日本人は，定言命法 (categorical imperative) や黄金律 (golden rule) に訴えようとはしない。是とされる行動は，その行動の現れ出る生活圏が何であるかによって決まる。」

行為の是非を判断するとき，統合化された全人格に帰属させて，利己的なやつ，不親切な人だ，と言うのではなく，単に「義理をわきまえない人間だ」というふうに，特定の領域の掟に従っているか否かだけを問題にする。したがって，カント倫理学での無条件で絶対に守るべき道徳的義務の原理である「定言命法」や，キリストの説いた「あなたがしてもらいたいと思うことを，ほかの人にもしてあげなさい」という山上の垂訓の「黄金律」などとは，根本的に異なっている。互いに相容れない掟であっても，どちらか一方が正しいのではなくて，それぞれ特定の行為の状況に適合しているかぎり，ともに正当だとされる。ここでは日本人の徳目の相対性を指摘している。

(3)「人が〈孝のために〉振る舞うとき，あるやり方に従ってそれを行なう。だが，〈単に義理を果たすために〉，あるいは〈仁の世界で〉振る舞うとき，まったく別の人格になったかのように行動する――西洋人にはそんなふうに考えられるのだが。」

日本人が特定の状況（生活空間）に合わせて適切に志向するのを欧米人の視角から眺めると，パーソナリティの統合を失った二重人格者か，一人二役をこなす器用な役者のように見えるというわけである。そこで「日本人が，心的な負担なしに，一つの行動からもう一つの行動へとうまく変わって行ける能力をもっていることが，西洋人には信じ難いのである。」日本人サイドからすれば，状況適応能力をもたない者は，社会生活では，愚直で融通のきかない一本気な人柄として敬遠されることになる。

(4)「日本人の場合，ある一つの〈世界〉がもう一つの〈世界〉に対して，またある一つの進行手順がもう一つの進行手順に対して，互いに優位を主張するようなことがあるのではない。むしろそうした相対するものの間で，注意深く釣合をはかることが求められる，一幕

の劇だと見なされている。その際は，それぞれの〈世界〉，それぞれの進行手順は，それ自体としては，正当なものである。」

ここで重要なのは，ベネディクトが，それぞれに正当とされた個別の生活圏ないし行為基準を，互いに争うものではなく，むしろバランスをとろうとするドラマと見なしていることである。そこでは，行為における各選択肢の複合化された「行動の型」があるにとどまる。したがって，せいぜい「徳目間での［採択上の］戸惑い」があるにすぎない。

要するに，ベネディクトは，(1) 日本人の生活空間は多元的に構成され，(2) その行為基準は，生活空間に対応した相対的なものであり，(3) 別々の人格の持ち主であるかのように，各生活空間に柔軟に適応し，(4) 各生活空間や行為基準は，優位を争うより，互いの均衡を保とうとする傾向にある，と見なしている。

ただしここで留意が必要なのは，ベネディクトが最初に設定したような行動や性格の二元的対立の構図が，本当に日本人に存在するのかどうかという点である。その典型例としての〈菊〉と〈刀〉に関しても，審美と尚武とが日本人の生活の中で相争うことなく共存していると言う前に，日本刀の鍔に〈菊〉の透かし彫りの入ったものがある事実を確認すべきであった。最初から〈菊〉と〈刀〉は矛盾なく統合されているのである。

それにもかかわらず二元対立構図が設定されたのは，欧米起源の二分法タイプの概念分割（taxonomy）を自明のものとして採択したからであろう。欧米の研究者にとっては，たとえば，「普遍」対「特殊」，「個人」対「集団」，「自律」対「依存」といった二元対立図式が本来的に思考論理に内蔵されており，したがって日本人を一元的に眺めるのではなく，相克する行為・性格の持ち主として扱うのは，ごく自然な事柄であった。ベネディクトは，結果的には，日本人の二律背反性そのものが行動面での「文化の型」だと結論づけたが，それはオリジナルな発見というより，単に二元論的分析からの脱却がはかられただけなのかもしれない。

2.1.3 日本における「恩義」の文化

日本についてのベネディクトの第二の「文化の型」，すなわち「恩義」の

2.1 「罪か恥か」から「罪も恥も」へ

文化について眺めてみよう。それは，日本人の責務のシステムにかかわる事柄である。つまりどのような相互的な責務感覚によって人間関係を構築しているか，ということにかかわる文化の統合形態を指している。

その第一は「恩」である。日本人はその責務を非常に重く意識するとして，次のように述べる。

> 日本人の言い方によると，誰もが「恩に着る」のであり，日本国民として生まれて子供のころに親に面倒を見てもらった以上，またとくに，生涯を通じて世間並みではあっても人づき合いをしてきた以上，それは避けがたい。これは重い負担で，「恩の万分の一も返せない」と言い慣わされているぐあいである[9]。

ベネディクトは，かつての小学校の修身の教科書に載っていた，忠犬ハチ公の「オンヲ忘レルナ」という話を引用するが，そこから教訓として得られるものは，ハチ公が飼い主に対して，愛情のような忠誠を尽くす点だとする。それに続けて，日本人の息子が母親に対して抱く「恩」の意識について，こう述べる。「母親のことを深く気づかう息子なら，母親から受けた〈恩〉を忘れないものだと言える。ハチ公は飼い主に対してひたむきに献身したが，息子はそれと同じことを母親に対してするつもりである。」[10]

「恩」は，息子の母親への愛情というより，母親が息子のために犠牲となってしてくれたあらゆる事柄，つまり息子にとっての負い目を指しており，同時にそれに対するお返しのことでもある。要するに，受恩と報恩を意味する語なのである[11]。

ベネディクトは，「恩」に，「皇恩」「親の恩」「主君の恩」「師の恩」「世間の恩」などがあるとするが，それらがいずれも負債のようなものであって，いずれ返済されなくてはならないものだと理解している。その返済が日本人の重要な徳目だとも言う。しかし日本人の立場からすると，その報

---

[9] ルース・ベネディクト著，福井七子訳『日本人の行動パターン』，日本放送出版協会，1997年，33頁
[10] Ruth Benedict, op. cit., p. 100.
[11] Ruth Benedict, op. cit., pp. 100-101.

恩行為は，債権・債務といった経済的感覚でなされるものではなく，もっと深いモラルのレベルで展開される事柄であることを無視するわけにはいかないであろう。

報恩の観念は，実は『日本霊異記』のような古典に出てくる報恩説話の倫理的モチーフに基づいている。すなわち，「畜生猶不忘恩返報　何況人而忘恩乎」（畜生でも恩を忘れずに返報する，ましてや人間の場合，恩を忘れたりすることがあろうか），という考えに従って受けた恩を返すのである。日本では古来，「三日飼えば三年恩を忘れぬ」犬に限らず，蟹や亀でさえも人から受けた恩を知り，それに報いる動物として説話化・民話化されてきた。そうした状況のもとで恩を忘れた人間は，動物にも劣る存在だ，という烙印が押されてしまう。恩に強い倫理性が付される根拠はそこにある。

このような汎生物主義的発想のもとで報恩が意味づけられていることを，ベネディクトはまったく気づいていない。人間と動物とを峻別する欧米人としては無理からぬことではあるが。忠犬ハチ公の「オンヲ忘レルナ」の話も，飼い主に対する献身的な愛情のエピソードなどでは決してなく，日本人の伝統的な恩の意識に依拠するものと解釈すべきであろう。

恩を，二者関係（dyad）における「ギブ・アンド・テーク」という事象に還元してしまうのは，やはり欧米起源の二元論的発想の現れであるように思われる。社会学者の言う「互酬性」（reciprocity）の原理に基づいて説明したり，あるいは経済学者がつねに前提とする等価交換性の表出に帰してしまうことは，恩の文化論的セマンティクスを消失させ，とくに東洋文化，とくに仏教のなかで枢要とされる〈恩〉を無視することになろう。

ベネディクト説では，他者の恩恵・愛護・世話・親切などによって背負うことになる自己の負い目を感じ（受恩），それを返済（報恩）しようとする「恩」の構造が想定されている。これに対し仏教説では，自己をも含むいっさいの事物は，他のものとのかかわりなしには存在しえない，ただもろもろの恩徳の作用によって自己存在が縁起する，と考えられている。衆生がこの「はなはだ報じ難い」大恩を自覚（知恩）し，それに報じることが必要である，と説く[12]。

さてベネディクトは，恩人に対してたとえ不本意ではあっても返さなけ

2.1 「罪か恥か」から「罪も恥も」へ

ればならない責務として,「義務」と「義理」を挙げる。「恩義」の中の〈義〉の部分についてである。「義務」は,強制化され,時間的にも限りのない,しかも全部を払いきれないような報恩の責務である。たとえば「皇恩」に対する「忠」,「親や先祖の恩」に対する「孝」である。それらはよいとしても,つぎに提示された,職務の忠実な遂行にかかわる「任務」は,返しきれない「義務」だとは言えないのではないか。それは単に"duty"の訳語というべきであろう。永続化され,完全な返報をなしえない,しかも強く要請される返済の責務としての「義務」は,あくまでベネディクトの操作概念であって,もともと日本語の「義務」には,そうした属性は含まれていない。

もう一つの操作概念の「義理」であるが,こちらは,時間的に限定された,等量の返済だけが求められる責務（負い目）を指している。しかしこのセマンティクスも,本来の日本語の中にはない。しかしその範疇の中で,世間に対する「義理」,名（面目・体面）に対する「義理」を措定する。前者では,主君・近親・遠い親戚に対して果たすべき務め,また恩を受けた人に対するお返しとしての責務を,後者では,侮辱や失敗のそしりによって蒙った汚名を,報復や復讐によって取り除く責務,自己の失敗や専門分野についての無知を,自分では認めないようにする務め,日本人としての礼節・作法を守ることなど,を挙げている[13]。

ただし,これらの「義理」の中で,つき合い上の責務なら等量の返済もありえようが,他のものではその完済は難しい。つまり,「義理」を一般に負債の返却責務と受け止めることには無理がある。ベネディクトは,賢明にもその語の他の含意をも探っている。たとえば,血縁のつながらない義理の親子関係,誠意（「誠」）を失った形式上のつき合い,本人の意向には反するが,世間体を考えて受け入れたり,支払をせざるをえない事情,「義理」と「人情」との板ばさみ,などである。さらに「義理」を迫られた日本人が,「義理ほどつらいものはない」という意識をもつことについても考察している[14]。

---

[12] 恩の構造に関する,ベネディクト説,仏教説,および桜井庄太郎説の比較検討については,濱口惠俊『「日本らしさ」の再発見』,講談社,1988年,182-187頁を参照のこと
[13] Ruth Benedict, op. cit., p. 116.
[14] ルース・ベネディクト著,福井七子訳『日本人の行動パターン』,47-52頁

こうしたことからも分かるように，「義理」を，二者関係において等価交換性が強制される形態だと解するだけでは不十分であって，それの機能的側面を検討する必要がある。等価交換性を考えるとしても，情宜的なサービスの交換が自発的になされるのではなく，相互規定的になされ，社会的な強制力を伴っていることを考慮しなければならない。

　恩恵の一方的な受領では世間的な非難を浴びるので，何かを相手に返済することが必要になる。しかしそれが経済的にも困難な場合，余儀なくなされるような，負担・犠牲を伴う行為が「義理」なのである。形式化された互恵的関係だとも言える。その際，贈与とその返礼をめぐって，情宜性と疑似契約性とが交錯することが特徴となる。

　「義理をわきまえぬやつ」は，要請された互恵を果たさないために所属する集団のなかで逸脱者として扱われることになる。「義理」のサンクションは，目に見えない形で強く機能すると言えよう。その双務的相互作用の内容も，かなり多岐にわたる。すなわち，好意と謝意，施恩と報恩，給付とそれに見合った反対給付，権限の認定とそれに相応する義務の遂行，などである。

　これらの多様な相互作用を通じて，結果的に当事者間に「協同体的関係」（川島武宜）が確立される。そこでの関係は，安田三郎の表現に従えば，人情がらみの情緒的な，また特定者間のパーソナルな，しかもどこまでも限りのない結合なのである。しかも，同時に交換がなされるのではなく，時間的ズレをともなうような返済行為，それが「義理」なのである。約束した後での実行，贈り物の後でのお返しであって，「義理」は，本来，「交換」ではなく，作用に応えるべき反作用として理解されるとする[15]。

　「義理」のもう一つの重要な特性は，そうした作用と反作用との対応において，必ずしも等価なものの受け渡しがなされなくても，「義理」は十分に果たされる点である。たとえば，高価な贈り物に対しても，〈おうつり〉〈おため〉と称する，一枚の半紙を折ったものをその場で返す古くからのしきたりがある。そこではいわば儀礼的な交換が行なわれている。実質的な等価性が不可欠ではなく，互いにやり取りをすること自体が尊重されるのである。恐らくそれは，中国の古典『礼記』で強調される「往来」

15）　安田三郎「続・義理について」，現代社会学，1巻2号，1974年，163-164，168頁

2.1 「罪か恥か」から「罪も恥も」へ

関係，すなわち，互いに「往き来る」ことが礼にかなう，ということに由来するであろう。

ベネディクトは「義理」を，ダイアド・モデルでの等価交換になぞらえて把握しようとしたが，この発想はやはり欧米起源の二元論的思考や平等思想に基礎づけられており，その文化被拘束性は明らかである。「義理」や「義務」についての間違った語義や用語法の誤りからそのように判断される。しかしベネディクトが，文化の統合形態として「恩義」の文化を設定した意義は十分認められる。

2.1.4 エトスとしての「恥の文化」

『菊と刀』の最大のメリットは，日本文化が「恥の文化」(shame culture) だと性格づけられ，欧米の「罪の文化」(guilt culture) と対比されたことである。第三のレベルでの「文化の型」論の展開である。日本の文化のエトスを，文化の「統合形態」からさらに抽象化してどう設定するかの問題である。ここで「エトス」(ethos) というのは，「ある文化もしくは下位文化に独特の性格を付与する，その文化の主たる理念，価値，理想」[16]を指している。文化構造の「中心的傾向」(祖父江孝男) である。

ベネディクトは，「恥の文化」を「罪の文化」と対照して，次のように説明している。

> まともな恥の文化では，よいとされる行動は，外部から是認されたり，制裁を受けたりすることによって決まる。まともな罪の文化において，心に宿っている罪に照らしてそれがよくない行動であることを悟らせるのと，まるで反対である。恥とは，他の人たちの咎め立てに対するその人の反応のことである。人が恥を感じるのは，あからさまにあざけり笑われて除け者にされるか，嘲笑されていると思い込むかによってである。どちらの場合も，恥は強力な制裁を加えることになる。ただしそれには，実際にその人がどう振る舞うのかを傍で眺めている人がいることが必要である。あるいは少なくともそうした人がいると思

---

16) George Theodorson and Achilles Theodorson, A Modern Dictionary of Sociology, 1969.

い込むことが必要である。罪の場合はそうではない[17)]。

　ここでは，外部観察者とのかかわりにおいて生じる，行動規制因の〈恥〉と，「その人のよくない行為を誰一人気付かなくても」悪いことをしたという意識にさいなまれる〈罪〉とが，対置されている。人間関係の中で行為の善し悪しが裁定されるのか，それとも，単独者として自己判定する（厳密に言えば，絶対者とのかかわりでなされるのだが）のか，の違いである。

　人の笑い者にならないようにするとか，世間の噂の種にならないように身を慎むとか，当人の外側に存する行動の基準に従って振る舞うのが，〈恥〉の原理である。これとは正反対に，自分自身の内側に植え込まれている善悪の観念（良心）が，この場合の〈罪〉である。それは自律的な個人の自我構造の中核となるようなものを想定している。他方，ほかの人の評価が気になる他律的な態度の現れが〈恥〉なのである。

　「絶対的な基準となる道徳を説き，人の良心の啓発に依拠するような社会」が「罪の文化」を構成する[18)]。これに対して，「日本人の生活の中で恥が優位を占めるということが何を指しているかと言えば，こうである。……どんな人でも，自分の行ないをほかの人たちがどのように判断しているかに目を凝らしている。そしてほかの人たちがどんな評判をするかを推し量っておりさえすればよい。だが，他人の下した評決の指示する方向へと志向するのである。」[19)]

　このような〈罪〉と〈恥〉との説明は，道徳の自律性が日本人では欠如していて，他者の世評に左右される他律的な態度しかとれない，といったある種の優劣比較を展開しているようにも見える。これは，行為基準の内在性がその外在性にまさる，という価値観が作用しているからではないか。けれども，〈罪〉と〈恥〉とを，内在性と外在性とで区分することすら問題なのである。

　森口兼二によれば，〈罪〉も〈恥〉も，ともに自尊心の損傷体験にかかわって生じる意識，または現実自我と理想自我の分裂に際しての自己評価

---

17)　Ruth Benedict, op. cit., p. 223.
18)　Ruth Benedict, op. cit., p. 222.
19)　Ruth Benedict, op. cit., p. 224.

2.1 「罪か恥か」から「罪も恥も」へ

であるが、〈罪〉ではそれが絶対的な善悪基準に照らして、〈恥〉では相対的な優劣基準に照らして、なされるという違いがあるにすぎない。〈恥〉は、〈罪〉と同様に、自我を評定し、自尊心を維持する機能をもつとする[20]。

この場合「自尊心」を、「社会的威信」（social prestige）に置き換えてもよかろう。〈罪〉は、自己の内面化された絶対的基準に従って、威信を自らマイナスに評価した状態であり、〈恥〉は、特に身近な他者とのかかわりのなかで、威信が相対的に低下したと本人が思う状況である。いずれにしても、〈罪〉と〈恥〉は、自己評価の側面の違いを示すだけで、根本的に対立するものではない。

作田啓一は、ベネディクトを鋭く批判したが、その説に賛同できない理由としては、「人間はまず外側から罰を受けることによって、何が罪であるかを知るようになるからである。そしてまた、『恥を知る人』は自分自身で自分をコントロールするからである」[21]と述べている。〈罪〉といっても外罰に起源をもつものであり、逆に〈恥〉にも最初から内なる自己制御機能が備わっている、と言うのである。確かに、人知れずして「羞恥」の念に駆られることがあり、その場合は、自己自身の行動が主体的に制御されることになる。かくて、行為の規制原理の内在性・外在性に基づく〈罪〉と〈恥〉の区分は、あいまいなものとなる。

ベネディクトは、〈公恥〉としての「恥辱」の面しか眺めておらず、〈私恥〉としての「羞恥」を見落としている、と作田は判断する。その「恥の文化」論は、日本の文化類型（ゲシュタルト）の半面しかとらえていない、とも言う[22]。〈はじらい〉の意識としての「羞恥」は、所属集団の視点をはなれて、超越的な存在から出てくる視点に接するとき、仲間への劣位の認識は薄く、むしろ〈罪〉の意識に接近するのである。したがって、〈罪〉と〈恥〉は、対蹠的な意識ではなく、「羞恥」を媒介として互いに接合する意識なのである[23]。

森三樹三郎もまた、儒教的な考え方では、「罪の観念は、刑罰という強

---

20) 森口兼二「自尊心の発達諸段階における罪と恥」、京都大学教育学部紀要、9号、1963年、森口兼二『自尊心の構造』、松籟社、1993年
21) 作田啓一『価値の社会学』、岩波書店、1972年、295頁
22) 作田啓一『恥の文化再考』、筑摩書房、1967年、9頁
23) 作田啓一『価値の社会学』、304頁

い外面的強制力によって生み出されるものであり，恥の観念は，道徳や礼儀によって養われる内面的な倫理意識なのである」と述べる[24]。この場合，ベネディクトのいう行為基準の内在性・外在性は，両者間で逆転する。森は，『菊と刀』を引用しつつ，このように反論する。

　タキエ・リブラもまた，〈罪〉と〈恥〉との対立的背反性を否定する。〈罪〉は，相互の授受関係（権利と義務，負債と返済，贈与と収受など）において，返しきれないような不均衡が生じた場合，相手に対して「悪いことをした」「申し訳ない」と思う気持ちである。他方〈恥〉は，本人が占める地位の状況的な不適合を意味する。地位にふさわしくない不面目なことを人前でしでかしたとき，自らの地位を保ちえなくなるのではないかと，いたたまれない気持ちになること，それが〈恥〉なのである[25]。

　しかし，タキエ・リブラも言うように，両者は同一人が同時にもちうる意識である。たとえば，警察官が私用で車を運転中スピード違反で捕まった場合，自己の地位に反する行為だとして〈恥〉を感じるとともに，反則金の支払では妻に対して〈罪〉を意識するかも知れない。そうだとすれば，〈罪〉と〈恥〉とは，対立項であるどころか，同時併存が可能で，しかも微妙に絡み合うものなのである。ベネディクトも，実はそのことに気づいてはいた。だからこそ「罪と恥」と併記したのである。

　〈罪〉は，欧米人では，自己依拠主義を中核とする個人主義的な価値観を支える，確かな宗教的基盤となりうる。しかし，それに見合った宗教的な規制要因が，日本人に欠如しているわけではない。親鸞において深く自覚された，人間性に内在する「深重なる罪業（ざいごう）」観もある。より世俗的なレベルでも，デヴォスと我妻　洋が，主題統括テスト（TAT）で見出したような，親に従わなかった子が，親の重病や死に際して抱く悔悟の念としての罪悪感もある[26]。

　加藤秀俊が示唆したように，〈恥〉の文化ではなく，むしろ超自然によるサンクションとしての「罰（ばち）」の文化のほうが，日本人の道徳にとって根源的なのかもしれない[27]。〈罪〉を機能的に代替しうるものとして，「罰（ばち）」

---

24) 森三樹三郎『「名」と「恥」の文化』，講談社，1971年，138頁
25) Takie S. Lebra, "The Social Mechanism of Guilt and Shame", Anthropological Quarterly, Vol. 44, No. 4, 1971, pp. 241-255.
26) George DeVos, "The Relation of Guilt toward Parents to Achievement and Arranged Marriage among the Japanese," Psychiatry, 23, 1960, pp. 287-301.

2.1 「罪か恥か」から「罪も恥も」へ

を挙げることは十分に可能であろう。

　日本人にとっては，〈罪〉と〈恥〉とが，なぜ対概念となるのかがよく理解できないのではなかろうか。行為基準の内在性，外在性に基づいて区別される限りでは，両者は互いに対立した社会意識を構成する。だが，前述のような，概念内容や発生機序について多くの批判があることから判断すると，それでもって東西文化を完全に類型化することは困難であると言わざるをえない。

　副田義也もまた言う。「ベネディクトによる罪の文化と恥の文化の対照は，厳密にいえば比較しえないものを比較しているといわねばならない。」[28] なぜなら，宗教規範の体系としての［神に対する］罪の文化と，対人（社交）規範としての［他者や世間に対する］恥の文化とは，次元を異にするからである。

　ベネディクトの〈罪〉と〈恥〉という対照図式での議論は，「宗教規範と対人規範を，それぞれの本来的性格の違いを無視して，広義の倫理規範であるということで同一平面において比較・検討し，そのさい宗教規範を恣意的に基準に選び，対人規範がその基準に似ていないからという理由で，対人規範は宗教規範に劣っていると主張しているようにみえる」[29] とも述べる。

　日本人がこれまでまったく気づかなかった「恥の文化」という日本のエトスが，「罪の文化」と対照化されて抽出されたことの研究史的な意義は大きい。しかしここでもまた，二元論的対比のロジックが強固に設定されている。しかし〈罪〉や〈恥〉をどのように概念化するかによって，「恥の文化」対「罪の文化」という構図そのものを修正する必要性が出てくる。「罪か恥か」という形で，そのいずれを「文化の型」とするか，という比較図式から，「罪も恥も」ともども包摂する構造の中で，新たに日本型の国民性を論証する作業へ，という方法論の転換が要請されよう。

　この転換に当たって留意すべきことは，ベネディクトのアプローチが，自律的個体として行動する主体的人間を念頭に置いていることである。確かにそこでは，統合された人格の斉一的行動，返しきれない「恩義」に煩

---

27) 加藤秀俊『見世物からテレビへ』，岩波書店，1965年，16頁
28) 副田義也『日本文化試論』，新曜社，1993年，289頁
29) 副田，前掲書，289頁

わされない等価交換性、もっぱら世間を重視する「恥の文化」にまさる宗教的・主体的な「罪の文化」が、自明な前提とされて理論が展開されている。それは、欧米を基準に設定した比較国民性論であった、とも言える。「個人主義」の欠如態として日本文化が描き出され、結果的に、日本が「集団主義」社会だと見なされることになる。

準則1　ルース・ベネディクトは、日本の「文化の型」を、『菊と刀』において文化人類学の立場から解明した。

準則2　「文化の型」には、三つのレベルがある。第一は、観察可能な「行動の型」、第二は、文化の統合形態、第三は、文化の統合原理としてのエトス、である。

準則3　『菊と刀』での日本の「文化の型」は、それぞれ次のような形で示された。
　　　　第一のレベルについては、多くの行動矛盾として表出されるような「行動の型」であり、「徳目間での［採択上の］戸惑い」を構成する。
　　　　第二のレベルでは、「恩義」（恩と義理）の文化と呼べるような統合形態である。
　　　　第三のレベルに関しては、「罪の文化」と対比される「恥の文化」のエトスである。

準則4　ベネディクトは、第一の「文化の型」を、二律背反的な振る舞い方や性格の「行動の型」として記述する。

　系1　最初は、礼儀正しいが不遜で横柄だとか、かたくななのに革新的だ、といった「逆接」的な表現、すなわち「しかしまた」の連鎖でもって記述した。

　系2　しかし相矛盾する事象の併存が、日本人にとっての現実である（たとえば〈菊〉と〈刀〉は、ともに一幅の絵の部分である）ことに気づき、二つの対立項を「順接」させて記述している。日本人は、〈恥〉を気にしながらも、〈罪〉を意識して、うちひしがれるのである。

準則4　相容れないのではなく、複合化されただけの行動様式は、状況に応じてその中の適当なものが採択される。ベネディクトは、それを、「徳目間での［採択上の］戸惑い」と呼んでいる。たとえば、「義理と人情」「忠と孝」の葛藤で、どちらの徳目を優先させるかの問題である。

　系1　日本人の営む生活は、たとえば〈忠の世界〉〈孝の世界〉〈義理の世界〉〈仁の世界〉〈人情の世界〉、その他多くの世界から成り立っている。おのおのの世界には、独自の掟がある。

2.1 「罪か恥か」から「罪も恥も」へ

- 系2　日本人の道徳基準は，唯一絶対的なものではなく，状況に適合しているかぎりそれぞれ正当な，相対的なものである。
- 系3　日本人がそれぞれの徳目に応じて行動するとき，西洋人には，別々の人格をもつかのように見える。心的負担なしに別行動をとることが信じられないのである。
- 系4　日本人にとって生活は，一つの世界が他の世界に対して優位を主張するのではなく，互いに釣合を図ることが必要なドラマのようなものである。
- 準則5　ベネディクトが措定した，日本人の行動や性格における二元対立の構図が事実なのかどうかを確認する必要がある。ベネディクトの分析構図は，欧米起源の二分法タイプの概念分割に依拠している。
- 系1　ベネディクトは，日本人の行動の二律背反性そのものが「行動の型」だとする発見をしたが，それは単に二元論ロジックからの脱却であるにとどまるかもしれない。
- 準則6　ベネディクトは，第二の「文化の型」を，「恩義」の文化として分析する。
- 系1　日本人は「恩」「義理」のような相互的な責務感覚によって人間関係のシステムを構築しているが，そこに文化の「統合形態」を見出すことができる，とする。
- 準則7　ベネディクトによれば，日本人が強く意識するのは，生涯にわたって親や世間から受ける「恩」と，「万分の一も返せない」という重い負担感である。
- 系1　ベネディクトは，かつて修身の教科書に載った忠犬ハチ公のエピソードを引きつつ，その献身的愛情になぞらえて，息子の母親に対する受恩と報恩の意識を説明する。
- 準則8　「恩」には，「皇恩」「親の恩」「主君の恩」「師の恩」「世間の恩」などがあるが，いずれも心理的な負債（負い目）であって，その返済が日本人の重要な徳目だ，とベネディクトは考える。
- 系1　日本人の恩の観念は，ベネディクトが想定するような，負債とその返済という意識によるよりも，『日本霊異記』に出てくる動物の報恩説話のモチーフ，すなわち報恩できなければ恩を知る動物以下の存在だと見なされる，という倫理観に拠っている。
- 系2　日本人の恩の観念は，もう一つ別の，仏教の縁起説にも基盤をもち，衆生が，縁起による自己存在という大恩に報じなくては，と思うことにも依っている。
- 準則9　ベネディクトは，恩人に対して不本意でも返さなくてはならない責務として「義務」と「義理」を挙げる。前者は，いつまでも払い続

けなくてはならないが，しかもとても全部は報いきれない，報恩の
務めである。後者は，時間的にも限定のある，しかも等量の返済で
よい責務である。

系1　「義務」の例としては，「皇恩」に対する「忠」，「親や先祖の恩」に対する
「孝」がある。ただしベネディクトは，日本語における「義務」のセマン
ティクスを誤っている。

系2　「義理」の例としては，世間（主君・近親・遠い親戚など）に対するつき
合い上のお返し，名（面目）を失ったことに対する報復の責務，自己の失
敗や無知を認めようとしないことなどを挙げる。ただし，つき合い上の責
務は完済可能だが，その他は難しい。「義理」を負債の返済責務と規定す
ることは妥当ではない。

系3　恩恵の一方的受領では，「義理をわきまえぬやつ」と社会的に非難される
ので，経済的負担，犠牲を伴っても互恵的関係（双務的相互作用）を維持
しようとする努力が「義理」だと解される。

準則10　安田三郎によれば，「義理」は，情緒的で，パーソナルな，しかも
限りなく永続する結合であって，相互の贈与でも時間的ズレを伴う，
作用・反作用であり，ベネディクトの言うような同時交換ではない。

準則11　「義理」の特性としては，実質的な等価交換ではなく，儀礼的な性
格が強い点にある。互いに「往き来る」こと自体が重視される。ベ
ネディクト説でのように，二者間の等価交換モデルで説明するのは，
欧米起源の二元論的発想に拠るものと考えられる。

準則12　ベネディクトは，エトスとしての第三の「文化の型」を，「罪の文
化」と対置された「恥の文化」として設定する。

系1　「罪の文化」というのは，欧米でのように，心に宿る善悪観（良心）に照
らして行動することを是とする文化であり，「恥の文化」は，それと対照
的に，人の噂になったり，人に笑われたりすることを恐れて行動する，
〈恥〉の意識に基づいた文化を指している。

系2　本人に内面化された，内側の行動基準に基づく形態が〈罪〉であり，その
反対に，当人の外側に設定された基準に従うのが〈恥〉である。両者は行
為基準の内在性と外在性によって区分される。

準則13　行為基準の内在性と外在性による区分は，ある種の優劣比較の展開
のように見えるが，そのような二分法で〈罪〉と〈恥〉の違いを説
明しうるかどうか，疑問である。

系1　森口兼二によれば，〈罪〉も〈恥〉もともに自尊心の損傷体験に伴う意識
であるが，前者は絶対的な善悪基準に照らして，後者は相対的な優劣基準
に照らして生じる。

2.1 「罪か恥か」から「罪も恥も」へ

- **系2** 作田啓一の見解では、〈罪〉は最初〈外罰〉によって身に付くものであり、〈恥〉を知る人は、羞恥心による自己制御を行なっている。ベネディクトは、「恥辱」面しか眺めておらず、〈罪〉に近い「羞恥」を見落としている。
- **系3** 森三樹三郎は、儒教的な見解では、〈罪〉は刑罰という外面的強制力によって生じ、〈恥〉は道徳や礼儀により養われた内面的な倫理である。ベネディクトの行為基準の内面性・外面性は、ここでは逆転する。
- **系4** タキエ・リブラによれば、〈罪〉は相互の授受関係での不均衡で生じる意識であり、〈恥〉は本人の占める地位の状況的不適合に伴う意識であるので、両者の同時併存は可能だと言う。
- **準則14** 〈罪〉の観念が日本人にも存在することは確かである。たとえば、親鸞の言う深い罪業(ざいごう)観、デヴォスらがTATで実証した、父親の重病や死に際して抱く息子の悔悟の念としての罪悪感である。
- **系1** 〈罪〉の機能的代替としては、加藤秀俊の指摘どおり、「罰(ばち)」が考えられる。「罰(ばち)の文化」を「恥の文化」に置き替えれば、「罪の文化」と比較可能であろう。
- **準則15** 日本人にとって、〈罪〉と〈恥〉がなぜ対概念を構成するのか、よく理解できないであろう。またこの対比でもって本当に東西文化の類型化が可能なのかどうかも不明である。
- **系1** 副田義也によれば、ベネディクトは本来比較しえないものを比較している。〈罪〉は宗教規範であるのに、〈恥〉は対人規範であるからだ、と言う。
- **準則16** 日本人がまったく気づかなかった「恥の文化」というエトス・レベルの「文化の型」を、初めてベネディクトが抽出した意義は大きい。しかし、それが〈罪〉と〈恥〉という二元論の立場から論じられた点は、欧米的ロジックの設定によるものである。「罪か恥か」ではなく、「罪も恥も」の視点からの分析が望まれる。
- **準則17** ベネディクトのアプローチは、自律的個体としての個人を基盤に置き、行動型・相互関係・エトスのレベルで日本人の国民性を追究しているが、概して言えば、個人主義の欠如態として、したがっていわば集団主義的な社会であると日本を見なしている。

2.2

「タテ社会」から「組み合う社会」へ
―― 中根千枝の場合 ――

_____

　ベネディクトが「文化の型」に関して日本を研究したのに対し，中根千枝は，主に日本の「社会構造」の特徴を分析した。そのキー・ワードが「タテ社会」であった。それについての論議は，『タテ社会の人間関係――単一社会の理論』（講談社，1967年），『適応の条件――日本的連続の思考』（講談社，1972年），『タテ社会の力学』（講談社，1978年）などで展開されている。またその英語版と言うべき著作が，Japanese Society と題して，1970年に，Weidenfeld And Nicolson 社から刊行されている。

2.2.1 「場」に基づく「タテ社会」

　中根によれば，日本人の集団への参加の様態を眺めると，その集団構成の要因は，個人の何らかの資質である「資格」が共通していることよりも，当人の置かれている「場」が他の者と共有されていることである，とする。「資格」というのは，男・女や，老・若の別を指したり，あるいは学歴・地位・職業など，個人が生後に獲得した特質（attribute）のことである。これに対し，「場」というのは，地域社会とか所属機関などのように，参加者それぞれの「資格」は違っていても，一定の「枠」（frame）の内で皆が一つの集団を構成している場合のことを言う。たとえば，会社員の一人を職種である〈旋盤工〉と呼ぶのは，「資格」を指す場合であるが，その人を〈Ｐ社の社員〉と表現するのは，「場」に基づいた集団所属の仕方なのである。

　集団参加または集団構成において「資格」か「場」のいずれが優先されるかは，社会によって違っている，と中根は言う。日本では「場」が，インドでは，カーストのような「資格」が重視される。日本社会では，所属

2.2 「タテ社会」から「組み合う社会」へ

する「場」からの離脱は、集団成員のメンバーシップの喪失につながるので、各人は一つの共通の「場」、すなわち唯一の集団への帰属を余儀なくされる。この点、「資格」に基づく集団参加が普通である社会では、各人のもついくつかの「資格」に応じて、複数の集団参加が可能であるのと対照的である。当然のことながら、そうした集団は同質者の集まりだと言える。

このような「資格」を同じくする者から成る集団では、互いに平等なヨコの人間関係が発展する。もちろん、それらの集団間では社会的優劣が競われ、カーストや社会的階級が形成されるに至る。これに対し、日本でのような「場」による単一の集団への帰属では、その集団内にいろいろな「資格」を有する者が含まれ、それらの者の間での何らかの優劣差に基づいて、必然的にタテの人間関係（序列）が発生する。たとえば、先輩・後輩の序列、親分・子分の関係、官僚組織などである。この点に関し、中根は以下のように述べている。

> ……資格の異なるものを包含する社会集団というものを前提とすれば、その構成員を結びつける方法として、理論的にも当然「タテ」の関係となる。すなわち、「タテ」の関係とは、同列におかれないＡ・Ｂを結ぶ関係である。これに対して「ヨコ」の関係は、同質のもの、あるいは同列に立つＸ・Ｙによって設定される。個々人に共通する一定の資格によって集団が構成される場合は、その同質性ゆえに、「ヨコ」の関係が機能をもつ[1]。

この引用文において、「資格の異なるものを包含する社会集団」では「理論的にも当然『タテ』の関係となる」とあるが、「理論的にも当然」ということの意味内容がよく分からない。同じ「資格」の持ち主が集まる集団で、ヨコ（水平）の関係が優位になることは首肯しうるとしても、「場」の共有される集団で、相異なる「資格」をもつ者が含まれるからと言って、そこにタテ（上下）の関係が強くなる論理的・必然的な理由は見当たらない。それについて中根は十分な説明をしていない。タテの関係（vertical

---

[1] 中根千枝『タテ社会の人間関係』、講談社、1967年、71頁

relation) が，才能に関して差のある二人の構成員を結びつける基盤となると言うが[2]，それは集団編成の必要条件ではあっても，十分条件ではない。

「資格」対「場」，ヨコ対タテ，という二つの対立項があって，「資格」がヨコに結びつくから，「場」ではタテの人間関係が優位になる，という単純な推論がなされただけである。だが，同じ「資格」をもつ者どうしの集団でも，仕事の遂行上，力のあるリーダーと，それに従うフォローワーとの権力関係はありうるわけで，つねに平等関係が保証されるとも限らない。

その逆に，いろいろな「資格」をもつ者が包含される集団・組織において，その構成員が必ずヒエラルヒー状に序列化されるとは断言しえないであろう。仮に序列化される傾向があっても，上役と部下とは，相補的な役割関係にあって，両者間では予想以上に平等感を保っているケースもありうる。しかも「場」タイプの集団では，党中党，派閥といった水平型集団ができやすい，と中根自身も指摘している。

「資格」は，集団構成の一つの要件でありうる。しかし，それと対比された「場」は，集団を編成する機能的要件だとは考えにくい。相異なる「資格」をもつ者を包含するということは，既存の集団の一つの属性（帰結的な事象）であるにとどまる。中根の提起する「資格」対「場」という二元対比の図式には，要件と属性とが同居している。これは理論構成上の致命的欠陥である。しかも同「資格」者と，異「資格」者とが，それぞれヨコとタテの人間関係の構成因である，という推論には十分な根拠が見当たらない。もっとも，どのような「資格」が当該社会で重要視されるか，という視点からの比較なら意味があるのだが。

安田三郎が最初に指摘した事柄だが，『タテ社会の人間関係』には，キーワードの「タテ社会」は書題に使われただけで，本文中には一度も登場せず，したがってまたその語義についての説明もない[3]。「タテ組織」「タテ集団」という語は用いられているが，「タテ社会」がそれらとどう連関するのか，極めて不明確である。この点に関しては中根自身が，『タテ社会の人間関係』では，「タテの構造をもった相互に独立した諸集団を結び

---

2) Chie Nakane, Japanese Society, 1970, p. 23.
3) 安田三郎「日本社会論の展望」，現代社会学，7巻1号，1980年，10頁

2.2 「タテ社会」から「組み合う社会」へ

つけ，全体社会の統合を可能にするメカニズムについて，理論的に満足すべき説明をすることができなかった」[4]，と自己批判している。

日本における「タテ社会」なるものの特色として中根が強調するのは，どうやら「序列意識」のようである。タテの関係が集団構成員の結合の構造原理となると，「たとえ同一集団内の同一資格を有する者であっても，それが『タテ』の運動に影響されて，何らかの方法で『差』が設定され，強調されることによって，いわゆる驚くほど精緻な序列が形成される」[5]，と言う。先輩・後輩の序列は，その最たるものである。

企業等で序列は，入社年次の同期生意識をベースとして形成され，職種の上下を問わず作用する。この場合，ヨコの「職種」とタテの「序列」とは反比例の関係にあると中根は想定する。しかし両者は有意に相関しない，と言ったほうが正確であろう。もっとも，日本の経営組織における終身雇用制や年功序列制が，こうした序列意識に裏づけられていることは確かである。

「日本の組織というのは，序列を守り，人間関係をうまく保っていれば，能力に応じてどんなにでも羽をのばせるし，なまけようと思えば，どんなにでもなまけることができ，……」[6]とも言う。序列を乱さない限り自由に振る舞えるというわけである。しかし，このような序列による人間関係は，どこまでも情緒的なものであって，合理的な契約精神に欠けている，と中根は批判的に眺めている。

個体を重視する立場から眺めれば，日本の組織における序列（タテ）関係は，非論理的に見えるかも知れない。それは，「きわめてパーソナルな，直接的な人と人との関係」[7]であり，相対性原理が支配的だと中根は考える。けれども，個体的自律性に基づいて人間関係を追究しても，両者は本来，分析水準を異にするから，個体性を十分に反映した関係性などは見出せないはずである。

これは欧米社会においても当てはまることである。ましてや，逆に関係性が個体性を規制しがちな日本では，序列が人間関係をゆがめていると言

4） 中根千枝『タテ社会の力学』，講談社，1978年，4頁
5） 中根千枝『タテ社会の人間関係』，講談社，1967年，71-72頁
6） 中根，前掲書，1967年，152頁
7） 中根，前掲書，1967年，167頁

ってみても，それはあまり意味のある命題だとは思えない。したがって，現存する人間関係そのものを基盤に据えて，その中で個体行動を考えるような分析図式が望まれるのである。

　中根は，その点に気づき，西欧の思考様式では，「二つの個体がそれぞれ独立のものであることが認識され，その両者に関係が設定される。日本的思考では，……いったん関係ができると，二つの個体はそれ自体個体としての独立性はなくなり，両者はつながってしまうのである」[8]と述べる。日本人の関係は，こうした連続体としての個体から成り，それは第三者を排除して，お互いに相手の要求を受け入れたり，相手に譲歩したりするのである。

2.2.2　石垣モデルによる日本社会

最初から関係性によって「タテ社会」が把握されておれば，中根の研究は，もっと理論としての説得力をもちえたのではなかろうか。こうしたことから，実際に中根は，『タテ社会の力学』では，前著の『タテ社会の人間関係』での見解を修正した論議を展開している。たとえば，日本人の大集団への参加は，個人ではなく，「家」のような，当人の属する小集団を基本単位とする，と言う。そこでは仕事上の協力があり，「場」が共有されている。小集団のそうした強い凝集力によって，大集団に合流してもその枠組みがなくなることはないとする。そこで日本の小集団は，欧米の個人に相当するとし，次のように述べる。

> ……日本の小集団は欧米の個人と同じような性質をもっている。つまり，欧米の個人に比敵される。欧米の人々が個人（個としての単位）の尊厳を保つために，抵抗を示すと同じように，日本の小集団はそれを部分とするその上位集団や隣接集団に対して，単位の独立性を強く主張し，抵抗を示すのが普通である。これは，小集団において個人がその部分として統合されることに抵抗をあまり示さないことを想起すると興味深い[9]。

8）　中根千枝『適応の条件』，講談社，1972年，137頁
9）　中根千枝『タテ社会の力学』，38-39頁

2.2 「タテ社会」から「組み合う社会」へ

要するに日本では小集団が，欧米の個人と並ぶような自律的な行動単位だというわけである。しかしそのような自立した小集団が，組織の中では，それぞれ独立した個人とは違って，ヒトデの腕のように互いに協調し，あるまとまりを示す，とも言う。しかしながらこの小集団の自立性と協調性は，矛盾した事象のように見える。個人と集団との二律背反性も同じことである。この矛盾について中根は何も説明していない。だが，自立性は小集団の基本属性として受け止め，協調性は，自律的活動を可能にする機能要件（functional requisite）と考えたら，互いに矛盾しないのではないだろうか。

中根は，そうした要件として，自立小集団間の「組み合わせ」構造を挙げている。小集団が自らの自立性ばかりを主張し，互いの有機的連携を確保しなければ，大組織は編成されないからである。「組み合わせ」は組織にとっての機能要件なのである。中根によれば，それぞれの自立した集団は他の同様の集団と，上下関係にあることもあるが，一般的には諸集団に取りまかれていると言ったほうがよい。既得権を主張すると同時に，互いに規制しあっている。それは，相互によくなじみあった個々の石が古い石垣を構成している様に似ている。それぞれ形も大きさも違う石がよい具合に接して，全体をうまく構築しているのである[10]。この石垣モデル説を敷衍して，次のようにも述べる。

> 隣接するそれぞれの単位は，お互いに同類であったり，異種であったり，上下関係であったり，取引関係であったりして，雑多な存在の仕方が見られるが，直接に隣接しあう集団と集団の間には，亀裂，あるいは機能的な分離帯があるのではなく，むしろ両者のなじみ合いから醸成される連続を可能にするメカニズムが内包されている。この関係が幾重にも錯綜し合って，全体として連続体を形成している[11]。

このような〈連続体〉の形成が条件となって組織が機能する，と考えるのは妥当だと言えよう。しかもこの〈連続体〉形成の要件は，その構成要素が互いに同質であることだとする。すなわち「連続体を可能にしている

---

10) 中根，前掲書，1978年，115-116頁
11) 中根，前掲書，1978年，117頁

のは，実に全体を構成している部分が同質ということによってささえられているからである。そうでなければ，単なる隣接という条件では相互に結びつくこと，より正確には，なじみ合ってそれが全体をつくり上げるということはできないのである」[12]。こうした小集団のとらえ方は，前著『タテ社会の人間関係』において「場」(枠)には多様な「資格」をもつ異質者が存在する，という見解からの百八十度の転回であるようにも思える。

　この同質性を念頭に置けば，著者の言う「タテ関係」も〈なじみ合い〉の関係となる。この点に関しては，中根はこう述べる。

　　実は，筆者がタテの関係という用語によって意味する一つの重要な人間関係は，下位の者が上位の者に従属することではなく，うまく組み合うことである。そして，ソトに対しては上下の礼節を忘れないことである。したがって「タテ」という用語によって一般にイメージ化されやすい，どちらかというと非人間的なオーダーは，とくにソトに対しての秩序であり，また，……人と人というよりは，むしろ集団と集団の関係にあらわれるのである。内部における実際の人と人との関係の特色は，むしろ「組む」ということにある[13]。

　要するに「タテ」というのは，「権力関係というよりは，儀礼的な序列」であるにすぎない，と中根は見なしている[14]。小集団におけるリーダーとフォローワーの間で，親近性が上下関係に優り，また両者間で相互に依存し合う程度が高くなるので，「タテ」関係といっても，外部者に提示する場合の名目的な上下関係であるにとどまる，と言うのである。この点に関しても，前著『タテ社会の人間関係』における，親分・子分関係や官僚制としての「タテ関係」とは違っている。こうような自説の修正は，中根においても顕著だった二者関係(ダイアド)モデルから，日本人の実感に添った関係モデルへの転換として理解できる。

　中根による日本の社会構造の分析は，当初は二者関係モデルに基づく「タテ社会」論として，「ヨコ社会」論と対置された。それは「資格」対

---

12) 中根，前掲書，1978年，119頁
13) 中根，前掲書，1978年，87頁
14) 中根，前掲書，1978年，85頁

2.2 「タテ社会」から「組み合う社会」へ

「場」(枠)という概念スキームに拠っているが,機械的な対応での比較であったために,日本の実情をとらえ損なった。そこで自説を修正し,「組み合う社会」という新しい分析拠点を準備した。「タテ社会」から「組み合う社会」への転換は,単に日本の社会構造の特性についての新提案であるだけでなく,社会構造論の方法論の革新を図るものであることに注目する必要がある。すなわち,「個体」(点)をベースとするアプローチから「関係」(線)そのものを基盤とするアプローチへの展開を試みるものであった。この意味で中根の新しいアプローチは,注目に値する。しかしその後,より具体的で詳細な分析が示されていないのは残念である。

───────────────

準則1 中根千枝は,社会人類学の立場から日本の「社会構造」を分析しようと試みた。

準則2 その著『タテ社会の人間関係』における分析のための概念として設定されたのが,「資格」と「場」(枠)であった。

系1 「資格」は,性別・年齢層別,あるいは学歴・地位・職業など生後獲得した特質のことである。

系2 「場」というのは,いろいろな「資格」の持ち主が一定の枠内に集まっている,集団や組織を言う。

準則3 集団参加や集団構成で,「資格」か「場」のいずれが重視されるかは,社会によって異なる。たとえば,インドでは「資格」が,日本では「場」がそれぞれ重要とされる。

系1 「資格」による集団参加が普通の社会では,各人は自己の保有する「資格」に応じて複数の集団に所属できる。各集団は同質者の集まりとなる。

系2 「場」によって集団が構成される日本では,自己の所属する「場」からの離脱はメンバーシップの喪失を意味し,したがって各人は一つの共通の集団(単一集団)への帰属を余儀なくされる。

準則4 「資格」に基づく集団では,互いに同質であるために,ヨコ(水平的)の人間関係が優勢である。これに対し,「場」による集団では,内包される種々の「資格」の保持者の間での優劣差に基づき,必然的にタテの人間関係が発生する。先輩・後輩の序列,親分・子分の関係,官僚組織などである。

準則5 同「資格」者から成る集団でヨコ関係が優勢であることは言えるとしても,「場」の共有される集団で,中根の言うように,異「資格」者が含まれるから必然的にタテの関係が発達する,とは限らない。

| 系1 | 中根は,「資格」対「場」, ヨコの人間関係とタテの人間関係, という二つの対立項を対応させて,「資格」＝ヨコの人間関係だから,「場」＝タテの人間関係, と推論したに違いない。
| 系2 | 同「資格」者の集団でも, 強力なリーダーとフォローワーの間に権力関係はありうるし, 異「資格」者を含む集団で, 上役と部下の間が相補的役割関係にあり, 平等感が大きい場合もありうる。
| 系3 | 「資格」は, 集団構成の機能要件であるが,「場」は既存集団での一つの属性（帰結事象）であり, 両者を対概念として用いること自体に問題がある。
| 準則6 | 『タテ社会の人間関係』には,「タテ社会」の概念規定がない, と安田三郎が指摘したが, 中根自身も, それに関する理論的説明を欠いていたと自己批判している。
| 準則7 | 中根の考える「タテ社会」の具体例は, 企業等における「序列」意識のそれである。先輩・後輩の秩序, 入社年次による階統は, 職種を超えて存在する。しかしそうした序列は, パーソナルな情緒的関係であり, 合理的な契約精神を欠いている, とする。
| 系1 | 「序列」が非合理的に見えるのは, 個体的自律性をベースにして判断するからである。個体性と関係性は本来分析水準を異にするから, 一方から他方を評価しても, あまり意味をもつものではない。
| 系2 | もっとも, 中根も,『適応の条件』ではそのことに気づき, 日本人の思考では, 個体間は「連続体」であり, 第三者を排した, 相互許容的なものである, と述べている。
| 準則8 | 『タテ社会の力学』では, さらに自説を修正し, 日本人の社会・大集団への参加は, 個人ではなく,「家」のような小集団を基本単位とする, と言う。凝集力に富む日本の小集団は, 欧米の個人に相当する, とも見なしている。
| 系1 | 日本の小集団は, 大集団の中で, 自立性を保ちながら, 行動面での協調性も高い。自立性と協調性は矛盾するように見えるが, 前者は基本属性, 後者は機能要件と解せば問題はない。
| 準則9 | 日本の小集団の機能要件として, 中根は, それぞれ自立した小集団の間での「組み合わせ」構造を挙げる。
| 系1 | そうした「組み合わせ」構造は, いろいろな形をした大小の石でもって隙間もなくうまく組まれた石垣のアナロジーで示される。
| 系2 | 組織は, 互いになじみあった関係の錯綜として, 全体が同質の連続体を成している, とする。
| 準則10 | 中根の言う「タテ関係」も, なじみ合いの関係と再規定されることになる。タテというのは, 権力関係ではなく, 儀礼的序列であって,

2.2 「タテ社会」から「組み合う社会」へ

組織の外部に向かってだけ，上下関係として表明される。

準則11 中根のアプローチは，当初は，「タテ社会」での二者関係モデル，あるいは個体のあり方の類型に依拠していたが，その後の理論では，「組み合う社会」をモデルとする協調関係重視のものへと転換を遂げた。

───────────

2.3

「甘える一方」から「頼り頼られ」へ（土居健郎の場合）
「自我不確実感」から〈ごもっとも主義〉へ（南 博の場合）

───────

　土居健郎は，精神医学の立場から，また南 博は社会心理学の視点から，日本人の国民性を明らかにしようと試みた。土居健郎は，日本語に固有だと考えられる「甘え」という語を，分析概念にまで仕立て上げた。また，南 博は，日本人の「自我」構造の特色を検討して，そこに広く見られる不確実感をとらえ，日本人がそれをどう克服しようとしているか，そのメカニズムについて考察した。土居健郎の「甘え」論から検討しよう。

2.3.1　依存欲求としての「甘え」（土居健郎）

　一般に土居健郎の「甘え」理論が有名になったのは，その著『「甘え」の構造』（弘文堂，1971年）によってであった（その英語版は，The Anatomy of Dependence, translated by John Bester, Kodansha International Ltd., 1973.）。もっとも，最初に「甘え」概念が提唱されたのは，1961年ホノルルで開催された太平洋学術会議であり，その報告論文 "'Amae'—a Key Concept for Understanding Japanese Personality Structure", in Smith, R. J. and Beardsley, R. K. eds., Japanese culture: Its Development and Characteristics, Wenner-Gren Foundation, 1962, pp.132-139. は，当時すでに国際的に高く評価されていた。筆者も，この論文を読んで深い感銘を受けた。

　土居は，日本語の「甘え」という語の含意を，外国語，特に英語との比較によって再発見した。それは日本語にしかない語彙であって，日本人がほかの人に依存しようとする欲求，ないしは，相手との一体化の願望を表す言葉だとする。これは，バリントの言う「受身的対象愛」（passive object love）に近い，とも言う[1]。

2.3 「甘える一方」から～（土居），「自我不確実感」から～（南）

より通俗的な表現では，「甘え」とは，「人間関係において接近を喜ぶ感情」であり，また「そのような感情を持つことを欲すること」，つまり「なつく」気持ちである。それはまた，はっきり自覚されたことではないが，「人間関係において相手の好意をあてにして振舞う」，という意味合いをもっている[2]。

土居の見解を概括すれば，「甘え」の発生的原義は，母子未分化の状態から脱した乳児が，なおも母親に愛着し，一方的に依存することである。こうした「甘え」の欲求は，成人の人間関係に持ち越され，それを基盤にする依存的関係が家族の外でも広く眺められるとする。そうした「甘え」の欲求が満たされるかどうかは相手しだいであり，もし充足されなければ，うらむ・すねる・ひがむ・ひねくれる，などの否定的な態度で，なおも「甘え」を表明することになる。それらは，自分の欲求の充足をあきらめているようで完全にあきらめてはいない，曖昧な（アンビバレントな）態度である。しかし人は，甘えることを体験しなければ，〈自分〉というものをもつことはできないのである[3]。この意味で，日本人の民族的性格の形成にとっても，「甘え」は重要である。

日本人の生活の中で容認され，遍在化している「甘え」は，そのまま肯定される事象ではある。しかし同時に，他者依存性の強い「甘え」人間は，精神発達における初期の「口唇期」段階の性格でもあるという理由で，否定的評価を受ける。つまり，「甘えん坊というのは，いつも相手に期待し，何事についても誰かが自分のためにお膳立てしてくれるものと決めこみ，またそれを要求する性格である」[4]がゆえに，行動発達の遅れた口唇性格の典型として，低く見られるのである。

要するに，パーソナリティの自立を当然とする立場からは，「甘え」は克服されなくてはならないのである。それでいて「甘え」は，日本人の「自己」形成にとって不可欠な要因である，とも見なされている。土居の「甘え」論には，「甘え」そのものがアンビバレントな態度であることを反映して，半ば肯定し半ば否定するようなアンビバレントなところがある。

---

1) 土居健郎『精神分析と精神病理』，医学書院，1965年，46，55頁
2) 土居健郎『続「甘え」の構造』，弘文堂，2001年，65，84-85頁
3) 土居健郎『「甘え」の構造』，弘文堂，1971年，170頁
4) 土居健郎『精神分析と精神病理』，56頁

土居はまた以下のようにも述べている。「甘え」という概念は,「普遍的な意味を持っていると信じる。平たくいえば,甘えと恨みの心理は欧米人にも存在はしている。ただ欧米人の場合,この心理が日本人におけるよりもはるかに深く抑圧されているといってもよいかもしれない。」[5]　したがって「甘え」は,精神病理の精神分析的研究では見落とされていた概念であるとし,フロイトに始まる精神分析学の再構築を意図している[6]。

　だがこの普遍理論への志向と,「甘え」が日本語にしかない独自な心理だとする主張とは,明らかに矛盾している。実は土居自身も,この矛盾を認めている。日本人の「甘え」の感情の根底に,全人類に共通な「依存欲求」という本能的なものの存在を認めた点で,論理的矛盾を犯したと言う。だがしかし,その矛盾に関して,日本では「甘え」という人間関係が社会的規範として受け入れられているのに,欧米ではそれが締め出され,「甘え」が発達しなかった,という事由によると弁明している。また欧米ではあからさまな「甘え」感情は見られないが,潜在的な「甘え」願望は存在するので,「甘え」の普遍性を想定したと言う[7]。

　そうだとすれば,「甘え」はどの社会でも普遍的に存在しうるが,日本において最も典型的な形で表出される,と記すべきではなかったか。ただ問題は,日本語の「甘え」に,人類に普遍だという「他者への依存欲求」の意味が含まれているかどうかである。木村　敏の見解では,『大言海』を引いて,「……甘えの本質は情愛にもたれ,馴れ親しんで気儘をする」ということであり,「情愛にもたれようとする依存欲求のことではない」[8]と述べる。

　木村では,相手との関係ですでに一体化が成立している場合に,何をしても許されるとして,なれなれしい気持からしたい放題のことをするのが,日本語の「甘え」なのだとする。それは,すでに成立している人間関係の一つの「属性」だと解する見解であるが,土居のそれは,親しい人間関係の成立のための「機能要件」としての「甘え」,すなわち「依存欲求」が相手に認められるかどうかの問題であった。土居の「甘え」が,「依存欲

---

5)　土居健郎『「甘え」雑稿』,弘文堂,1975年,179頁
6)　土居健郎『精神分析と精神病理』,2-3頁
7)　土居健郎『注釈「甘え」の構造』,弘文堂,1993年,229頁
8)　木村　敏『人と人との間——精神病理学的日本論』,弘文堂,1972年,148-149頁

求」という新たに定義づけられた，分析のための操作概念であるかぎり，それは人類に普遍的な事象となりうるが，その帰結として日本文化だけの特性だとは言えなくなるであろう。

「甘え」を「依存欲求」のことだとする場合，確立された自我をもつ自立的人間のイメージが先にあり，その欠如態としての「甘えん坊」が想定されているのではなかろうか。「依存」ということ自体が，自立した自我との対比において，マイナスのニュアンスを帯びるのである。タキエ・リブラによれば，アメリカ人は，「依存」という語を聞けば，思わず不快感を顔に出すそうである。「依存に甘んずれば，すなわち自立を失うのであり，自尊心を傷つけ，極端に言うなら人間失格に終わってしまうという連想が一瞬頭の中を駆けめぐるかのようである。」[9] 土居の「依存欲求」としての「甘え」に関する論議も，上述のような「依存」忌避の基準線に添うものではなかっただろうか。

「依存欲求」としての「甘え」は，それが個人の欲求であるかぎり，持ち主の側の相手に対する一方的な「依存」となる。しかし青木やよひが批判したように，日本の成人に見られる「甘え」は，相互的な「依存」関係を指しており，そこでは互いに欲求充足の節度が求められ，おのずと自己制御がなされるのである[10]。いわば「甘える一方」から「頼り頼られ」型の双方向的な「甘え」，すなわち「相互依存」としての「甘え」へと発想を転換し，その視角からの分析が必要となろう。土居の「甘え」理論は，「相互依存」関係論への第一歩となるものである。

2.3.2 日本人の「自我不確実感」と「集団我」（南 博）

「依存欲求」としての「甘え」でもって日本人の国民性をとらえようとした土居健郎の研究を，社会心理学の立場からサポートしたのが，南 博の「自我」論であった。主にその著『日本的自我』（岩波書店，1983年）に基づいて検討してみよう。

南は，「自我」を〈する自分〉〈見る自分〉としての主体的自我，略して

---

9) タキエ・スギヤマ・リブラ「日本文化の論理と人間観」，濱口恵俊編著『日本文化は異質か』，日本放送出版協会，1996年，222頁

10) 青木やよひ「『甘えの構造』・批判」，同時代，31号，1976年，176頁

「主我」と,〈される自分〉〈見られる自分〉としての客体的自我,すなわち「客我」とに分ける。前者は,能動的な自我,後者は,受動的な自我である。この類別は,G. H. ミードの「主我」(I) と「客我」(Me) の違いに近い。

南の言う「客我」は,さらに二つに分けられる。第一は,「主我」としての自分自身から眺めた「客我」,すなわち自分を内省して得られた「内的客我」である。自分が描く自己像とも言える。第二は,他人に抱かれた自己のイメージ,すなわち外側から眺められた自己像を自分で推測した場合の「外的客我」である。

南の見解に従えば,日本人では,「外的客我」を「自我」自体と思いやすく,またそれが「内的客我」をも圧倒して,自信や主体性のない「否定我」を生みやすい。そこにはひ弱な「内的客我」,あるいは不安定な「主我」しかなく,主体的な行動ができなくなる。つまり「自我」全体に不確実感が広がるのである。こうした「自我不確実感」は,「大部分の日本人が共通にもつ性格特性であり,日本的な自我構造の基本的な特徴」[11]なのである。

「自我不確実感」は,弱気,内気,心配,孤立感,引っ込み思案,迷い,ためらいなどのような,消極的で意思決定力の鈍い行動傾向,すなわち〈主我の弱さ〉として出てきたり,あるいは,対人関係における気がねと遠慮などのような「外的客我」への傾斜,すなわち他者中心主義として表出される。後者の極端な形は,日本人に特有な対人恐怖症である。

南は,前掲書では,日本人がこうした「自我不確実感」を和らげたり,克服するための意識的・無意識的なメカニズムを四つ挙げている。その第一は,所属する集団の活動に積極的に参加したり,そこでの人間関係に親近感を抱いて,自己の「自我」を集団と合体させるやり方である。つまり「集団我」とでも言うべきものを形成するわけで,それは個人の自我を支え,不安定さや不確実感をなくす機能をもつ。集団への強い所属意識と依存意識のことだとも言える。

第二の方法は,他者との交渉や集団生活の中で,自と他の地位や役割を明確にすることである。たとえば初対面の人とは名刺の交換によって,互

---

11) 南 博『日本的自我』,岩波書店,1983年,1-5頁

2.3 「甘える一方」から〜（土居），「自我不確実感」から〜（南）

いの地位・身分を最初に確認することが多いが，それによって社会的序列の中に「自我」を適当に位置づける（格づける）のである。そうすることによって，重すぎる「外的客我」と軽すぎる「内的客我」とのギャップを解消することができる。

さらに第三のやり方としては，定型化された行動，すなわち前例や慣例をしっかり守って，自我を確実なものにしようとすることが考えられる。日本人に強迫神経症的な完全主義者が多いのも，そのせいである。型どおりの行動をとろうとして努力する人は，自分を自分自身で評価することになるのであり，それによって「内的客我」を強化する。

南が第四に挙げるのは，「その場主義」と名づける方法である。自我は不安定なままにしておいて，むしろ多様性と融通性を許容する「状況主義」にのっとり，その場その場にふさわしい行動をとる，という進め方である。元来，日本文化が多元的に構成されており，あいまいさの許容は当然のこととされていた，という事情がある。

これらのメカニズムは「自我不確実感」を解消させるための機制であり，「内的自我」の補強や「主我」の確立を，直接的にではなく，代理的に行なう方策である。その場合，日本人の主体的自我が極めて弱いということを大前提にしている。しかし大多数の日本人が，そうした弱さの現れである「自我不確実感」にさいなまれ，それから逃れるべく意識的・無意識的に努力しているのは事実であろうか。

確かに神経症的な症候，たとえば，極端に引っ込み思案になったり，他者からの視線に恐怖を感じたりすることは，多多あるかもしれない。だが普通の日本人は，集団生活の中で，互いの立場に配慮しつつ，組織の中での主体的活動を問題なくこなしている。そこでは「集団我」のような，集団に融合されて自分をなくした自我形態ばかりがあるのではない。むしろ，他の人との緊密な間柄の中で，安定した〈社会的自我〉が見出されるであろう。「内的客我」が未確立だとは断言しえないのではなかろうか。

南の分析の基体となるのは，個体的な「自我」である。とくに「内的客我」に関して，フロイトの言う「超自我」（良心）としての社会規範の側面や，自分をこれでよしとする「肯定我」の側面から眺められた自己イメージが，本来的なものと考えられている。これとは対照的な「否定我」を伴う「外的客我」が，日本人では「内的客我」を圧倒し，「自我不確実感」

を産出すると想定している。しかしそれは主体的「自我」の欠如態の指摘であるにとどまる。こうした「自我還元主義」のアプローチでは，かつて世界で驚異的だと評された日本経済の高度成長は説明できない。自分たちに自信がなければ，グローバルな経済活動は不可能だからである。

　世渡りの〈こつ〉としてよく引かれるこんな歌がある，と南は言う。
「世の中は左様然らば御尤もさうでムるか確と存ぜぬ」というものだが，これはだれの意見についても「ごもっとも」と従っておき，しかも自分では「確と存ぜぬ」がゆえに意見の表明は差し控える，という態度である。自由な意見発表は「偏屈」「屁理屈」として排斥されるために自発的な態度はとらず，八方美人的に振る舞うのをよしとするのであり，処世術の極意だとされる[12]。

　このような態度は，外国人の目からは，日本人の引っ込み思案を示すものであり，消極主義の現れと見えるかもしれない。しかし南は言う。「……八方美人主義は，他人と意見の衝突を避けながら，自分の意思は曲げずに通そうとする反面をもっている。この点では，消極の習性は，服従の習性とならんで，何らかの意味で，生活上の危険防止，自己の保安に役立っている。」[13]　このような〈ごもっとも主義〉が，表面的に主体的「自我」の弱さを示すとしても，その内面的な戦略的意義は大きいのである。日本人の生活構造において人間関係にかかわる側面の重要性を，実は南自身も認めているのである。

　土居の「甘え」理論，南の「自我」理論は，ともども個人的行為主体を分析拠点に据えた，日本人の国民性論であった。ともに分析は鋭いが，方法論的パラダイムでの一面性はぬぐいえない。欧米起源の理論枠に依然として拘束されたままである。つまりそれらは，欧米社会に存在する個体的自立性が日本では欠如しているとする，欠如態理論であったことは確かである。

　中根千枝の「タテ社会」論，ルース・ベネディクトの「恥の文化」論などもそれに属している。それらはいずれも，日本社会を集団主義の社会と見なす研究でもあった。すなわち日本人は，成人でもむやみに他人に依存

---

12)　南　博『日本人の心理』，岩波書店，1953年，17-18頁
13)　南　博，前掲書，1953年，19頁

2.3 「甘える一方」から〜(土居)，「自我不確実感」から〜(南)

し，また所属する集団と自己とを同一視しがちであり，その集団の中では上下の関係にうるさく，さらに，まわりの人の評判や世間体を気にしすぎる，という見解である。

こうした「日本論」は，「方法論的個人主義」(methodological individualism) パラダイムに従っている。しかしそこで自明なものとされている「個体的自律」ではなく，新たに社会生活を営む上で必然的に要請される「関係的調整」に分析の拠点を移すなら，「甘え」「集団我」「タテ社会」「恥の文化」の理論は，日本的特質を把握するのに有用な視点を提供していると再評価しうるであろう。

「甘え」に関しては，土居自身が言うように，甘える体験なしに日本人は自己のアイデンティティを確立しえないとすれば，相互の依存的関係の果たす機能は大きい。南の言う「集団我」にしても，日本人における「自我不確実感」の解消のための社会的メカニズムだとすれば，日本人なりの連帯的主体性の確立にとっては不可欠な要因だということになろう。

また中根説が最も強調したかったのは，日本の組織における関係複合体としての「場」の果たす機能だったとすれば，「タテ社会」は「場」が必然的に生みだす帰結だということになる。さらに，ベネディクトが「罪の文化」との対比で取り上げた「恥の文化」についても，「恥」の未然回避は，非主体的な態度ではなく，むしろ身近な人との間柄や世間において，自己の評価が下がることを避けるための積極的な努力だと解することも可能となろう。

「甘え」「集団我」「タテ社会」「恥の文化」の理論について，このような再解釈をする場合には，それらは，「個人」の自律性の有無という観点からではなく，当人の置かれた「場」や相互の「間柄」という「関係性」そのものに基づいて日本的特質を眺めることになる。

「関係性」は，人にとって外在する客観的状況ではなく，むしろ自己に内在化されるべき事柄である。「人間」という表現は，「間柄」を自己の内に包摂するような〈にんげん〉モデルを指している。そのような内面化された「関係性」のシステムは，自立した個人と並んで，社会システムを構成するもう一つの重要な主体形態である。それを新たに「関係体」と呼ぶなら，この概念に基づく「日本らしさ」「欧米らしさ」の解明のパラダイムとして，「方法論的関係体主義」(methodological relatum-ism) を設定

する可能性が開かれてくる。

　こうしたパラダイムによって，土居のアプローチにおいては，「甘える一方」から「頼り頼られ」への転換が期待されることになる。南においても，「自我不確実感」からの脱却と，「関係的自我」理論の立場からの〈ごもっとも主義〉へのシフトが要望されるが，それについては，遺憾ながらもはや叶わない。

―――――――――

準則1　土居健郎は，「甘え」の概念によって日本人の国民性を明らかにしようと試みた。「甘え」は日本語にしかない語彙であって，他の人に依存しようとする欲求，ないしは，相手との一体化の願望を表わす語だとする。

準則2　「甘え」の発生的原義は，母子未分化の状態から脱した乳児が，なおも母親に愛着し，一方的に依存することである。そうした欲求は，成人にも拡散し，「甘え」の人間関係が家族の外でも広く見られる。

　系1　「甘え」の欲求が相手によって満たされない時には，うらむ・すねる・ひがむ・ひねくれるなどの否定的な態度で，なおも「甘え」を表明する。それはアンビバレントな態度である。

　系2　人はこうした甘えを体験しなければ，〈自分〉というものを持つことはできない。

準則3　日本人の生活の中に遍在している「甘え」は，確かな事象としてそのまま肯定されるが，他者依存性の高い「甘え」人間は，精神発達の初期の段階である「口唇期」の性格だとして否定的評価を受ける。土居の「甘え」論には，肯・否の両面がある。

　系1　「甘え」は欧米人にも見られる普遍的事象なのに，従来の精神分析学では見落とされていたとし，これによって土居は，フロイトの精神分析学の再構築を意図した。だが，こうした普遍理論への志向と，「甘え」が日本語にしか存しないという主張とは矛盾している。

　系2　矛盾に見えるのは，日本では「甘え」が社会的規範として許容されているのに，欧米では受容されなかったことによる。また，欧米でも「甘え」が潜在的願望としてありうるため，普遍的事象と想定した，と言う。

準則4　日本語の「甘え」は，木村　敏によれば，既存の人間関係の中で，情愛にもたれ，馴れ親しんで気侭をすることであって，土居が言うような，他者への依存欲求のことではない，とする。

2.3 「甘える一方」から～（土居），「自我不確実感」から～（南）

系1 木村の言う「甘え」は，既存の人間関係の一つの属性であるのに対し，土居の言う依存欲求としての「甘え」は，親しい人間関係を成立させるための機能要件だと解される。

系2 土居の「甘え」は，日本語の語義とは異なる，定義づけられた操作概念だとすれば，日本文化の特性を必ずしも表明するものではない。

準則5 「依存欲求」としての「甘え」は，自立的人間の欠如態を指していよう。「甘えん坊」は，アメリカ人に顕著に見られる「依存」忌避の傾向を反映している。

準則6 「甘え」が個人の欲求であるかぎり，一方的な「依存」関係を構成する。しかし青木やよひが批判したように，元来「甘え」は双方向的な「依存」関係であって，節度ある欲求充足が求められる。「甘える一方」から「頼り頼られ」への発想の転換が求められる。

準則7 南 博は，日本人の「自我」構造の特徴を分析することによって，日本人の国民性を明らかにすることを試みた。

準則8 「自我」は，「主我」＝主体的自我（する自分・見る自分）と，「客我」＝客体的自我（される自分・見られる自分）から成る。「客我」はさらに，「主我」の立場から眺めた「内的客我」と，他人に抱かれた自己のイメージである「外的客我」とに分かれる。

準則9 南の見解では，日本人は，「外的客我」を「自我」そのものと思いがちであり，またそれが「内的客我」を圧倒して，自信や主体性のない「否定我」を生み出しやすい。

系1 そこでは，ひ弱な「内的客我」や不安定な「主我」しかなく，「自我」全体に不確実感が広がる。

系2 「自我不確実感」は，日本人に共通した性格特性である。

系3 「自我不確実感」としては，弱気・内気・引っ込み思案・ためらいなどとして示される〈主我の弱さ〉や，対人関係での気兼ねや遠慮などの「外的客我」への傾斜が挙げられる。

準則10 日本人の「自我不確実感」の解消メカニズムに，次の四種がある。
  (1) 集団活動への積極的参加，人間関係への親和によって，「自我」を集団に合体化させる方法。「集団我」の形成。
  (2) 自と他の地位・役割を確認することで，社会的序列の中に「自我」を位置づけるという方策。
  (3) 慣例のような定型化された行動に従うことで，「内的客我」を強化する方法。
  (4) その場その場にふさわしい行動をとることを認める「状況主義」に依拠することで，不確実感を回避する方法。

準則11　南による「自我不確実感」の解消メカニズムの解明は、日本人の主体的自我が極めて弱いことを大前提にしている。しかし多くの日本人が、「自我不確実感」にさいなまれたり、「内的客我」が未確立であるとは断定できない。むしろ所属する組織の中では、「集団我」ではなく、安定した〈社会的自我〉が見出されるであろう。

準則12　南の言う「自我不確実感」は、主体的「自我」の欠如態を提示するにとどまっている。南の「自我還元主義」では、日本経済の高度成長は説明しえない。行動に自信と積極性のない「否定我」の持ち主では、驚異的な経済活動の達成は不可能であったからである。

準則13　「世の中は左様然らば御尤もさうでムるか確と存ぜぬ」といった態度は、日本人の引っ込み思案を示しているかもしれないが、同時に、生活防衛的な戦略でもあるわけで、「自我」だけでなく、対人関係への配慮が必要であることを示唆している。

準則14　土居の「甘え」理論、南の「自我」理論は、中根の「タテ社会」論、ベネディクトの「恥の文化論」とともに、「方法論的個人主義」の立場から、日本人の自律性の欠如と、集団主義的傾向を指摘するものであった。しかし、それらを「関係的調整」という新たな視角から眺め直すなら、日本的特質を新たに記述する理論として再解釈しうる。

　系1　土居理論は、「甘え」体験なしにパーソナリティを形成しえない日本人にとっての、「相互依存」関係の重要性を説くものである。

　系2　南理論は、「集団我」は、「自我不確実感」の解消メカニズムであり、日本人の連帯的主体性の確立にとっての不可欠な要因を指摘するものであった。

　系3　中根理論での「場」は、日本の組織における関係複合体のもつ意義を明らかにするものであり、その帰結として「タテ社会」が構築される。

　系4　ベネディクトの言う、日本人の恥の未然回避は、間柄・世間における自己の評価の維持のための積極的努力だと解しうる。

準則15　関係性に準拠するパラダイムは「方法論的関係体主義」と呼びうるが、土居・南・中根・ベネディクトの研究を、その視点から見直すことが可能である。

2.4

「グローバル・モデル」としての日本
—— E. ボーゲルと C. ジョンソンの場合——

───────

　ベネディクト，中根，土居，南の日本研究では，「恥の文化」「タテ社会」「甘え」「集団我」といった独自のキーワードが提唱され，それらによって日本人の国民性が分析された。この場合，それぞれの分析概念は，日本に固有であるか，日本に起源をもつか，そのいずれかであって，他の文化・社会に適用し難いものであった。つまり，日本に関する特別理論を展開するための用具概念であるにとどまる。

　そうした〈文化に拘束された〉概念に基づいて明らかにされた「日本らしさ」は，他の社会にとっては，自文化にはない異質なものを示しており，自他の比較で参考に供しうる特性ではある。しかし当該社会にとって学ぶべきモデルになるようなものではなかった。ましてや自らの政治・経済・教育などの制度にとり入れて活用しうる要因ではなかった。

　ところが，日本が高度な経済成長を遂げ，また技術面での著しい革新を達成すると，その成功因を社会科学的に解明しようとする試みが現われ，またそれと同時に，日本を世界の見習うべきモデルとして見直そうとする研究が試みられるようになった。

　ボーゲルやジョンソンの研究は，そうした「グローバル・モデル」としての日本を解明しようとする意図に発している。世界規模で通用するモデルとして日本がどのような構造的特性をもっているか，という視点からの追究である。それは，従来の比較文化論的なアプローチとは一線を画すものである。

　Ezra F. Vogel, Japan As Number One, Lessons for America, Harvard University Press, 1979. (広中和歌子・木本彰子訳『ジャパン・アズ・ナンバーワン——アメリカへの教訓』，TBS ブリタニカ，1979年)，および Chalmers Johnson, MITI and the Japanese Miracle, The Growth of

Industrial Policy, 1925-1975, Stanford University Press, 1982. (矢野俊比古監訳『通産省と日本の奇跡』，TBS ブリタニカ，1982年）の二冊は，日本を「グローバル・モデル」の一つとして眺めようとした代表作である。

2.4.1　組織的社会制度としての『ジャパン・アズ・ナンバーワン』（ボーゲル）

ボーゲルの著作から検討することにしよう。日本語版の『ジャパン・アズ・ナンバーワン』は，日本が世界でナンバーワンの国だという評価を下した本だと受け止められ，ベストセラーともなった。日本人は，高度な経済成長を遂げたことが褒められたものと思って歓迎したのである。敗戦以来，日本人がアメリカに対して抱いていたコンプレックスが取り除かれたのかもしれない。しかしここで注意しなければならないのは，著者が"Japan Is Number One"として，現実に日本が世界一だと認めているのではない，ということである。

　この本の意図するものは，あくまで"Japan As Number One"なのである。そのことについてボーゲルは，次のように記している。

　　……日本は GNP の点では世界一ではないし，現在，政治の面でも文化の面でも，世界の指導的立場に立つ国とはなりえていないことは確かだが，しかしながら，日本の成功をいろいろな分野で子細に検討してみると，この国はその少ない資源にもかかわらず，世界のどの国よりも脱工業化社会の直面する基本的問題の多くを，最も巧みに処理してきたという確信をもつにいたった。私が日本に対して世界一という言葉を使うのは，実にこの意味においてなのである[1]。

　日本は脱工業化社会の問題点を世界中で最もうまく処理しえた国である，という意味においてナンバーワンと見なしたというわけである。つまり，今後の社会の有用なモデルとして日本を取り上げようという意図から"Japan As Number One"なる書名が付けられたのであった。もし日本がそうしたモデルでなければ，「アメリカへの教訓」（Lessons for Amer-

---

1）　ボーゲル著，広中和歌子・木本彰子訳『ジャパン・アズ・ナンバーワン──アメリカへの教訓』，TBS ブリタニカ，1979年，2-3頁

2.4 「グローバル・モデル」としての日本

ica) というサブ・タイトルは付かなかったであろう。ボーゲルは，次のようにも述べている。「……日本こそ他の国々にとって学ぶべきものを提供する国だと確信するにいたると，私はただ日本を謎に満ちた知的興味の対象とだけみなすことにもはや満足できなくなった。私は日本の成功を具体的な問題に即して考えながら理解してみようと思った。」[2] そこで検討の対象にしたのは，日本人の国民性ではなく，社会システムの特質であった。

> まず私が思い立ったことは，勤勉，忍耐力，克己心，他を思いやる心といった日本人の美徳と考えられる特質を検討してみることだった。しかしながら，日本人の組織，財界，官僚制などへのかかわり方を調べれば調べるほど，日本人の成功はそのような伝統的国民性，昔ながらの美徳によるものではなく，むしろ，日本独特の組織力，政策，計画によって意図的にもたらされたものであると信じざるをえなくなった[3]。

このような社会制度に注目する分析は，いかにも社会学者らしいアプローチではある。だが，制度そのものは文化の型に規定されることも多く，違った文化をもつ他の社会が，日本の制度を学び，その長所をすぐさま取り入れることには困難が伴うに違いない。日本型モデルの普遍性が問われるのである。この点については留意が必要である。しかしボーゲルが日本研究への新しい道を開拓したことは確かであろう。

日本の成功に寄与した社会制度として，ボーゲルが最初に注目したのは，日本人の熱心な知識・情報の収集と，集団的合意の形成ということである。会議・マスコミ・シンクタンク・講演・非公式な場などであらゆる種類の情報が収集される。情報の提供者はつねに先生であり，その受け手は熱心な生徒として振る舞い，集団の中での学習に熱を入れる。またマスコミの提供する情報量も莫大であり，基礎的な学習は国民全体に及んでいる。グループで学習されるスポーツへの関心も極めて高い。さらに，中央官庁の官僚たちは情報管理者として精力的に活動するし，それを民間のシンクタ

---

2) ボーゲル，前掲訳書，3頁
3) ボーゲル，前掲訳書，3頁

ンクがサポートしている。総合商社などの情報収集能力は際立っている[4]。

たとえ集団の中で意見の相違があっても、論争によって結論を出すのではなく、情報収集活動に基づいて、おのずとしかるべく事が決まることになるのである。組織の意思決定法としてはこの方法が最も合理的である、とボーゲルは評価する。「日本人の忠誠心とか愛国心は先祖代々受け継がれたものではなく、組織全体の努力のなかから生み出され、呼びさまされたものである。そして、情報を収集し、そこから最良の結論を引き出そうという人々の一致した努力ほど、この目的に適したものはないのである」と述べる[5]。

日本人に顕著な情報収集活動やそれに基づく集団的合意の達成についてのボーゲルの指摘は、集団性重視のきらいがあるものの、まずは妥当な見解だと言える。それにもましてボーゲルが注目する日本の制度は、行政組織（政府）のもつ機能的特色である。各省には高級官僚のグループが存在する。彼らは、東大卒などのエリート官僚（キャリアー）であり、当該の部局における政策立案の実権をもつが、自省庁や他省庁の同期生とのつき合いもある。互いに助け合う傾向も強く、それなしには自分の出世もありえないと考える。総理大臣ですら、各省から派遣された数名の専門の官僚に支えられている[6]。

日本の官僚の重要な役割は、担当分野に関して、長期ビジョンの政策を立てることであり、それを、いわゆる「行政指導」という形で実施して行くところに大きな特色がある。かつてそのイニシャティブをとったのは、通産省であった。同省は産業界の面倒見のよいことで知られ、「教育ママ」の異名さえついたことがあった。そのねらいとするのは、時代の変化を見据えて、各企業が強い国際競争力を身に着けることであった。その通産省に民間企業が協力したのは、同省が各業界の発展を真剣に考えていること、同省の提供する分析資料がすぐれていること、役人と企業幹部との公式・非公式な交流が日ごろ密であること、同省の要請に協力する企業の業務が認可されやすいこと、などによっている[7]。

4）　ボーゲル，前掲訳書，47-74頁
5）　ボーゲル，前掲訳書，78頁
6）　ボーゲル，前掲訳書，79-91頁
7）　ボーゲル，前掲訳書，91-110頁

2.4 「グローバル・モデル」としての日本

　一般に日本の官僚は，自己の権限をむやみに行使するのではなく，各省庁に置かれる「記者クラブ」のような情報クッションを経て，記事や報道として住民に要望事項が伝えられたり，逆にそれが政策批判の窓口として機能したりする。さらにまた，重要事項を検討するために民間人を含む「審議会」が設定され，官僚サイドの独走を防ぐお目付役を果たすことになる。もっとも，当該省庁の望む方向で資料が提供されたり，結論がまとめられたりする傾向はあるのだが。これらの制度によって「根まわし」に基づく意思決定がなされることになる[8]。

　ボーゲルは，日本人の集団参加の特色を，次のように記している。

> 今日でも日本人は，いわば丸抱え集団とでも言うべき単一の集団に所属し，それに対して本来的に忠実であろうとする。この丸抱え集団においては，私的・個人的な面から公的・業務的な面にわたって，その人のパーソナリティのあらゆる側面が表明されることになる。そうした集団の構成員にたまたまなることも，またちょっとしたことでやめることも，ままならぬことなのである。というのも，構成員相互間で果たさなければならないことが強く存在し，また永続するからである[9]。

　この丸抱え集団は，中根千枝のいう「タテ社会」での「単一集団」構造を思い起こさせるが，そこには，集団の要請に従って行動することが，結果的に集団全体の利益を生み出すことになる，という日本人の判断が存するのである。こうした集団的連帯性は，地域ブロック集団の連合体や業界団体の連合体などについても見られる。ボーゲルは次のような例を挙げている。

> 業界内ではマーケット・シェア（市場占有率）をめぐり激しい競争関係にある企業の経営者同士が，料亭でくつろいで酒をくみ交わしながら，業界全体の利益を語る，日本人のこんな風景に，外国人がとまどいを感じても不思議はない。業界の指導者は，業界の仕事をするとき

---

8)　ボーゲル，前掲訳書，110-21頁
9)　Ezra F. Vogel, Japan As Number One, 1979, p. 98.

には，業界全体が自分の企業であるかのような考えをもって動いている。だからこそ，競争相手である企業の指導者とも，かなり腹をわって話し合えるのである。日本人にとっては，むしろ逆に，アメリカのように業界内の協力が独占禁止法で禁止されていてどうして企業の発展が続けられるのか不思議なのである[10]。

ボーゲルが巧みに表現したように，アメリカの政策原則が「フェア・プレイ」であるのに対し，日本のそれは，「フェアー・シェア」(fair share) なのである。結果的な公平さを重視する「フェアー・シェア」は，システム的合理性をもつものとして，日本人なら一般に承服しうる社会原理だと言えそうである。

日本の大企業に関しては，伝統的な経営技法も活用されている。長期的な計画，市場占有率の拡大，終身雇用制，年功序列制，一般従業員の会社に対する厚い忠誠心，グループ精神（協調性）などが機能的に働いて，日本企業の成功がもたらされた。そのような方策によって，伝統的な日本ではなく，二十世紀半ばに起源をもつ，一つの制度的な構造としての日本の大企業が，二十世紀後半に要請される近代的な企業体に非常にうまく適合した形のものへと発展していった，とする。ボーゲルは，日本企業の成功因を，次のように分析している。

　　……その成功の原因は，日本民族のなかに流れている神秘的な集団的忠誠心などによるものではなく，この組織が個人に帰属意識と自尊心を与え，働く人々に，自分の将来は企業が成功することによってこそ保証されるという自覚を与えているからである[11]。

組織体の成功を通して成員の福祉をも確保するという方法は，決して「集団主義」ではなくて，「協同団体主義」(corporativism) とでも呼ぶべきものであろう。それは，竹村之宏の言う，生活全般の相互協力・相互融和を目指す「共同体原理」に近い。すなわち，利潤創出機構としての欧米型企業とは違い，社会に貢献する場としての日本型企業では，結果的に

---

10) ボーゲル，前掲訳書，137頁
11) ボーゲル，前掲訳書，187頁

得られる利潤の受領者は，個人ではなく，生命体である企業共同体となる。そこでは，長期安定雇用や年功序列制によって，安定した仕事の場が保証されている[12]。

こうした原理は，企業だけに限定されたものではなく，日本社会全体の編成原理だと見なすべきであろう。

2.4.2 日本型モデルとしての『通産省と日本の奇跡』（ジョンソン）

ボーゲルによって指摘された日本的な社会制度の特色，とくに行政組織における政策決定や「行政指導」の体制については，さらにジョンソンによって，より深く検討された。通産省を事例とする分析は，日本型モデルの摘出を意図していた。

ジョンソンは，最初に，次のような指摘を行なっている。

> アメリカ人とイギリス人は，自分の国に存在する種類以外の資本主義があるということを容易に信じることができない。彼らにとって「異なる種類の資本主義」は，「彼ら」のルールでプレイしていないので，しばしばいかさまと同等視される。そして，経済合理的計画，資本主義の発展段階や産業政策のような概念は，しばしば社会主義との境界物として，また私企業分野にたいする政府の不当な介入として見られる[13]。

ジョンソンは，アングロサクソン系の人たちには，自分たちの資本主義を自明視して他のタイプを認めず，しかも日本のような産業政策を社会主義まがいのものと見なす，という偏見があると言うのである。ここでは暗にジョンソンは，日本型の資本主義がありうること，また私企業に対する日本政府の施策が不当なものではないことを，言わんとしている。

ジョンソンによれば，日本型モデルに基づいて「アメリカ株式会社」が

---

12) 竹村之宏「日本型経営の再評価」，『現代日本学原論1』，岩波書店，2001年，58-61頁

13) ジョンソン，矢野俊比古監訳『通産省と日本の奇跡』，TBSブリタニカ，1982年，日本語版への序文iii頁

形作られる可能性はないが，政府と経済界との関係については，「日本から学ぶべき教訓」がありうるとする。その際，日本の合理的な産業政策や経済的業績を，アメリカ人は日本文化の特殊性やユニークさに基づいて，また日本人は，自尊的な理論である「日本人論」によって説明しようとするが，ジョンソン自身としては，日本の経済的奇跡をこうした文化的視角から分析するだけでは極めて不十分だとして退ける[14]。

　ジョンソンの見解に従えば，日本経済の飛躍的な発展は必ずしも「奇跡的」ではなく，「合理的かつ適切な政府の政策の成果」なのであり，日本は「国家主導型市場システム」の典型だと言う。具体的には，日本の高度経済成長のすばらしい速さ，形態，結果は，通産省と企業との間の協力関係によってもたらされたものであり，それを分析の焦点に据えたのである[15]。

　こうした見地からジョンソンは，社会主義発展国家（socialist developmental state）や，アメリカに代表されるような資本主義規制国家（capitalist regulatory state）とは違った，資本主義発展国家（capitalist developmental state）として日本をとらえる[16]。

　ジョンソンによれば，1962年頃から始まる，「奇跡」とも言われる日本の高度経済成長を解明する立場には，第一に，アングロ・アメリカの概念・問題・経済行動規範を日本に当てはめて説明しようとする「投影主義者」（projectionist）があり，第二に，政治的なものでなければ何でも可というアプローチ（"anything-but-politics" approach）をとる「社会経済学派」（socioeconomic school）がある。その中には，1．国民性に帰する理論，2．経済学的に見て，日本経済は市場の実勢に応じた普通の成果を示すだけのものとする説，すなわち，「奇跡」は起きなかった（"no-miracle-occured"）学派，3．日本固有の制度，たとえば「三種の神器」（終身雇用制，年功序列型賃金，企業別組合）によるとする説，4．同盟国アメリカの庇護の下での「ただ乗り」（"free ride"）をした結果だとする考え方，などである[17]。

---

14)　ジョンソン，前掲訳書，日本語版への序文iv頁

15)　ジョンソン，前掲訳書，日本語版への序文iv頁，序文vii頁

16)　Chalmers Johnson, Japan: Who geverns?, The Rise of the Developmental State, W. W. Norton & Company, 1995, p. 8.

17)　ジョンソン，前掲訳書，4-20頁

2.4 「グローバル・モデル」としての日本

しかしジョンソンは，それらのいずれの説をも退け，政治経済学の視点から，「発展指向型国家」(developmental state) 説を提唱する。それは，市場経済と計画経済との対立枠組みの中では捉えられない独自な制度である。日本の経済は，合理的計画によってはいるが，国による統制経済が実施されているわけではない。ただ国が，産業化の推進目標を設定し，企業活動を方向づけているだけである。これは，産業化の後発国にとっては必然的な方策であり，「発展指向型」と称されるゆえんである[18]。

国のこうした産業政策の実施に当たり，水先案内人の役割を果たしたのが通産省（外国ではMITIとしてよく知られていた）であった。ジョンソンは本書において，通産省をはじめとする日本の官僚組織を，その歴史に関して，また著名な官僚の名を挙げながら，かなり詳しく記述，分析している。たとえば，異色官僚と評された，通産事務次官，佐橋 滋について，産業ナショナリストと呼ばれていたこと，また次官在職中に，IBMとの交渉において，5％以下のロイヤリティでその特許を公開させることに成功したこと，鉄鋼の価格カルテルを公正取引委員会に認めさせ，通産省を「八幡製鉄霞が関出張所」とさえ呼ばれるにいたったことなどである[19]。

通産省の産業政策は，1962年頃から「行政指導」(administrative guidance) という形で実施されるようになった。それは，「産業構造」(industrial structure) という理念とのかかわりで生まれたものである。ロンドン・エコノミスト誌によれば，「行政指導」は「成文化されていない命令」を指す用語とされた。つまり当該省庁の所管する産業に属する企業に対して，指示・警告・要望・勧告・勧奨を行なうことを言うのである。それは法的な強制力をもたないけれども，拒否しえない強い圧力として作用する。佐橋 滋などは，その代表的な実施者なのであった[20]。

しかしこうした「行政指導」は，一般的には官民協調路線として受け止められ，産業化への新しい方式を提起するものであった。それによって，優先的な政策目標が効果的に達成されたのである。そこでジョンソンは，日本の高度成長体制を抽象化したモデルを設定すれば，それは他の社会でも有効であろうと考えた。このモデルは，以下のようないくつかの要因か

---

18) ジョンソン，前掲訳書，20-29頁
19) ジョンソン，前掲訳書，264-269頁
20) ジョンソン，前掲訳書，290-294頁

ら成る。1．最良の管理能力をもつエリート官僚，2．官僚がイニシャティブをとり，効果的に活動できる政治体制，3．経済に国家が介入するという市場調和的方法，その最たる「行政指導」の完備，4．通産省のような産業界の水先案内人の存在，である。

ボーゲルの発想を受け継ぎ，日本人の国民性に拠ることなく，日本の高度経済成長の政治経済学的要因を明らかにした本書は，内容的にもかなり充実した研究書であると評しうるであろう。しかも原著の出版後ただちに，通産官僚の手によって翻訳されたことは注目に値する。そのような形で日本語版が出たのは，ジョンソンが，日米の産業政策の違いに関して，「計画合理性」(plan rationality) と「有効性」(effectiveness) を属性とする「発展指向型国家」と，「市場合理性」(market rationality) と「効率性」(efficiency) に依拠する「規制指向型国家」(regulatory state) とを対置したことに，当事者である通産官僚が刮目したからにほかならない。

ジョンソン自身は，その後の日米経済摩擦の中で，日本についての根本的認識を改める必要があると主張する多くの「リビジョニスト（修正主義論者）」(revisionist) の後ろ盾と目されていた。当時，日本は歴史的に独自の文化をもち，その結果，経済・経営のような普遍的文明のシステムでさえ，欧米とは違っている，という日本特殊論，日本異質論が喧伝されていた。そこで日本に対しては，欧米起源の正統派経済理論を修正して適用せざるをえないという主張が出始めた。「発展指向型国家」説を提唱したジョンソンは，修正理論そのものと思われていたのである[21]。

日本の大幅な貿易黒字，日米構造協議などを通して，日本を批判的に眺めようとする言説も盛んとなった。日本側から日本のユニークさが強調されると，それを逆手にとって，まともにはつき合えない特殊な国日本，というイメージが出てきたのである。クライド・プレストウィッツ，カレル・ファン・ウォルフレン，ジェームズ・ファローズ，ピーター・デールなどによる「日本叩き」(Japan-bashing) が始まった。その一員にジョンソンが擬せられたこともあった。だがジョンソンは，きっぱりそれを否定している[22]。自分自身は，むしろアメリカ・バッシャーだと言う[23]。

---

21) 濱口惠俊「『日本異質論』に変化の兆し」，中央公論，1995年1月号，113頁
22) Chalmers Johnson, Japan: Who geverns ?, W. W. Norton & Company, 1995, p. 11.

2.4 「グローバル・モデル」としての日本

　1994年10月，京都の国際日本文化研究センターで開催された「日本研究・京都会議」で濱口が組織した国際シンポジウム「日本は本当に異質・特殊か？——日本研究パラダイムの再検討」にジョンソンも参加し，「アジアの強大化」と題する報告を行なった。その冒頭で，「日本は必ずしも特殊ではなく，他と違っているだけであるというのが私の考えです」，さらに，「日本は特殊ではありませんが，自ら特殊だと言いたがることも少なくありません。このため，外国人に日本はユニークだと言わしめることになりました」と述べた[24]。

　この発言の主旨は，各国の社会システムは，それぞれにユニークである (relatively unique) と解すべきだ，というものである。元来，修正主義のねらいは，いずれかの社会・文化を無条件で普遍的なもの，他方を特殊的なものと認めるのではなく，ともどもに特殊であると，相対主義的に理解することであろう。ジョンソンの修正主義理論は，こうした相対主義的な理論であると解しうるのではなかろうか。

　ジョンソンの研究のメリットは，日本型資本主義の基本特性を，「発展指向型国家」の概念によって定式化した点にある。そのような政治・経済体制の確立に際して，「産業政策」「行政指導」の果たした役割が大きいことも指摘された。しかし，それらがどのような意味で機能要件となりえたのかは，必ずしも説明されていない。政策設定における「計画合理性」がなぜ「発展指向型国家」の必要かつ十分な条件なのかも，明確化されていない。さらに言えば，政府と企業との協調関係を維持する「人間モデル」がどのようなものであるかについても検討を要するであろう。

　ボーゲルもジョンソンも，日本型システムの特性を，国民性や文化の型によってではなく，社会システム自体の構造特性に準拠して解明しようとした。その際に明らかにされた日本型モデルは，他社会にもある程度適用可能なものであり，したがって外国人の学びうる社会・経済システムなのであった。日本発の「グローバル・モデル」を措定したその功績は大きい。

　23）　濱口惠俊「日本は本当に異質・特殊なのか」，濱口惠俊編著，『日本文化は異質か』，日本放送出版協会，1996年，117頁
　24）　チャーマーズ・ジョンソン「アジアの強大化」，濱口惠俊編著，『日本文化は異質か』，日本放送出版協会，1996年，15頁

準則1　日本の高度経済成長の要因を，他社会も学習して取り入れる「グローバル・モデル」として抽出する作業が，ボーゲルおよびジョンソンによって試みられた。

準則2　ボーゲルの『ジャパン・アズ・ナンバーワン』は，日本が現実に世界一の地位にあることを証するのではなく，脱工業化社会の直面する問題を，世界で最もうまく処理しえた範例として説明する意図から書かれた。

準則3　日本のすぐれた特性を，伝統的な国民性や美徳によってではなく，組織力・政策・計画などの社会制度の分析から探ろうと試みた。

系1　日本の成功に寄与した第一の制度は，日本人の熱心な知識・情報の収集にかかわる。多種多様な情報が大量に集められ，かつそれらは，集団規模で学ばれる。とくに中央官庁の官僚や総合商社の情報処理がすぐれている。

系2　収集された情報に基づいて，おのずとしかるべく事が決まる。こうした集団的意思決定は最も合理的な仕組みである。

系3　集団的意思決定の例としては，地域団体・業界団体の連合体が親しく話し合うことによって，おのずと事業内容が確定するケースが挙げられる。

系4　日本人は，丸抱え方式で集団へ参加するが，それは集団全体の利益を生む原動力である。

準則4　ボーゲルが最も注目する日本の社会制度は，行政における官僚制度である。キャリアーと呼ばれるエリート官僚が各省庁内および省庁間でグループを構成して活動する。

系1　官僚たちは，政策の長期ビジョンを立て，「行政指導」の形でそれを実施する。その典型例は，業界をまとめて行くことに長けていた通産省であった。

系2　日本の官僚制度の特徴は，官僚が権力を直接行使するのではなく，各省庁に置かれる「記者クラブ」を通して，住民との間で意見交換や意思疎通が図られたり，また官僚が事務局を構成する「審議会」いう方式によって，クッションを置いた形で意思決定がなされる点にある。

系3　アメリカの政策原則が「フェア・プレー」であるのに対し，日本のそれは，「フェア・シェア」である。

準則5　日本企業の成功因は，集団的忠誠心ではなく，その組織が成員に帰属意識と自尊心を与え，また自己の将来は企業が成功するかどうかによることを自覚させた，という事由に基づいている。

準則6　ジョンソンは，ボーゲルの指摘した日本の社会システムの特性を，通産省の歴史と政策決定を例にとって，さらに深く分析し，日本型

2.4 「グローバル・モデル」としての日本

モデルを抽出ことを試みた。

準則7 ジョンソンによれば，アングロサクソン系の人は，自己の資本主義形態を自明視して日本型を認めないか，社会主義まがいと見なす偏見があったとする。だが，アメリカ人も「日本から学ぶべき教訓」をもつのではないか，と言う。

準則8 日本の飛躍的な経済発展は，「奇跡的」なものではなく，政府の合理的政策の成果である。日本は，「国家主導型市場システム」をもち，「発展指向型国家」としてとらえられる。

準則9 そうした産業政策の水先案内人が，通産省であった。その代表的人物の一人として，佐橋　滋次官がいる。

準則10 通産省の産業政策の実施は，法律によるより，「行政指導」の形でなされるのが通例であった。

準則11 ジョンソンは，「行政指導」による官民協調路線に日本型モデルの特徴を見出し，それは他社会にとっても有用だと考えた。そのモデルには，「計画合理性」と「有効性」の属性があるとする。

準則12 ジョンソンは，「リビジョニスト」であり，「日本叩き」論者だと解されているが，それは必ずしも正しくはない。その修正主義は，相対主義の立場からのものである。

準則13 ボーゲル，ジョンソンはともに，他の社会にも適用可能な日本発の「グローバル・モデル」を構築したと見なしうる。

───────────

2.5

日本型社会編成原理
──「協同団体主義」──

これまでの代表的な日本研究の再検討から，「個人主義」の対極に位置づけて「集団主義」をとらえるのは，方法論上問題であることが明らかになった。では，日本社会で顕著に見られる，いわゆる集団志向行動は，どのように把握すればよいのだろうか。

　日本人が，いつも自分の会社や所属する職場のことを気にし，同僚や仲間とのつきあいを大事にするのは確かであろう。また親類や近所の人たちとのかかわりに気をつかうのも事実であろう。仕事をする上でも，お互いに助け合い，担当者が一時的に不在のときには自発的にその代行をするのも，ごく日常的な事柄である。それはどういうことを意味するのか。

2.5.1　日本型集団主義の形態と特色

一人の「個人」としてではなく，組織の一員として，という感覚で所属意識をもつのが日本人だと言ってよかろう。職場を単位として形成されるQCサークルも，こうした感覚の上に成り立っている。そこでは，厳しい集団規範ではなく，「人の和」が尊重される。こうしたシステム秩序は，アンチ「個人主義」，すなわち集団・組織への隷属としての「集団主義」とは違っている。しかし，成員間の関係や成員と集団とのかかわりぐあいが密接であるのは事実であり，それをある種の〈集団主義〉と見なすことは，あながち不当なことではない。今それを仮に日本型集団主義と呼んでおくことにしよう。

　日本型集団主義は，いろいろな形をとって発現する。一例を挙げれば，日本人は，組織の目標を互いに協力しあって，効率的に達成しようとする。しかしその際，自分自身の生活上の欲求をすっかり捨て去り，所属組織や

2.5 日本型社会編成原理

その代表者のために，自己犠牲を払ってまで献身しようとは思わないであろう。むしろ，本音では，わが身がかわいいからこそ，先ず皆と力を合わせて働き，後にその成果として配分される利得を少しでも増やそうとするだけなのかもしれない。行動面での集団指向性が大であるとしても，動機の面に集団至上主義が作用しているとは言えないのではないか。

さらに，日本人は，自分では不本意であっても，大勢が決まれば，それに従うことが多い。それは，ある意味では賢明な策なのであって，皆がそれぞれ異を唱えて意見がまとまらず，仕事がまるきり頓挫してしまうよりも，ほかの者と折り合ってやっていくほうが，実質的によい結果が得られ，わが身のためになる，と考えるのである。事を決めるとき，挙手によってではなく，何となく衆議一決という形になるのも，個人としての主体性をなくしたからではない。

この点を明確にする参加観察の例がある。作家きだ・みのるが，長く居住した南多摩の小さな山村での意思決定について，こんな報告をしている。その村落では，意思決定に当たって，十人中七人が賛成であれば，残りの三人は村でのつき合いのために，自分の主張をあきらめて賛成にまわるのが，昔からのしきたりだと言う。どうしても少数派が折れないとき，ただちに決を採ったりはせず，個別に説得を続けそれに成功してから賛否を決めるので，多数決ではなく，満場一致の形になる，と村人の一人が語ったと言う[1]。

もし強引に多数決をとると，少数派に恨みを残し，その後の村落の運営が円滑にいかなくなる恐れがあるので，あくまで説得を続けることになる。反対派にしてみても十人中七人も賛成しているからには，そこで一番嫌われる〈村を割る〉事態を避けるために，つき合い上，賛成にまわることになるのである。

こうしたつき合いのための賛成という態度は，個人としての賛否をはっきりさせることが必要と考える近代主義者の目からは，当人の自主性を損ねる圧殺的行為として批判の対象になることだろう。しかし当の村人の立場からすれば，少ない人数で構成されている村では，朝に晩にしょっちゅう顔を会わせているのだから，鬼っ子を作ることは村の円滑な運営を妨げ

---

1) きだ・みのる『にっぽん部落』，岩波書店，1967年，82頁

ることになる，という現実的な判断が働いているのである[2]。

　このような山村での〈暮らし第一主義〉は，少数派にとって生活上無視できない大切な要因である。多数派への同調は，表面的には地域社会への屈服かもしれない。しかしここで留意すべきことは，どうすれば村の運営がうまくゆき，また自分の生活が安全に守れるかを，自らよく考えて，自主的判断に基づいて意思決定している点である。それは単なる集団への同調行動ではない。むしろ成員が同一歩調をとることによって，集団が存続しうるとともに，自分自身の生活も安泰なものになる，と村人が信じているのである。

　以上のような，山村での寄合いの進め方についての，きだ・みのるの報告からも明らかなように，一見したところ個人の自立性に欠け，集団決定に同調しがちだと見なされる日本人ではあるが，心の中ではもっと複雑な思惑が働いているのである。すなわち，日本人は一般に，自らの所属する集団や組織に対する配慮に基づいて，あるいは関係者の期待に添う形で，自分自身の行動を自ら方向づけ，集団に対して適切にコミットしている。

　したがってそのコミットメントを，自立的な個人の行動のレベルで眺めるのではなく，その個人を包み込む上位システムとの機能的なかかわりの問題として理解する必要があろう。「日本人の集団同調性は，個体的自律性の欠如であるかのように見えるが，実は，豊かに備わったシステム的な自律性の表出にほかならないのである。」換言すれば，「……日本人の集団主義は，成員の組織への全面的な帰服を指しているのではなく，他の成員との協調や，集団への自発的なかかわり合いが，結局は自己自身の福利をもたらすことを知ったうえで，組織的活動にコミットする傾向をいうのである。」[3]

2.5.2　社会編成原理としての「協同団体主義」

日本型集団主義が，「個人主義」の対立項としてではなく，上位の社会システムとのかかわりや，自己自身の福利の充足を基盤に据えた理念だとす

2）　きだ・みのる，前掲書，81頁
3）　濱口惠俊「日本的集団主義とは何か」，濱口惠俊・公文俊平編『日本的集団主義』，有斐閣，1982年，5頁

2.5 日本型社会編成原理

ると，それは，「協同団体主義」(corporativism) と表現したほうがよいのかもしれない。この社会編成原理は，成員が協力し合って集団目標の達成に努め，同時にその達成の結果として得られた利得の分配に与ることによって，初めて成員に生活上の欲求の充足と福利の確保とが可能となる仕組みを指している。そこでは，集団とその成員とは，互いに相利共生 (symbiosis) の関係にある。

この点に関して，エズラ・ボーゲルは，既述のように，「この組織が個人に帰属意識と自尊心を与え，働く人々に，自分の将来は企業が成功することによってこそ保証されるという自覚を与えているからである」[4]と述べ，日本企業の成功因が「協同団体主義」にあると見なしている。

成功因を成員の忠誠心に帰属させるのは，「方法論的集団主義」の立場からの説明であろう。しかしそうではなくて，各成員は組織への誇らしげな帰属意識をもつとともに，所属する企業がすぐれた業績を収めるのに伴って，自分の将来の生活も保証されるのだから，先ず自らの業務に励もうと思うのである。それは企業一辺倒な態度ではなく，自分と企業との共生を目指している。利他が自利に通じると信じているのである。こうした「企業福祉主義」とでも呼ぶべき経営目標が，どの日本の会社にもある。日本企業での経営者・従業員・下請けが中心のコーポレート・ガバナンスが，それを確かな形で支えている。

日本の組織では，各個人ではなく，職場（課・係）を単位として仕事がなされる。各自の専門的知識・技能と配分された職務権限に基づく業務ではなく，どの成員も職場の仕事全体に気を配り，関係者や同僚との意見調整に腐心する。チームワークによって組織全体のシナージー（統合された機能エネルギー）の増大を確保しようとするのである。

企業と成員との相利共生は，鶴見和子の言う「群れの思想」によって基礎づけられている。神島二郎との対談の中で述べた，「個が生きていくためには，群れと一緒にいかなければ生きのびられないから，群れのなかの個を大事にしていく」という処世術である[5]。

---

4) エズラ・ヴォーゲル著，広中和歌子・木本彰子訳『ジャパン・アズ・ナンバーワン』，TBSブリタニカ，1979年，187頁

5) 神島二郎・鶴見和子，(対談)「個と集団をめぐって」，グラフィケーション，1979年6月号，3頁

それは決して「集団」対「個」という枠組みの中で,「個」を消すものではなく, むしろ「集団」の中での「個」の存在を重視する日本人の考え方をいう。鶴見によれば,「……自分独自に判断して, やっぱり自分の利益を守るためには集団の利益を同時に推進しなきゃだめだと考える人があっていいわけだし, 日本の場合はそうだと思うわけです。そういう状況が特にムラの中であった。」[6]

　このような「群れの思想」は, 個人主義か集団主義かという二元的対比によるのではなく, 自立主義と依存主義という, 別の二つのカテゴリーの結合に基づくものだ, と鶴見は考えている。ここで留意すべきことは, 方法論に関して,「……集団が非常に強い場合には個が埋没する, 自分を殺さなくてはならないという, そういう西欧の社会学の流れの中にある二律背反のタイポロジーにのっとって私たちが議論するのはおかしいのではないかと思うんです」[7], と分析パラダイムのシフトを要請している点である。

　自律性を備えた「個人」であるよりも,「協同団体主義」のもとでよき「組織人」であろうとする日本人に, 果たして行動の主体性があるのだろうか, という疑問が投げかけられることだろう。確かに,「個人」として専門能力を誇示し, 地位権力を振りかざすような主体性は乏しいかもしれない。しかし, 職務の遂行についての責任感は強いし, 盛んに創意工夫をし, 研究熱心であることもまた事実である。平の社員であっても, あたかも管理者であるような態度で, 職場の状況に目を配り, 関係者との調整も熱心にやり, 協同の実をあげようと努めるのが日本人である。

　そこには「連帯的自律性」(joint autonomy) があると言ってよい。それは個体レベルでの主体性ではなく, 社会システムとのかかわりにおける行動主体性を意味する。組織の円滑な運用をいかにして確保するかを考慮しての行動形態だから, 一段階高い主体性だと評価することができる。その際, 自己表出の程度は弱いかもしれないが, 自分の所属するシステムとの連関を考慮して, 自己主張を戦略的に抑制しているにすぎない。

---

6) 鶴見和子, 前掲対談, 3頁
7) 鶴見和子, 前掲対談, 3頁

2.5.3 相互協力体制としての「人の和」

日本型集団主義の編成原理としての「協同団体主義」において，何がそれを支える機能的要件となるだろうか。恐らくそれは組織における相互協力体制としての「人の和」であろう。だがそれについての社会的評価は，今日では低いに違いない。「個人主義」を否定するような「集団主義」の基本属性と解されるからである。集団の目標を達成するためには，各自の個別的要求を断念し，皆が平等に，全体の利害に合わせることが求められる。そうした姿勢が「人の和」にほかならないとされる。また，集団全体の秩序維持のために，各人が相争うことを避けることでもある。

こうした「人の和」は，前時代の遺物であり今はもう必要としない，という意見はもっともである。確かに組織による自己抑制はアナクロニズムであろう。けれども，成員間の人間関係の相互調整によって，組織自体の安定化が図られ，それと同時に，各人が受け持つそれぞれの仕事が相乗効果を発揮して，集団全体の生産性・アウトプットが高まるのであれば，「人の和」のもつ機能的意義は大きい。日本の近代化の基盤は，このような「人の和」にあったとも言える。

東洋では古来，こうした意味での「人の和」を尊重してきた。「和ヲ以ツテ貴シト為ス　忤フルコト無キヲ宗ト為ス」という，聖徳太子の制定した十七条憲法の第一条，あるいはまた，「天ノ時ハ地ノ利ニ如カズ　地ノ利ハ人ノ和ニ如カズ」と述べた孟子の言を見ればすぐに分かるように，「人の和」は，生活での第一原理（prime mover）なのであった。仕事の面に関しても，最初に集団のまとまりを確保し，その上で組織目標の達成を図る，という基本原則に則るものとして，「人の和」は不可欠な要件となる。

2.5.4 「個人主義」対「集団主義」という二分法構図は妥当か

以上のような「人の和」「群れの思想」「協同団体主義」などをキーワードとしてとらえられる日本型集団主義は，しかしながら，「個人」対「集団」という二元対立的な分析スキームに依拠するものではないから，国際的に

どこまで誤解なく理解されるか，危ぶまれる面もある。

　方法論的な意味合いでの誤解について，村上泰亮・公文俊平・佐藤誠三郎は，重要な指摘を行なっている。

　著者たちによれば，欧米における個人主義のもとでの個別性と集合性という二つの契機は，それぞれ自由と平等（ただし形式的平等にとどまる）である。これに対して集団主義に関しては，おもに集合性が注目され，S.ミルグラム実験で示されたように，権威に対して容易に服従したり，あるいは「自由からの逃走」（E. フロム）に心理的安堵感を求める，一種の全体主義だとして異端視される。

　他方，東洋文化の集団主義の文脈における個別性と集合性の契機は，それぞれ「一視同仁」（結果の平等への要請）と，「五倫」や「和」のような，理想とする間柄への融合として現れる。その際の「一視同仁」は，個別性のレベルで，間柄への十分な参加が妨げられた個個人の不満への対応と考えられる[8]。

　こうした二つの契機の間で微妙な交錯があるために，東西の社会はそれぞれ他の社会での含意をつかみ損ね，誤解し合っているとし，次のように述べている。

　　……個人主義に立脚する社会と集団主義に立脚する社会は，それぞれ相手を誤解しがちだろう。先ず，個人主義者は「和」の原理を，全体主義と同一視して拒絶反応を示しがちであろう。同様に集団主義者は，「自由」の理念を「わがまま勝手」と同一視して，基本的にいかがわしいものとみなすだろう。また，個人主義者の眼からみれば，「一視同仁」の要求は，「自由であることが平等でない」を転倒させた，「平等であることが自由でない」という奇妙な不満の発露だと映りそうである。逆に，集団主義者にとっては，「形式的平等」の要求は，「不仁」ないし「不人情」なものに見えるだろう[9]。

　こうした事態は深刻である。しかし，このような状況下で日本型集団主

---

[8]　村上泰亮・公文俊平・佐藤誠三郎『文明としてのイエ社会』，中央公論社，1979年，21-22頁
[9]　村上ほか，前掲書，23頁

2.5 日本型社会編成原理

義が正しく把握されるためには，パラダイムそのものの根本的転換が不可欠であろう。上記に示される国際的誤解もまた，「個別性」対「集合性」，あるいは「個人主義」対「集団主義」という，二元対比の枠組みの中で生み出されているからである。

もちろん著者たちは，「個人主義」対「集団主義」という対比が適切でないことは十分承知しており，次のようにコメントしている。

> 歴史上ほとんどの社会は，個人主義と集団主義の何らかの組合せに基いて作られおり，その組合せがさまざまの形をとるにすぎない。ただ例外として，欧米型近代社会は，個人主義のみを原則とする社会システム作りの大胆な試みだと理解できる。そしてこの社会が掲げた「近代的観点」からみるとき，他のすべての社会は集団主義的ともみえるのである[10]。

ただここで留意が必要なのは，欧米型近代社会が歴史上の例外として個人主義のみを編成原理にしていたのではなくて，研究者が「方法論的個人主義」の分析視角しかもっていなかったがために，他の諸社会をすべて集団主義的と思い込んでしまった，という認識誤謬である。

こうした方法論上の問題点に関して，スタンフォード大学教授だった別府春海は，こう述べている。

> ……日本人が集団志向的であるという説が強調されたのは，西洋における日本研究者自身の文化環境において，苛烈な個人主義を奨励するイデオロギーが支配的になった時代と符合するという点に注目する必要がある。個人主義と集団主義の特殊な対比図が，これらの学者の頭の中にできあがっており，彼らはそのメガネで日本社会をのぞきこんで，日本は集団思考の人たちの集まりであるというラベルを貼りつけたのである[11]。

---

10) 村上ほか，前掲書，31頁
11) 別府春海「日本人は集団主義的か」，杉本良夫，ロス・マオア編著『日本人論に関する12章』（ちくま学芸文庫版），2000年，62頁

その結果として，奇妙な知的循環が生じるとも言う。「西洋の学者が日本人は集団主義的だという特徴づけをやり，それを日本の学者が受け入れると，今度は日本で認められたということ自体が，西洋の学者にとっては自説の証明になるという奇妙な循環構造が生まれる。」[12]

別府自身は，こうした集団主義説に対して批判的であり，次のように述べている。「集団モデルの第一の問題点は，日本社会が現実には紛争や対立が多いのに，内部調和を主調として組み立てられていることである。内部調和の前提となる集団の構造としては，構成員全員が集団のまとまりを維持し，集団の目標実現のために自分の利害を無視して献身しているという図式が考えられている。」[13]

要するに，「集団モデルは，日本の集団内の紛争・競合・対立の存在を説明する手だてを持っていない」[14]とし，その難点を克服するためには，西洋個人主義との対応において，日本における「人」レベルでの「精神主義」，「人間関係」レベルでの「間人主義」，「集合体」レベルでの「日本集団主義」の相互連関を再検討する必要があるとする[15]。その試みは，まだ十分に展開されていないが，日本型集団主義の解明にとっては必要な作業であろう。

準則1　日本人は，「個人主義」の対極でとらえる「集団主義」ではなく，地域や組織の一員という所属意識でもって集団志向的に行動する「集団主義」に準拠している。それをここでは日本型集団主義と呼ぶ。
　系1　職場や同僚のことをいつも気にし，親類や隣近所とのつき合いに気を配る日本人，また助け合って仕事を進め，気の合った仲間とのつき合いを大切にする日本人は，「人の和」そのものを尊重している。
　系2　集団と成員とのかかわりは密接であり，QCサークル活動でのように，「人の和」による業務の効率化が図られる。
準則2　日本人の行動面での集団指向性は大きいとしても，動機面で集団至

---

12)　別府春海，前掲書，53頁
13)　別府，前掲書，44頁
14)　別府，前掲書，47頁
15)　別府，前掲書，68-69頁

2.5 日本型社会編成原理

上主義が作用しているとは言えない。

系1 日本人は，協力しあって集団目標を達成しようとするが，自分の生活上の欲求をすっかり捨ててまで，組織やその代表者に献身することはない。

系2 わが身がかわいいからこそ，先ず互いに協力し，その成果の配分額を増やそうとする。

準則3 衆議一決の形で事が決まるのも，個人としての主体性の欠如を示すものではない。異論を唱えるより，折れ合ったり大勢に従うほうが，実質上よい結果がえられ，自分のためになるからである。

系1 きだ・みのるの報告によると，山村の寄合で，十人中七人までが賛成なら，残りの反対派は，その後の自分の生活のことを考えて，つき合いのために賛成にまわるのが，昔からのならわしだと言う。

系2 反対派が折れないとき，ただちに決を採るのではなく，個別に説得を続け，全員の合意が得られてから集団としての意思決定をするので，多数決方式ではなく，満場一致の形になる。

系3 山村でのこうした〈暮らし第一主義〉に基づく意思決定は，単なる同調行動や地域社会への全面的屈服ではなく，どうすれば村落の運営がうまく行くかを考慮に入れてなされた，自主的判断によるものだと解される。

準則4 山村での意思決定の様態からも分かるように，日本人は，個人としての自立性に欠けるように見えるが，実際は所属集団に対する配慮に基づいて自己の行動を自分自身で方向づけている。

系1 日本人の集団同調性は，個体的な形ではなく，システム的な自律性の表出である。

準則5 日本型集団主義とは，「個人主義」の対立項なのではなく，上位の社会システムとのかかわりにおいて展開され，また自分自身の福利の充足を目指したものでもあるので，「協同団体主義」と名づけるのがよい。

系1 「協同団体主義」は，成員の相互協力によって得られた集団的成果が，関与する各人に配分される福利システムの仕組みであり，集団と成員とは相利共生の関係にある。

系2 E. ボーゲルが指摘するように，日本企業の成功因は「協同団体主義」にあるが，それは，企業一辺倒な態度ではなく，利他が自利に通じる「企業福祉主義」を言う。その基盤は，日本企業を特色づける，経営者・従業員・下請けが中心のコーポレート・ガバナンスにある。

準則6 組織と成員との相利共生は，鶴見和子の言う「群れの思想」に基礎づけられている。それは，自立主義と依存主義との結合であり，自己の利益を守るためにも，集団の利益を同時に推進する考え方であ

系1　強い集団では個人が埋没するとする，西欧起源の社会学での二元論的枠組みは，日本の分析に適していない。

準則7　「協同団体主義」の下での組織人の行動主体性は，自己表出の強い個体レベルでの主体性ではなく，職場の状況に十分配慮し，組織の円滑な運用を図るような「連帯的主体性」である。

準則8　「協同団体主義」の機能的要件は，組織内の人間関係の調整と，成員の利益配分の平等化とを指す，「人の和」である。

系1　「人の和」は，聖徳太子の十七条憲法や孟子の言にも表明される，東洋の古くからの生活原理であった。人的なまとまりを確保した上で集団目標を達成する戦略である。

準則9　日本型集団主義について国際的に正しい理解をうることは困難であり，個人主義と集団主義，個別性と集合性をめぐって，東洋と西洋で相互に誤解しがちである。

系1　村上泰亮らによれば，欧米の個人主義で，個別性と集合性は，自由と平等（形式的平等）としてとらえられる。集団主義については，主に集合性が注目されるが，それは一種の全体主義として異端視される。

系2　東洋における集団主義の文脈での個別性と集合性は，「一視同仁」（結果的平等）と，「五倫」「和」である。前者については，相互の間柄に入りえなかった人のいだく不満への対応と考えられる。

系3　個人主義者は「和」を全体主義と同一視して拒絶する。また，「一視同仁を，平等であることで自由でない」，と思ってしまう。今度は，集団主義者は，自由を「わがまま勝手」と解して，いかがわしいものと見なす。また，形式的平等は，「不仁」「不人情」なものに見えてしまう。

準則10　国際的な相互誤解を回避するためには，個人主義と集団主義，個別性と集合性といった，二元対比の枠組みを廃し，新しいパラダイムを設定することが必要である。

系1　村上泰亮らの見解に従えば，欧米近代社会は，歴史上の例外として，個人主義のみによる社会編成の仕組みを構想したとする。しかし実際は，研究者が「方法論的個人主義」という分析視角だけしかもたなかったことによると考えられる。

系2　別府春海によれば，西洋の日本研究者は，個人主義イデオロギーが支配的であった時代に，個人主義と集団主義との対比図に基づいて，日本人を集団主義者だと規定した。

系3　別府自身は，内部調和を仮定する集団主義説に対して批判的であり，日本で現実には紛争や競争が激しい，とする。そこで，従来の集団主義説の難

2.5 日本型社会編成原理

点を克服するためには,「精神主義」「間人主義」「日本集団主義」の相関を再検討する必要がある, と言う。

───────────

3

二つの〈にんげん〉モデル
―― 「間人」と「個人」――

3.1

日本論の必要・十分条件

_____

3.1.1 〈にんげん〉モデルの再構築——関係的存在に向けて

「集団主義」が日本人に必ずしも当てはまらない，という見解が出てくるのはどうしてなのか。日本で「集団主義」という現象が必ずしも見あたらない，という理由からだけではない。むしろそれを日本社会に適用すること自体が分析上適切ではない，という理由によっている。つまり日本研究のための道具概念として不適切なのである。

「集団主義」は「個人主義」との二元的対立構図において使われることが多いが，そうした場合は「個人主義」の欠如態を指す用語となっている。「個人主義」を先ず発想の原点に据え，その反対属性を「集団主義」と呼んだにすぎないのである。それはオリジナルな内容をもつ分析概念ではない。こうした意味的に空虚な二次的概念でもって日本の現実を把握しようとしても，的確な分析結果は得られそうにもない。なぜなら，日本で「個人主義」が欧米におけるように強く確立されていない以上，「集団主義」が機械的に当てはめられるだけだからである。

日本に何らかの集団主義的な事象があるとしても，それは「個人主義」と関連づけてとらえられるようなものではない。その実質内容は別種のものであろう。たとえば組織における「協同団体主義」として理解されるような事象は，その一例である。それにもかかわらずそれをまともに取り上げず，日本人は集団主義者だと紋切り型の断定をしたのは，いったいどうしてなのか。

欧米では従来，自立性の強い「個人」という存在が，社会生活の基本単位だと考えられていた。「個人」という〈にんげん〉は，社会生活の中で，

3.1 日本論の必要・十分条件

「集団」サイドからの要請と折り合いを付けながらも，それぞれ自律的に振る舞える資質をもつ存在だと想定されている。「個人」対「集団」という二元的対立構造の中で，つねに優位に立つべき存在であった。そうした意味で「個人」は絶対的存在であった。しかし日本人は，必ずしもそのように主体的に振る舞うことができず，無条件で集団と一体化するものと見なされた。「個人」としての基本能力を欠く〈にんげん〉しか日本にはいないと想定された。そのために，集団主義者というラベルが貼られてしまったのである。

ここで留意すべきことは，〈にんげん〉モデルの唯一普遍的な形態が「個人」である，という前提があることである。〈にんげん〉モデルとしては，自律性の高い「個人」だけが自明の存在とされていた。「個人主義」が社会事象の基盤を形成していたのも，このことに拠っている。

これまで「個人」という存在とは別の〈にんげん〉モデルがありうる，ということすらまったく考えられていなかった，と言ってよい。しかし日本人にとって，自らの〈にんげん〉モデルは，「個人」とは本質的に異なるものだと感じていた。それは決して「個人」の欠如態などではない。「協同団体主義」を支えるような，システィマティックな〈にんげん〉基盤である。ではそのような〈にんげん〉モデルは，どのような構造のものなのか。またそれを何と呼ぶのが適切であろうか。さらには，どのような基本属性や機能を宿しているのだろうか。

和辻哲郎の指摘によれば，日本語での「ひと」という語の使われ方を見ると，「ひとのものを取る」，「われひとと共に」と言うときの「ひと」は「他人」を指し，「ひとを馬鹿にするな」「ひとのことを構うな」での「ひと」は，他者にとっての他者，つまり「われ」そのものである。さらに，「ひとはいう」での「ひと」，「人聞きが悪い」の「人」は，世人一般という意味を有している。「かく見れば『ひと』という言葉は，自，他，世人等の意味を含蓄しつつ，すでに世間といふ意味さへも示唆してゐるのである。」[1)]

「人の振り見て我が振り直せ」の「人」も他者のことである。このように「ひと」という〈にんげん〉システムは，たんなる自己存在ではなく，

---

1) 和辻哲郎『人間の学としての倫理学』，岩波書店，1934年，12-13頁

むしろ他者存在, より一般的には, 世の中の人びと, 世間そのものを指す用語であった。「人我」という表現も, ひととわれ, 他者と自分, を指す用語であり, 決して「自我」と同じ意味ではない。自己存在といえども, 唯我的に設定されるのではなく, 「他者にとっての他者」として相対化された形でとらえられる。要するに「ひと」は, 自・他の相関の中で存立するのである。他者サイドを基点にし, 自・他の関係に根ざした〈にんげん〉システムを考え, それを「人間」という漢字で表してきたのである。

実際「人間到処有青山」, 「人間萬事塞翁馬」といった中国から伝わった表現においても, 「人間」は, 「にんげん」ではなく, 「じんかん」と読むべきであり, 元来中国語の「レンジャン」(世間・世の中) の意であったことを想起する必要がある。日本語で「人間」を「にんげん」と読む場合は, その原義から転用され, 世間に住む「ひと」を指す語になったのである。いずれにせよ〈にんげん〉システムは, 中国・日本に関するかぎり, 自己・他者・世間といった関係的事象としてとらえられている。それは, 〈にんげん〉システムの概念分割 (taxonomy) において, 「個人」とは別のカテゴリーを構成している。

梅原 猛は, 和辻の書いた論文のアンソロジーを編集し, その作品解説において次のように和辻説を祖述している。和辻がその著『人間の学としての倫理学』で排除しようとしたのは, デカルト流の存在論であった。「Cogito ergo sum とデカルトはいう。近代哲学はすべて自我から出発するが, 最初にあるのはけっして孤独な自我でも孤立した人間でもなく, 関係としての人間である。人間というのは文字通り, 人と人との間であり, 人はそのような人と人との間にあるものとしてはじめて人間なのである。」[2]

英語の"human relation"の定訳として「人間関係」が用いられているが, その訳語で, 「人間」を「にんげん」ではなく, 「じんかん」と発音しさえすれば, そこには関係性が内包されているから, 「関係」の二字は蛇足だということになろう。しかもこの訳語での「人間」は, 関係性を捨象した「個人」のニュアンスが感じられる。

日本人にとり「ひと」とは, あくまで「人間」(じんかん) に生きる

---

2) 梅原 猛編『和辻哲郎集』(現代日本思想体系25) 筑摩書房, 1974年, 438頁

「人間」（にんげん）のことなのである。そこで「人間」という形でとらえられる〈にんげん〉システムを，「個人」と概念的に対比するために，わざと語順を逆にして「間人」（かんじん）と呼ぶことにする。「個人」は〈にんげん〉システムを個体性で把握したものであり，「間人」は，関係性をベースにした〈にんげん〉システムである。

　新たにこうした〈にんげん〉モデルを設定するとき，先ず第一に考慮しなければならないのは，二つのモデルのいずれが原基性をもつか，という点である。どの個体も人的な関係をもたずに最初から自立しているわけではなかろう。最初は家族・親族や何らかの社会関係のシステムの中に位置づけられる。それ以後も集団生活を営む限り，ここでいう「間人」が〈にんげん〉システムの一般形態なのであり，「個人」はその特定形態であると見なすべきであろう。このことは，日本人についてだけ当てはまる事柄ではなく，汎人類的事象である。「間人」は，〈にんげん〉モデルの原型を成している。

3.1.2 「自我原理主義」からの脱却

「間人」モデルと「個人」モデルとは，関係性一般と，その特定形態としての個体的極限との違いだと考えられる。両者は，けっして二元論的に対立するモデルなのではない。だが従来の欧米起源の思想史的伝統に従うかぎり，この二つの〈にんげん〉モデルは，概念的に相対するもののように受け取られやすい。というのも，これに限らず一般に，分析において二分法論理（dichotomy as either-or logic）を用いることが，自明のパラダイムとして，無条件で採択されていたからである。二分法の設定は，何の論拠をも必要としなかった。

　そのような二分法タイプの概念分割の例を列挙してみよう。たとえば，「普遍」対「特殊」，「正統」対「異端」，「同質」対「異質」，「原則」対「現実」，「理念」対「状況」，「理性」対「感情」，「権力」対「従属」，「強制」対「任意」，「中心」対「周辺」，「主流」対「偏異」，「自立」対「依存」，「自律」対「融合」，「絶対」対「相対」，「能動」対「受動」，「業績」対「属性」など，数多く見出される。このような二元対立的な変数の妥当性に関して，疑問視されることはまったくなかった。

ところで〈にんげん〉モデルでとくに重要と考えられる二分法は,「主体」対「客体」という対立構造であろう。これがデカルトに由来することは言うまでもない。デカルトは知の対象となる事物を二つに分け,一つは思惟的事物(精神),他は物質的事物もしくは延長的実体(物体)であるとした[3]。前者は,今日「主体」と呼ばれるものである。後者は,「主体」によって目的＝手段合理的に制御される対象としての「客体」を意味するであろう。あるいは,空間的な拡がりにしか基本属性をもたない,「延長」という名の物質系を指している。

この二元対立構造に関してデカルトは,「思惟はいかなる物体的なものにも先んじて,かつ確実に認識されるわけである」[4]とし,思惟の物体に対する認識上の優位を主張した。これが,有名な"ego cogito, ergo sum"(我思う,ゆえに我あり)という命題であった。つまり,自己認識する「主体」を実在として確証しうるということを,哲学の第一原理として主張するわけである[5]。

この場合,「ゆえに我あり」での,思うという事実によって自覚された「我」は,当人によって明証されるであろう。そうだとしても,「我思う」での「我」は,先験的に設定されているにすぎず,その概念内容は不明瞭である,と木村　敏は批判している。「われありの根底として求められたはずのコギトが,すでに『われ思う』として,われの存在を前提にしているのである。……デカルトがコギトから導き出したスムは,あくまで反省され,客観視された『われあり』であって,反省以前の主体的な『われあり』はすでにコギトの前に前提されている。」[6]

このように,客観視され実在するとされる「我」の出現以前に,おのずと思惟する「主体」としての「我」が大前提として設定されているわけである。そうだとすれば,自己自身の内に自己存在の根拠を求めるデカルト命題は,明らかに循環論法に陥っている。「主体」内在説の致命的な欠陥である。

しかしそれでもデカルトは,思惟的主体の絶対性を強調する。ただし,

---

3) デカルト著,桂　寿一訳『哲学原理』,岩波書店,1964年,67頁
4) デカルト,前掲訳書,39頁
5) デカルト著,谷川多佳子訳『方法序説』,岩波書店,1997年,46頁
6) 木村　敏『人と人との間』,弘文堂,1972年,137-138頁

〈にんげん〉では，思惟的主体（精神）と物質的客体（身体）とが兼ね備わっていること，すなわちその複合性を認めている。精神と身体との堅く密なる結合が，感情（心情）や感覚として認知されるとし，機械的な二元論をとなえるわけではない[7]。この点からも，「精神」と「物体」，あるいは「主体」と「客体」とのはっきりとした概念分割に関しては，依然として問題が残ることになる。

むしろデカルト説で留意を要するのは，〈にんげん〉の存在が，考えること以外に存立根拠（本性）を見出せない，一つの「実体」だとする見解に関してである。ここでいう「実体」(substance)というのは，「存在するために他の何ものをも要しないように，存在するもの」[8]を指している。「つまり，他に依存せず，それ自体として独立に存在しうるものが実体である」[9]。

〈にんげん〉を自立的「実体」として措定する根拠は，自己自身によって確実に感知しうるとしても，それが当人の思惟（精神）そのものによる (*per se*) とするのは，社会科学の立場からは，簡単には容認しえない事柄である。もっともデカルトは，他者もまた自己と同じように確実な思惟を行なう存在だと想定しているが[10]，自・他ともに思惟を同等の確かさでもって立証しうる，と簡単に仮定してもよいのかどうか。

その点に関して，村上陽一郎も，当人が他者の思惟を確認することはどんな手段を講じても困難だとしている[11]。デカルトでのような，個々の「主体」レベルで考える「自我原理主義」(ego-fundamentalism)は，他者とのかかわりをもつ社会的存在として〈にんげん〉をよく把握していない点で，認識論的・存在論的に疑惑が残る。

しかしだからといって，〈にんげん〉システムの存在形態を，単純に自我的個体としての「個人」と，それの全体集合としての「集団」との二元対立で論じるのも，方法論的に問題である。〈にんげん〉は，つねに合理的選択（YES／NO）のみによって行動する理知的存在ではない。人間行

---

[7] デカルト『哲学原理』，訳書，67頁
[8] デカルト，前掲訳書，69頁
[9] デカルト『方法序説』，訳書，訳註116頁
[10] デカルト，前掲訳書，82頁
[11] 村上陽一郎「科学で人間は判ったか」，石井威望ほか編『ミクロコスモスへの挑戦』，中山書店，1984年，200頁

動は，ディジタル量で計測可能なリニアーなものとは限らず，ファージーでソフトなものである。〈にんげん〉は非線形システム（non-linear system）だと規定すべきであろう。〈ゆらぎ〉を伴うカオス・システム，つまり複雑系（complex system）が〈にんげん〉だとも言える。

「個人」と「集団」はともに〈ゆらぎ〉を通して自己組織化されたシステムであって，「個人」だけが定型化された形でつねに「集団」よりも優位に立つとは限らない。両者はともに「同位体」（coordinate）だと見なすべきであろう。一方が他方を制御するのではなく，両者が相互に浸透しあって社会システムを構成している，と見なすのが妥当であろう。社会は，決して「個体集約型」の〈にんげん〉，すなわち「個人」の集合体ではない。

日本論のさらなる展開を可能にする必要・十分条件は，〈にんげん〉モデルを「個人」から「間人」へと転換し，「自我原理主義」からの脱却をはかることである。

───────────

準則1　日本研究のパラダイムとして「集団主義」理論は不適当である。
　系1　日本が「個人主義」の欠如態であるとして，それに「集団主義」という名称を付与するのは，「個人主義」対「集団主義」の二元対立の構図を日本に機械的に当てはめただけである。
　系2　従来，欧米では，「個人」対「集団」という二元対立図式において，自律的に振る舞う「個人」のほうが，「集団」よりも優位に立つものと想定されていた。日本人は，自律性を欠き，「集団」と一体化するものと判断されていた。そのため日本人は集団主義者だというレッテルを貼られてしまった。
　系3　「個人」が唯一普遍の〈にんげん〉モデルであるという前提のもとで「個人主義」概念が設定されているが，それとはまったく異なるモデルを仮定しなければ，日本人に特徴的な「協同団体主義」などは説明しえない。
準則2　日本人の〈にんげん〉システムは，個個人ではなく，対人「関係」に根ざしたものである。
　系1　和辻哲郎によれば，日本語の「ひと」という語は，他人，自分，世人，世間といった語義をもっており，唯我的に設定される「ひと」ではなく，

3.1 日本論の必要・十分条件

他の関係に基礎づけられた「ひと」を指している。

系2 「人間」(レンジャン)という中国語は，世間・世の中の意であり，ここでも「ひと」は，関係的事象としてとらえられている。日本でもよく知られた「人間到処有青山」「人間万事塞翁馬」といった表現での「人間」は，「にんげん」ではなく，「じんかん」と訓じなければならない。

系3 梅原　猛は，和辻の著作を解説した文の中で，〈にんげん〉は「人と人との間にあるもの」として認識すべきであると言う。

系4 "human relation" の訳語として「人間関係」が用いられるが，そこでの「人間」を「じんかん」と読めば，「関係」は蛇足となる。この「人間関係」での「人間」は，関係性を捨象した「個人」を想定している。

系5 関係性をベースとする〈にんげん〉システムを，「人間」という語の漢字表現の順序を逆にして，「間人」(かんじん)と表記することにする。

系6 〈にんげん〉システムの原基となるのは，「個人」であるよりも，関係性に依拠する「間人」である。このことは，日本だけに特徴的な事柄であるのではなく，汎人類的事象である。

準則3 「個人」モデルと「間人」モデルは，二元論的に対立するようなものではなく，前者は後者の一つの特定形態であると解される。

系1 これまで二分法論理に従った分析が，自明のパラダイムとされていた。そのため，「個人」と「間人」も，相容れない〈にんげん〉モデルと考えられやすい。

系2 しかし「間人」は，関係性一般として，「個人」はそれの個体的極限として把握されるべきである。

準則4 デカルトの考える〈にんげん〉システムでは，「主体」対「客体」の二分法が設定され，前者の「思惟」の後者の「物体」に対する優位が主張された。

系1 デカルトの言う「我思う，ゆえに我あり」は，自己認識する「主体」の実在性を確証する命題であり，「思惟」は「物体」よりも先に，かつ確実に認識されうる，とする。

準則5 「思惟」により確認された「我」は明確だが，その根拠となる「我思う」での「我」は，先験的に存在する不明確な自我であり，デカルト命題は循環論法に陥っている，と木村　敏は批判する。このことは，自己存在の根拠を自己の内部だけに求める「主体」内在説の致命的欠陥となる。

系1 デカルト理論の最大の問題点は，〈にんげん〉システムを，自己自身以外には存立の根拠をもたない「実体」と見なすところにある。「そのもの自体で」(*per se*) ということになると，自分の「思惟」にしか根拠を見出

せないわけである。

系2　デカルトは，他者も自己と同じように確実な「思惟」を行なう存在と考えていたが，他者の「思惟」を確認することは困難であると，村上陽一郎は言う。

準則6　社会科学の立場からは，デカルトのような「自我原理主義」は容認し難い。他者と何らかのかかわりをもつ社会的存在として〈にんげん〉を把握する必要がある。

系1　その場合の〈にんげん〉システムは，つねに合理的選択を行なう理知的存在であるよりも，非線形的な行動をとる「複雑系」として理解することが望ましい。

系2　「個人」と「集団」は相互に浸透し合う「同位体」であって，「個人」が「集団」を一方的に制御するのではない。

準則7　日本論のさらなる展開を可能にする必要・十分条件は，〈にんげん〉モデルを「個人」から「間人」に転換し，「自我原理主義」からの脱却をはかることである。

――――――――

3.2

〈にんげん〉研究のパラダイム革新
—— システムとしての〈にんげん〉——

3.2.1 「個人」の実在性への疑問

　これまでの日本研究で「個人主義」の欠如態として「集団主義」が論じられたり，あるいはまた，「個人主義」の哲学的メタ理論として「自我原理主義」が提唱されるとき，そこには科学方法論におけるある種の概念枠組みが設定されていることに気づく。こうした枠組みは「パラダイム」(paradigm) と称される。

　科学研究におけるそのような範型は，それぞれの専門の研究者の間では自明の事柄とされ，それ自体の適否についてあえて吟味されることはなかった。トーマス・クーンは，パラダイムを「専門母型」(disciplinary matrix) と呼んでいるが，その見解に従えば，ある種のパラダイムが安定している間は，それの合理的な基礎づけがなされないまま，当該の科学で十分に機能するのである[1]。

　デカルト以来の近代科学のパラダイムは，より小さい，あるいは究極の「個体」を究明することを目指すような「要素還元主義」(reductionism) であった。"nothing but-ism" とも称されるように，分析単位を段階的に小さくし，段階間での因果連関を明らかにすることによって法則を見出すことが，科学研究の至上命題とされてきた。AはBにほかならない，BはCにほかならない，CはDにほかならない……といった形で，Aは極小単位Nに還元して説明されることになる。

　〈にんげん〉研究についても，社会を構成する「個体」としての「個人」

---

[1] トーマス・クーン著，中山　茂訳『科学革命の構造』，みすず書房，1971年，54-55頁

の行動がつねに分析の拠点とされていた。「個体集約型システム」「自我統合型システム」としての〈にんげん〉モデルが措定されてきた。すなわち，自立した「個人」が，どのような動機づけに基づいて，何を選択的に志向し，いかにして自らの欲求を充足させるのか，あるいはまた，自己自身の自我をどのように統合・維持していくか，といった視点から，社会とのかかわりは背景に置くにとどめ，もっぱら個体的〈にんげん〉の行動メカニズムに焦点が合わされるような研究がなされてきた。

こうしたパラダイムは，「方法論的個人主義」(methodological individualism) と名づけられるものである。それは，「社会的（あるいは個人的）諸現象を説明しようとするあらゆる試みは，個人的事実によって完全に表現されていない限り，拒否されるべきだ」[2]とする説明原理のことである。

ここで「個人」(the individual) という〈にんげん〉システムは，(1) 自らの置かれた状況（場）との具体的で特定的な連関を，客観的に見れば無視しえないにもかかわらず，あえて捨象し，(2) そのようにして主観的に確保された，生活空間上の自己領域を，自分自身で思いのままに制御しようとする，行動主体 (actor subject) を指している。

そうした自己制御の機能に焦点をおく「個人」は，社会に拘束されることなく，それぞれ独自に (sui generis) 振る舞う存在であるとされる。心理学で，「個我」(ego) あるいは「独我」(self) と呼ばれるものがそれに当たる。それは，社会的現実からは独立した，ある利害，欲求，目的，要求などをもった個体的所与と見なされる。そうした所与性を仮定する限りでは，抽象的な存在なのである[3]。

ここでの「個人」は，思想史的な意味合いでもなく，社会理論とのかかわりでもなく，ただ方法論の上で工夫された基礎概念として存在する。その際この概念は，エリクソンの言うような「自認的自我」(identity) でもって構築された，各自の確たる主観的パーソナリティを指していよう。要するに，自らが自己の存在を確信しうる場合にのみ有りうる個別実体，あるいは当人の固有特性 (propria persona) を指している。それは，

---

2) Steven Lukes, Individualism, Blackwell & Harper and Row, 1973.（間 宏監訳『個人主義』，御茶の水書房，1981年，162頁）

3) S. ルークス，前掲訳書，109頁

3.2 〈にんげん〉研究のパラダイム革新

"individual" という字義からも明らかなように,これ以上は分割不可能な〈にんげん〉基体であり,自己の存立の最後のよりどころとなる。

このような抽象概念としての「個人」では,デカルトの「みずから思うことによって確証される我」の場合と同じように,行為者はみずから自身の意識する確たる根拠に基づいて,自己の存在を認知する。すなわち,みずから思い,欲する行為について,何をその対象としているか,何のためにそうするのかを考え,自分自身で当該行為の意味づけをなしうるのであれば,それを行なう当の「個人」の存在は,疑いえない事象となる。

けれども,その存在理由が客観的に見て正当なものであるかどうかは,容易には断定しえない。クルト・ゲーデルの「不完全性定理」(incompleteness theorem) に照らしてみれば,自己を主観的に確認しえたとする「個人」自身の言辞そのものだけでは,自己の存在を立証することはできないのである。

ゲーデル理論をさらに展開しようとしたダグラス・ホフスタッターは,ゲーデル命題を簡略化して,「数論の無矛盾の公理系は,必ず決定不能な命題を含む」[4]と述べている。

この第一の「不完全性定理」に続けてゲーデルは,「本質的に自然数論を含む数学の形式的体系が無矛盾ならば,その無矛盾性を,その体系内で形式化できるような手法のみによって証明することはできない」[5]という,第二の定理を措定した。それを平易な形で一般化するなら,「無矛盾の命題からなる体系はそれ自体で自らが矛盾を持たないことを証明しえない」[6]ということである。

ゲーデルの「不完全性定理」を一般化して述べれば,第一の命題は,「システムSが正常であるとき,Sは不完全である」というものであり,第二のそれは,「システムSが正常であるとき,Sは自己の無矛盾性を証明できない」という命題である[7]。

かくて,「個人」の存在についての自己言及は,たとえまともになされ

---

[4] ダグラス・ホフスタッター著,野崎昭弘・はやしはじめ・柳瀬尚紀訳『ゲーデル,エッシャー,バッハ』,白揚社,1985年,33頁

[5] 柘植利之「不完全性定理」,世界大百科事典,平凡社

[6] オーギュスタン・ベルク著,篠田勝英訳『地球と存在の哲学』,筑摩書房,1996年,33頁

[7] 高橋昌一郎『ゲーデルの哲学』,講談社,1999年,57-59頁

ていても，その存在自体についての客観的叙述は，そこには含まれていない。それは，極端に言えば，自己が単にそう言っているにすぎないのである。したがって，その場合は，何らかの外部システムと関連づけて自己存在に言及しなければ，確かに実在すると主張する「個人」も，客観的立場からは，虚構存在であるにとどまるであろう。「個人」という〈にんげん〉システムの実在性を，公理として最初から無条件で是認することはできない。その概念設定に関しては慎重でなくてはならない。

3.2.2 「個」の虚構性と「間」の実在性

〈にんげん〉システム研究のパラダイムにとって重要な課題は，それの存在のあり方についての考察である。「個人」という存在が安易に受け入れられないとすれば，一体どういう〈にんげん〉システムを考えればよいのだろうか。

　一般に「概念」とは命題の構成要素を指しているが，現代の論理学の立場では，それを「個体」と「関係」とに分けている。「個体」は極度に抽象的な対象であり，「概念」と同一視されやすい。いわゆる「個体概念」である。しかし，「…は…より大きい」，「…は…と…との間にある」といった二項・多項間関係，あるいは人間・犬・桜といった単項関係での属性や，複数の事物の共通性質として想定される「関係」が，本来の「概念」を構成するものとされる[8]。「概念」構成においては，「間」が「個」と並んで，その基本カテゴリーとなる。

　「個」と「間」は，アナロジカルに言うと，平面における「点」と「線」に当たるだろう。「点」と「点」を結んで「線」が引かれるとすれば，「個」（個体）の何らかの接合として「間」（関係）をとらえることができる。その場合，「線」のほうが一次元高い存在であることは言うまでもない。ところで，現実（平面空間）を的確に捕捉し説明するには，それぞれの「点」にフォーカスを合わせるだけでは不十分であり，「点」間連関としての「線」を対象にしなければならない。また，別の「線」との交差，すなわち「場」において描かれる，具体的な平面図を分析しなければなら

---

8) 杖下隆英「概念」，世界大百科事典，平凡社

3.2 〈にんげん〉研究のパラダイム革新

ない。「個体概念」よりも「関係概念」が分析上重要であるゆえんである。

このように〈にんげん〉システムでは,「個」より「間」が第一義となるように思われるが,これまでの分析パラダイムでは,「個」が必要以上に強調されていた。しかしこの優位性に関しては,哲学者の藤沢令夫の批判的見解が鋭い。それを概括してみよう[9]。

辞書の説明に従えば,「個」とは,「一つの物。ひとりの人。数える単位となるもの」(広辞苑・岩波国語辞典) の意であるが,その用例としての「個の認識」,「個に徹する」では,それが単位存在であるよりも,他に代替不可能な独立自存の実体である,という意味合いがもたれている。どうしてそのような意味が付け加わったのだろうか,と藤沢は問う。

「個」の英語表現である "individual",ラテン語表現の "*individuum*",ギリシャ語での "*atomon*" は,いずれも「分けられないもの」「不可分のもの」という原義をもっており,それ以上分割できない「一つのもの」であって,最終的な構成単位を指している。それは事象を「個」に還元して理解しようとする立場から出てきた。すなわち,「個」の概念が単位としての実体性をもつのは,還元主義的な方法論との連関があるのである。この点に関し,藤沢は次のように述べている。

> その場合,「個」は,そのような〈還元〉のプロセスの最終的な受けとめ手となるためには,何か頼りない存在であってはならないだろう。あらゆる事象が結局はそれにもとづいて理解され説明されるような,それだけが窮極的にリアルなものであるためには,「個」は,たんに「数える単位となる」ということ以上に,一つ一つが互いに独立自存してそれ自身の固有のあり方を堅持するような,哲学用語でいうと自己充足的な「実体」としての存在でなければならない。「個」とは,それぞれが他によって代替不可能な,かけがいのない存在であることになる[10]。

「個」が,本来,単位的な存在でありながら,自立的「実体」という意味づけがなされるに至ったのは,「要素還元主義」での最終要因として措

---

9) 藤沢令夫「個をどうとらえるか」, 世界思想, 14号, 1987年
10) 藤沢, 前掲論文, 3頁

定されたからなのである。そのような自立性，独自性においてとらえられた「個」は，最初から実在するのではない。それは，方法論的視点から必然的に設定されてくる「虚構」にほかならない，と藤沢は考える。

その虚構性に関して，存在論的観点から，次のように言う。「個」がどこまでも代替不可能で独立自存な「実体」であるなら，相集まって一つの全体的集団を形成しようとしまいと，それはどうでもよいことである。「個」は「孤」のままでも自己充足しうるはずである。けれどもそうした「個」は，人間界にも自然界にも実際にありうるのだろうか。単体のまま自己充足しうる「個」というのは，どこまでも「虚構」存在なのである。

さらに価値論的視点からも，「個」の虚構性が指摘される。「……『それ自身の固有のあり方を堅持した，他によって代替不可能なかけがいのない存在』という，ひとつの質的あるいは価値的な差異の観点を内包した『個』の内実は，全体をつぎつぎと構成部分へと分けて行くという思考の手続きからは，けっして出てこないはずである」[11]と述べる。

「個」は，この還元手続きでの最終の部分存在，すなわち「単位」なのであるが，その「単位」というものは，元来，互いに同等でニュートラルなものであり，質的，価値的な独自性や個性とは無縁である。集合体における単なる「員数」であるにすぎない。それにもかかわらず，自らを「独立自尊」の存在と考えるのは，「単位」としてそれ以上の分割を拒みつつも，各自が相互に排他的特色をもとうとするからである。そこには質的，価値的な意味での独自性の観念が〈密輸入〉されてしまったのではないか，と藤沢は解している。「個」は内容面からも「虚構」性を帯びる。

では「個」にまつわるこうした原理的な困難を克服するにはどうすればよいのか。藤沢は，以上のような「個」の批判的考察を通して，次のように提議する。

> 「個」には，これまで見てきた「全体」や「集合」に対する「個」のほかに，「普遍」に対する「個」という意味もあるが，両者は密接に連関し合っている。どちらの場合も，「個」をありのままに正しくとらえるには，世界をやはりありのままに，「〈もの〉＝量的単位」の区

---

11) 藤沢，前掲論文，4頁

3.2 〈にんげん〉研究のパラダイム革新

切りがけっして絶対的・固定的でないようなネットワーク的な全体として，そして根底から質と価値に充溢した世界として，とらえ直さなければならない。そのとき，「個」の一つ一つは，全体および他の個との関係性をそれ自身の本質の内に統合して独自の価値を顕現し，そしてその価値を刻々と再把握しつつ自己同一を保つ一収斂核として現われるであろう[12]。

要するに，「虚構」としての「個」ではなく，全体や普遍にかかわる，真の「実体」としての「個」は，関係のネットワークとしての世界をそのまま反映した形で，とらえ直さなければならない，とするのである。関係性を自己の内に統合するような「個」が，独自の価値を保持するのだ，というわけである。ここには，「関係」に根づいた「個」概念という新しい発想がある。

実際には，「個」はつねに全体（集団，集合）のなかの「個」である以上，必ず全体および他の「個」との関係の上に成立しているのであり，そのような関係性が当の「個」のあり方と本質的にかかわっている——あるいは，「個」の本質そのものをかたちづくっている——といわなければならない。単純に〈独立自存〉する自己充足的な「実体」は，人間界にも自然界にもありえないのである[13]。

このように述べる藤沢は，「個」の存在論的・価値論的な虚構性を衝いて，デカルト主義をまっこうから否定するのである。そして，関係性を宿す「個体」の存在を本来的なものと認め，新たな〈にんげん〉主体の設定を試みる。こうした議論によって，「個」の虚構性と「間」（あわい）の実在性が，対比的に示されることになる。

準則 1 近代科学のパラダイム，すなわち分析の範型は，「要素還元主義」であり，「個体」の究明が目指されてきた。〈にんげん〉研究でも，

---

12) 藤沢，前掲論文，5頁
13) 藤沢，前掲論文，3頁

社会を構成する最小の単位である「個人」がその焦点であった。

系1　このようなパラダイムは,「方法論的個人主義」と呼ばれる。

系2　この場合の「個人」は,客観的には無視しえないはずの状況(場)との関係をあえて捨象し,主観的に確保した自己の生活領域を自分で思いのままに制御する行動主体を指している。

系3　「個我」「独我」とも呼ばれる「個人」は,社会に拘束されることなく行動しうる個体的所与であり,その限りでは抽象的な存在である。

系4　「個人」は,エリクソンの言う「自認的自我」のように,自己存在を確認しうる場合にだけ有りうる個別の実体を指している。この点は,デカルトの「思惟」による自己確認と同じである。

準則2　自己存在の立証が「個人」本人の言辞のみに依拠するのであれば,ゲーデルの「不完全性定理」に従って,自己矛盾しない存在であることを自分自身では証明しえない。

系1　「不完全性定理」というのは,無矛盾の公理系には必ず決定不能な定理が含まれる,およびシステム内部では形式化しうる手法で無矛盾性を証明することはできない,というパラドックスにかかわる命題である。

系2　「個人」についての自己言及は,何らかの外部システムとの連関においてなされない限り,確かに実在すると主張する「個人」も,客観的には,虚構存在であるにとどまる。

準則3　現代の論理学では,存在の基本となる「概念」は,「個体」と「関係」の二つから成る,とされている。抽象的存在としての「個体」は「概念」そのものと同一視されやすいが,二・多項間連関としての「関係」が,本来「概念」を構築するものである。「間」は「個」と並ぶ基本カテゴリーである。

系1　「個」と「間」は,アナロジカルには,「点」と「線」になぞらえられる。「点」間を結ぶものが「線」であり,それは「点」より一段階存在の次元が高い。「線」と「線」の交差によって描かれる平面図(「場」)のほうがもっと具体的に状況を示すことになろう。「個体概念」より「関係概念」のほうが,分析上重要である。

系2　それにもかかわらず,これまでの研究では,「間」より「個」が必要以上に強調されてきた。「個」の優位性については,藤沢令夫により批判的なコメントが出されている。

準則4　藤沢によれば,国語辞書で「個」は「数える単位」とあるのに,用例では「個の認識」「個に徹する」などが挙げられ,代替不能な独立自存の実体であることが想定されている。

系1　「個」は,原語の"individual"からすると,もはや分割不可能な最終の

3.2 〈にんげん〉研究のパラダイム革新

構成単位を指すが、それが実体性をもつにいたったのは、還元主義的な分析パラダイムのせいである。

系2 そうしたパラダイムでの最終要因は、すべての事柄を説明しうるリアルな存在でなければならない。そのために「個」は、他にかけがえのない、しっかりとした「実体」でなければならないのである。

系3 単位的な存在でありながら、自立した「実体」と見なされた「個」は、最初から実在するのではなく、パラダイム上の「虚構」にほかならない。

系4 自立「実体」としての「個」は、「孤」のままでも自足しうるはずだが、現実にそうした「個」は見当たらない。単体のまま自足するような「個」は「虚構」存在である。

系5 単位としての「個」は、互いに同等であり、他と質的・価値的に区別がつかない。それなのに「個」がそれぞれ他と違っているとするのは、そこに独自性の観念が密輸入された結果であり、そのような「個」は「虚構」でしかない。

準則5 藤沢は、「虚構」としての「個」ではなく、真の「実体」である「個」は、「関係」の全体的ネットワークとしてとらえ直す必要がある、とする。この観点は、「関係」に根づいた「個」の概念を示唆する。

系1 全体の中の「個」を想定するとき、単純に独立自存するような「個」ではなく、本来的な「個」がとらえられる、とする。

系2 「個」の虚構性の指摘は、デカルト主義の批判である。藤沢説は、その批判を通して、「間」（あわい）の実在性を提起する。

3.3

「擬・個体」/「原・個体」/「原・関体」

3.3.1 「擬・個体」（独自体）

「個人」（the individual）という〈にんげん〉の主体モデルは，即自的（*an sich*）な立場で自己の実体性，実在性を確信するような，「個体」（individuum）としてとらえられることが多かった。つまり「個人」は，つねに変わらぬ「実体」（entity）として存続し，しかもそれを自己確認する「自認的自我」（identity）だ，と考えられてきた。そうした「実体」システムは，客観的立場から眺めると，集団を構成する単位的な存在であり，「これ以上の分割は不可能なもの」という意の"individuum"が端的に当てはまるものとされる。主体として眺めた「個体」は，"individuus"と表現するのが妥当であろう。

このような「実体主義」は，「世界が〈実体〉（*ens per sui*，つまり，対他的関係とは無関係に独立自存するもの）からなっているとみる存在了解」[1]だと言える。自立的存在についてのこうした把握の仕方は，他との相対的関係において存在を考える立場とは対蹠的である。

この「個体」に関しては，循環論法に陥っているデカルト命題の自己矛盾，ゲーデルのいう「不完全性定理」，藤沢の指摘する「個」に内在する「虚構」性などが，まともに当てはまることになる。それゆえ「個体」を普遍的なパラダイム基体として採択するのは，極めて困難であると言わざるをえない。

さらにいえば，対他的連関を考慮しない「実体主義」のもつ絶対的な性

1） 広松 渉「相対性理論」，世界大百科事典，平凡社

3.3 「擬・個体」/「原・個体」/「原・関体」   101

格のために，相対的な視点は無視され，比較作業も拒否されることになりはしないだろうか。こうしたことから，「個体」に準拠して比較文化論，比較国民性論を展開するのは，明確で客観的な存在論的根拠を欠くために，学問的に無意味なものとなる恐れがある。

　このような「個体」は，「擬・個体」(pseudo-individuum) と呼ぶのが妥当であろう。そこでは，(1)「個体」であることの確認主体が当の本人に限られており，他人がそれを立証することはできない主観的存在であるにとどまる。しかも，(2) 還元主義的に析出された互いに同質の単位的な要素であるにもかかわらず，他による代替が不可能であるという，質的・価値的意義が付与されている。

　つまり，それは実は「実体」に見立てられた「虚構」であるために，〈擬せられた〉「個体」と見なさざるをえないのである。それは，「個体」の存在根拠が自己自身にしかないにもかかわらず，客観的な実在であると確信している。しかも独自な「実体」であることを強調する。それを「独自体」という名称で呼ぶことにしよう。

3.3.2 「原・個体」（個別体）

しかしこうした「個体」といえども，藤沢が述べるように，「全体および他の個との関係性をそれ自身の本質の内に統合して独自の価値を顕現」することは十分可能であろう。関係的紐帯に根ざしながらも独自の「自認的自我」を保持する〈にんげん〉存在を想定するわけである。それは，「要素還元主義」の手続きのために「虚構」化を余儀なくされた「独自体」とは違い，「関係」の中で他「個体」との分別がはかられ，客観的な実在性を有する「実体」を指している。すなわち，対自的 (für sich) な立場での〈にんげん〉「個体」である。

　そのような〈にんげん〉システムの名称として，「原・個体」(proto-individuum) という用語を採択しよう。それは，それぞれ個別に分かれながらも，互いに対自的な連関を保つ「個体」の形態である。「個別体」と呼んだほうが分かりやすいかも知れない。そうした「個別体」は，個体性にもかかわらず，関係性を自己の存在理由 (raison d'être) としている。ただしその関係性は，意識的に抑制されたり，戦略的に活用されたりして，

潜在化，用具化することが多い。

　だが，それは「個体」の本来の有りようを示している。自「個体」が個別に実在するのは，対人関係の中で他「個体」とは異なるという事実に基づいている。「擬・個体」とは明らかに異なり，関係性が「個体」の原基となる。

　ここで「原・個体」，つまり「個別体」を改めて定義づければ，次のようなものとなろう。すなわち，「当該のシステムが，自らの置かれた状況との具体的，特定的な関係を意図的に断ち切ったり，戦略的に操作して，自らの側に確保された領域を専断的に制御して行動するような主体」のことである。客観的に見れば，そこには潜在的に他者（他システム）との連関がある。しかしそこからあえて自らを分離独立させたり，それを操作的に制御して，それぞれに独自の生活空間を確保しようとする。関係性を前提とする「個体」存在が，「個別体」なのである。

　ライプニッツの「モナド」（Monade）は，不可分で空間的な拡がりをもたぬ単純者，すなわち形而上学的な点であり，どこまでも可分な物理的・物質的アトムとは違って，真に実在する「個体」だとする。それは，出入りする窓をもたないが，それぞれ固有の観点から宇宙のいっさいの事象を表象する個体的実体なのである。「モナド相互の間には予定調和の原理に従う観念的関係しか存しない」[2]とも言われる。この「モナド」は，明らかに「関係」を想定した上での「個体」であり，ライプニッツのモナドロジーは，「個別体」の哲学的根拠を提供しよう。

3.3.3　「個体」の二つの類型とその違い

〈にんげん〉モデルにも「個体」の二つの形態が当てはまる。すなわち，
　(1)　「擬・個体」（独自体）としての〈にんげん〉
　　　それ自体は単位的要素であるにすぎないのに，独自性という存在論的価値が付加された，「虚構」としての「個体」存在である。そうであるにもかかわらず，本人自身は自己の実在を強く信じている。いわば自我統合型の「個体」。

2）　増永洋三「モナド」，世界大百科事典，平凡社

3.3 「擬・個体」／「原・個体」／「原・関体」

(2) 「原・個体」（個別体）としての〈にんげん〉

　自らのかかわっている状況，あるいは所与の関係を，あえて離脱したり，それを意図的に制御することによって，個別の行動主体性を確保しようとする「個体」。しかし本来は，少なくとも自己が他「個体」とは異なるという点で，他との相対的連関を保っている。自己の確かな実在性を「関係」の中に見出す，関係準拠型の「個体」。これが「個体」の原型である。

　両者はともに，〈にんげん〉モデルの名称として，「個人」と呼ばれてきたが，システム形態の上では，独自性か相関性かという二つの契機に基づいて，概念上は互いに区分される。前者は，擬せられた「個人」であり，後者は，関係の中で個別の特色をもって実在する「個人」である。

　ところで，ここでいう「関係」とは，「一者が当の一者としてあるのは当該他者に〈対して〉であり，他者が当の他者としてあるのは当該一者に〈対して〉であるごとき態勢が存立するとき，この〈一者－対－他者〉」という存在的関係を指している[3]。換言すれば，互いに相対的な立場で確認される自他のかかわりを「関係」と見なすのである。

　「関係」といっても，このような基本的なレベルでの連関性を指すにとどまるが，「個別体」にとっての「関係」特性は，次のような三つの特徴にまとめられる。第一は，特異性を強くもつ個別主体として，自己が世界の不動の拠点であると考える自己中心性。それは，〈人的天動説〉と言ってよいかも知れない。第二は，自己が他に頼ることなく自律的に振る舞う，そして自己の行為に全責任を負う，という自己依拠性。第三は，操作用具性である。他者との関係を，自己の生活拠点の確保にとって有用なものとなるように，手段的に活用しようとする。その際，「関係」は，決して所与的なものではなく，自分で操作可能なものなのである。

　要するに，「個別体」では，「関係」を排除もしくは操作する点で唯我論（solipsism）的な傾向が強く，しかも自己防衛的立場から自立的態度をとろうとする。しかし他者との関係は，完全に切り捨てられるのではなく，むしろ，自己の生活空間の外側において，契約などの人為的・戦略的な手段を用いて，有効に活用される。それは，「個別体」という形で存在する

---

[3] 広松　渉「関係」，世界大百科事典，平凡社

「個体」の能動的な行動原理として，妥当なものと言えるだろう。

3.3.4 「原・関体」（関係体）

しかしながら「個別体」でのように，他者との連携を恣意的に打ち切り，自己の専有システムを確保するのではなく，有機的連関を保つ方向で他者に対処する事態が考えられる。すなわち「関係」そのものは，どこまでも棄却しえない所与的なものとして受け入れ，それを包摂した形の自己システムを確認する，という方策である。そのほうが，〈にんげん〉としては自然な傾向であろう。

このような「関係」内在的なシステム形態を，「関体」（relatum）という概念でとらえることにしたい。「関体」というのは，「個体」との類比で設定された概念であり，観察者の視点から眺められた場合，他者もしくは置かれた状況との連関性が，自システムの中枢的な基盤に据えられるような存在形態のことである。

「個体」のみを存在拠点に据える視点からは，「個体」間の「関係」がこうした原基性をもつことを認めないかも知れない。しかし，「関係」そのものは，実証可能な実在であり，それを包摂した〈にんげん〉システムを構築することは，存在論的に十分可能であろう。「関係」もまた「個体」と並ぶ存在の基本形態だからである。

この「関体」は，「原・個体」の場合と同じく，実在の明確な根拠を「関係」の中に見出すという意味で，「原・関体」（proto-relatum）と表現することが許されよう。それは実証可能な基体的「関係システム」である。もっとも，その名称は，行為主体の立場からとらえる場合には，"relatus"（「関係主体」）と呼ばれることになろう。

「原・関体」（「個別体」との対比で「関係体」と表記）は，次のように定義づけられる。それは「当該のシステム自体が，置かれた状況との具体的・特定的な連関性を，棄却しえない所与性を帯びたものとして自システムの中に包摂し，そこに確立された自・他の相互包絡領域を互いに連携しあって制御するような行動主体」のことである。つまり状況連関性そのものが主体化した場合の〈にんげん〉システムである。

この場合「関係」とは言っても，「個別体」での意味内容とは異なるこ

3.3 「擬・個体」/「原・個体」/「原・関体」

とに注意しなければならない。広松　渉は，東西の「関係」観について，次のように述べている。

> 伝統的なヨーロッパの存在観においては，独立自存する〈実体〉なるものがまずあって，実体どうしの間に，第二次的に〈関係〉が成立するものと考えられてきた。これに対して，〈関係〉こそが第一次的な存在であり，いわゆる実体は，〈関係の結節〉ともいうべきものにすぎないと考える立場が，仏教の縁起観など，古くから存在したが，現代においてはこの〈関係主義〉的存在感が優勢になりつつある[4]。

ここで言うように，ヨーロッパの伝統である「実体主義」に基づく「関係」は，それぞれ自立した「個体」二者間での二次的な相互作用や結合を意味している。「個別体」は，こうした形の「関係」に立脚しながら，それをあえて意図的に排除した，あるいはそれを戦略的に扱う「実体」を指している。

これに対し，仏教の縁起観に典型的に見られるような「関係主義」的構造における「関係」は，それ自体が存在の拠点となる一次的なものである。それは，「関体」の存在を自ら基礎づけるような「関係」である。そうした「関係」の結節点として，各人が二次的に析出されることになる。

しかし「関係」観の違いを，このように文化的背景と連関づけて理解することは必ずしも妥当ではない。東・西の文化にそれぞれ特定の「関係」類型しか存しない，ということになりかねないからである。むしろここでは，「原・個体」と「原・関体」では，同じ「関係」という用語ではあっても，存在論的に違った意味が付せられている，という点にもっぱら注目しよう。

つまり，「個別体」で所与の「関係」を意図的に潜在化させうるのも，また他者との「関係」を戦略的観点から操作しようと試みるのも，そこにおける「関係」の二次的な存在意義に拠っている。これに対して「関係体」での「関係」の拠点化や非棄却性は，それなしには「主体」が存立しえないという，一次的な存在意義に由来する。

---

4)　広松　渉「関係」，世界大百科事典，平凡社

「原・個体」と「原・関体」に関しても，この「関係」観の違いが反映される。前者は「関係」を客体としてしか扱わない「個体」の原型を指し，後者は「関係」がそのまま主体を構成するような「関体」の本来的な形態を指している。

3.3.5 「相対」（そうたい）と「相待」（そうだい）

前記の二つの「関係」観に関しては，さらに山内得立の見解が有用であろう。山内は，二項間の関係を，「相対」（そうたい）と「相待」（そうだい）の二種に分ける。第一の「相対」は，それぞれの事物が自らもって相対することを指している。その際，各自は，「自性」（svabhāva すなわち，他と区別される固有の本質をもち，それ自体が恒常的に存在するような実体）を有している。

もう一つのほうの「相待」というのは，事物が存在するのは必ず他との関係に基づいており，自は他に拠って，他は自に拠って，初めて自であり他である，という相互依拠的な連関のことである。自・他が互いに〈相俟って〉こそ，初めて「自性」がありうる，という考え方である。

この場合，「相対」が「個別体」（「原・個体」）相互の拮抗的な関係性を指し，「相待」が「関係体」（「原・関体」）どうしに見られる，共鳴し合う相関性を指している。この点で，確かに「相対」と「相待」とは，互いに対照的な「関係」の二類型となっている。しかし両者を単に二元的に対立させて把握するなら，前に批判した二元対立論法に陥ってしまうだろう。だが山内によれば，両者は実は相補的連関にあるのである。このことに関して，次のように述べる。

> 相対とは互に相対することであり，その限りに於いて事物はそれぞれの自性をもたねばならぬが，自性に固執する以上，事物はそれぞれ別のものとなって，相互の関係を失い孤立的なものになってしまう。然るに事物が世にあるのは必ず他との関係に於てであり，この関係なしには自己が自己であることさえ不可能なのである。自己とは何であるか。それはそれ自らであって他ではないことであるが，そういうことそれ自らが既に他との関係をふくんでいる。自己はただ自己によって

3.3 「擬・個体」/「原・個体」/「原・関体」

規定せられ得ぬ。況や自己として確立することはできない。自己は他によって，又は他を待って初めて自己としてあり得るのである。それは単なる他との関係ではなく，他との相待的関係であった。それ故に相対は相待を前提としている。しかしそれと同時に相待はまた相対を前提としている。なぜなら他を待つということにはとにかく自己に非ざる他がなければならぬ。他に依存するのは他が自ら別にあることによってのみ可能であるからである。相対は自他を分別することであるが，相待はこれらを一にする関係である。相対は対立的であるが，相待は融合的である。両者は一見相容れぬもののようであるが，却ってこの両者によって具体的なものの関係が円成せられうるのである[5]。

　山内の見解に従えば，「相待」は，相対する各「自性」の生成の根拠となるものだから，「相対」の根源ともなる関係だと考えられる。しかし「相待」は，「相対」でのそれぞれ自立した自と他の存在を自らの基礎前提にしている。そのため，「相待」だけ，あるいは「相対」のみを考えれば十分なのではなく，さらにこれら両者の相関性を考慮しなければならなくなる。

　「相対」と「相待」は，山内説でのように，自・他の間の構造連関において，前者が〈対立的〉，後者が〈融合的〉という正反対の「関係」特性をもつことは確かであろう。しかし，単に両者の性格を対比するだけでことは終わらない。さらに突き進んで，両者の連関性を，すなわち〈関係性の関係性〉というメタ・レベルでの相関を検討する必要があると考えられる。

　そうしたレベルでの連関性に関しては，「相待」関係は「相対」関係と〈相俟って〉作動し，対立的な関係をある程度許容しつつ，基本的には相互に支援し合うような，生活現実を構築している，と言えそうである。つまり，「相対」と「相待」は，〈関係性〉のメタ・レベルでも「相補的関係」にある，ということになる。これが山内の言う「両者によって具体的なものの関係が円成せられうる」という語句の真意であろう。相補的連関は，決して単に「相待」関係のプロパーな特性ではないのである。

5）　山内得立『ロゴスとレンマ』，岩波書店，1974年，80-81頁

「相対」と「相待」との関連の論議は、〈関係性〉を締め出す「擬・個体」（独自体）については、論外であって当てはまらない。しかし、〈関係性〉をともに基礎要因に設定する、「原・個体」（「個別体」）と、「原・関体」（「関係体」）については、どのように適用されることになるのだろうか。

　山内の言う「相対」は、「個別体」どうしでの関係特性なのであり、また「相待」は本来は「関係体」間でのシステム的連関性を指している。後者での自・他の相待的連関というのは、すでに行なった「関係体」の定義での「自・他の相互包絡領域を互いに連携しあって制御する」という相関事象の簡潔な表現にほかならない。要するに「個別体」では、自らの存在根拠を「相対」関係それ自体にのみ見出すにとどまるが、「関係体」では、自己の存在のあり方を、「相待」関係だけに限定するのではなく、さらに「相対」と〈相俟つ〉形で展開されるべきもの、と想定している。すなわち〈関係性〉のメタ・レベルにおいても、「関係体」は、「個別体」との相補的連関性を保ち続ける、と言えるであろう。

　それゆえ、「関係体」の対立項として「個別体」があるのではなく、むしろそれは相補的連関のなかでのカウンターパートとして存在する、と理解すべきであろう。もっとも、両者間で「関係」のセマンティクスは異なるのであるが、あえて言えば、メタ・レベルでの〈関係性〉の連続体（continuum）を仮定するとき、相補的連関を展開する「関係体」のほうが、存在を包括する度合いが広く、したがってより一般的なシステム位相を示すのに対し、「個別体」のほうは、そうした連続体における「個体」サイドでの極限形態であるにとどまる、と見なしえないであろうか。

　そのようなとらえ方が正しいとすれば、「関係体」を〈にんげん〉システムの基本形態として措定し、「個別体」はそれの特定形態として理解することになろう。これは、従来の社会科学・人間科学のパラダイムの存在論的基礎をくつがえすことになる。しかしこのシフトなしには、日本研究の革新はありえない。

　そこで、これまでの論議を踏まえて、「関係体」と表記される「原・関体」の基本特性を述べておきたい。

　「原・関体」に本来的に備わる属性としては、第一に、相互依拠性が挙げられる。〈相俟つ〉という「相待」関係は、先ず最初に、自・他間での

3.3 「擬・個体」/「原・個体」/「原・関体」

相互依拠を指している。自・他はそれぞれ独立自存の存在ではない。さらにまた,「原・個体」と「原・関体」との間でも,この相互依拠性が認められる。

　第二は,相互信頼性である。相互に依存し合う者どうしの間では,主観的な立場での相手への依拠の程度,すなわち信頼性が確かに存しなくてはならない。相手に対する不信の念があれば,安心して依存することは不可能である。

　第三は,「関係」の本質視である。自己システムの存在根拠が他者との関係そのものにあるとすれば,それを本質的に尊重するのは当たり前であろう。またそれを持続させることは,自己システムの存続を意味している。「関係」を自己の利得のために操作することは許されず,そのままの形で維持・発展させていこうとするのは当然の帰結である。

────────────

準則1　〈にんげん〉の主体システムは,「擬・個体」,「原・個体」,「原・関体」の三種に区分することができる。

準則2　「擬・個体」というのは,自己自身だけに依拠して自存することを確信する,「実体主義」によって独自に特色づけられた「個体」(独自体) をいう。

　系1　「実体主義」とは,広松　渉によれば,世界が対他的関係なしに独立自存するものと見なす見解をいう。こうした見解での「個体」は,デカルト命題の自己矛盾,ゲーデルの「不完全性定理」,藤沢の言う「個」の虚構性が,まともに当てはまる。

　系2　当該「個体」を確認する主体が本人に限られており,また単位的要素であるのに,代替不能な存在として価値的意義が付与されているために,〈擬せられた〉「個体」と見なさざるをえない。

準則3　「原・個体」というのは,関係的紐帯に根ざしながらも,それぞれ「自認的自我」を保持する「個体」(個別体) のことである。「関係」の中で他の「個体」との分別がはかられる。

　系1　基本的には関係性に立脚するが,自らの「関係」を意図的に制御したり道具的に活用したりすることによって独自性を確保する「個体」を指している。その際の「関係」は所与的なものではなく,操作可能なものと見なされる。

　系2　「関係」の中で確かな実在性を示す,「個体」の原型であるので,「原・個

体」と名づけられる。ライプニッツの「モナド」は，その哲学的モデルと考えられる。

系3 「原・個体」の属性としては，(1) 自己が世界の不動の拠点だとする自己中心性，(2) 自分にのみ依存し，自己責任を負う，自己依拠主義，(3) 他者との関係を自己保全のために手段的に活用しようとする，関係の操作用具性，が挙げられる。

準則4 「原・関体」というのは，他者との「関係」を自己に内在化させ，有機的連帯をもつシステム，すなわち「関体」存在を指す。「関係」にシステムの原基性を認めるという意味で，「原・関体」（関係体）と表記する。

系1 ここでの「関係」は，所与的で破棄しえないもの，と受け止められている。そうした「関係」は，実証可能な実在であり，それに基づく「関体」は，確かなシステム存在である。

系2 広松 渉によれば，「関係」とはいっても，最初に独立自存の「実体」があり，その間に二次的に成立する「関係」と，最初から第一次的に存在する「関係」とがある。後者では，「実体」はそうした「関係の結節点」であるにとどまる，とする。前者の「関係」はヨーロッパの存在論に由来し，後者のそれは仏教の縁起論に見られる。

系3 前者の「関係」は，「原・個体」でのそれであり，後者の「関係」は，「原・関体」における関係性に対応している。そこでの「関係」は，主体構築に不可欠な要因となる。

準則5 〈にんげん〉の主体システムの三つの類型は，その固有属性に照らして，「擬・個体」は「独自体」，「原・個体」は「個別体」，「原・関体」は「関係体」と名づけることができる。

準則6 「個別体」での「関係」と「関係体」での「関係」は，山内得立の設定した「相対」（そうたい）と「相待」（そうだい）の違いとしてとらえられる。

系1 「相対」というのは，それぞれの事物（「自性」）が他と拮抗することを指し，「相待」は，自・他の間の相互依拠的な「関係」を意味する。自と他は，〈相俟って〉こそ「自性」をもちうるのである。

系2 「相対」は「個別体」どうしの関係特性であり，「相待」は「関係体」を特色づける連関性である。

系3 山内によれば，「相対」は「相待」を前提にし，「相待」は「相対」を基盤とするから，これら両者の間でも「相待」関連をもつことになる。このことは〈関係性の関係性〉というメタ・レベルでも，相補的相関がありうることを意味する。

3.3 「擬・個体」/「原・個体」/「原・関体」

系4 このような相補的連関からすると,「関係体」の対立項として「個別体」があるのではない。ともに両者間の相補的連関を成り立たせる要因であるにすぎない。ただ「関係体」のほうが包括的存在であり,「個別体」は,「個体」サイドでの特定形態となる。

準則7 「原・関体」の基本属性は, (1) システム内部における, またシステム間での, 自・他の「相待」としての相互依拠性, (2) 互いに依拠し合う者どうしに認められる, 相互信頼性, (3) 自己の存立根拠を他者との「関係」に見出す以上, それを維持し発展させようとする, 対人関係の本質視, である。

準則8 総括的に述べれば,「独自体」と「個別体」は,「関係」要因を考慮しないか, 包含するかで, 互いに対立項となっている。「個別体」と「関係体」とは「関係」要因を共通基盤に据えるが, 個体性を重んじるか, 間柄性を本質視するか, という点で位相を異にする。

3.4

〈にんげん〉モデル「間人」

3.4.1 〈にんげん〉主体モデルの類型

これまでの検討から明らかになったように，〈にんげん〉の主体モデルは，次の三種に類型化される。

(a) 「関係」との連関をもたないために「虚構」でしかないが，自分自身では行動「実体」であることを自認する「擬・個体」(pseudo-individuum)

(b) 「関係」に根ざしながらも，自己の存続のために関連性を意図的に抑制したり，戦略的に活用しようとする，個別的な行動主体である「原・個体」(proto-individuum)

(c) 「関係」そのものを自己の内に包摂する，あるいは，集約された関係が主体化したとも言える，本来的に関係準拠型の主体である「原・関体」(proto-relatum)

(a)の「擬・個体」は，理念的には(b)の基盤になるものであるが，現実には存立の根拠が不明確な単独の「個体」存在であるにとどまる。「独自体」と呼ぶのが適当であろう。そこでは独自な個体性が必要以上に強調される。

(b)の「原・個体」は，「個体」である点では(a)の同類項であるが，同時に，(c)と同じように，「関係」に基盤をもつ主体でもあり，社会を構成する「個体」存在の原型となっている。既存の「関係」の中で，それぞれ他と区分されるユニークな存在である。人中での自己の特異性の確保と自己防衛に，活動の主目標が置かれる。個体性と関係性の併存が，(b)タイプの行動主体の基本特性である。要するに，「関係」の中での別々の行為

主体なので,「個別体」と称するのが妥当であろう。

　(c)の「原・関体」は, (a)のような〈擬せられた〉「個体」とは根本的に違い, 自己の確かな存在根拠を「関係」それ自体に見出すタイプの主体, すなわち「関体」そのものである。個体性に力点を置く(b)とも違って, 関係性そのものが行動主体を構築するような〈にんげん〉システムを意味する。

　(c)には, そうした意味を込めた「関係体」という名称が付与されよう。その際(b)は, (c)と完全に対照化されるような存在であるよりも, それの一つの特定形態を示すものと考えられる。両者はともに関係「連続体」の尺度を構成する。(b)をそこに位置づけるなら「個体」サイドの極限としてであろう。(c)のほうは,「関体」サイド寄りの広範な領域を指している。(b)と(c)とのこうした連接は, (c)の基本属性である「相待」(相俟つ)という, 相補的連関の論理によっている。

3.4.2　「個人」モデルと「間人」モデルの設定

このように三つに類型化されたシステムを,〈にんげん〉モデルに変換してとらえることを試みよう。(a)と(b)のシステムは, 従来ともに「個人」(the individual) という概念で表現されてきた。だが(a)の「独自体」は,「デカルト主義」(Cartesianism)に基づく「個体」であるから, それの〈にんげん〉モデルは,「擬・個人」とでも言うべきものであろう。

　これに対し, (b)の「個別体」システムは, 人間関係からの意図的離脱やそれの手段的活用によって,「個体」としての自立性を確保しようとする。その基本的構造は潜在化しているとはいえ,「関係」にしっかりと位置づけられている存在である。〈にんげん〉モデルとしては,「原・個人」という表現がふさわしいであろう。〈にんげん〉存在の一つの原型を提示している。

　しかし「原・個人」という表記は, 煩わしくて, 違和感もあるので, 今後は略して「個人」と記述する。狭義における「個人」の謂いである。ただし(a)との混同を避ける必要があるときは,「原・個人」と記すことにする。

　日本で"individual"の訳語は, 当初の「独一個人」から「一個人」へ,

さらに「個人」へと変遷していったようである。だが，その訳語「個人」は，原語に含まれる本当の意味が理解されないままで使われ，「カセット効果」（柳父章）を発現して，単に魅力が感じられるだけの用語であるにとどまった。「神に対してひとりでいる人間，また，社会に対して，究極的な単位としてひとりでいる人間」といった，ヨーロッパの思想史における語義は，ついに理解されることはなかったのである[1]。

　「カセット効果」をもつ「個人」という訳語は，(a)レベルでの「擬・個人」に相当するであろう。これに対して「個人」が，「社会に対して，究極的な単位としてひとりでいる人間」という，関係性に根ざす，実質内容をともなった「個体」だと規定する場合は，(b)レベルでの「原・個人」を指している。

　日本人が的確な用語内容を把握しないままに，「個人」という翻訳語を何となくあがめたのは，両レベルの「個人」概念が区分されていない，混乱した状況を物語っている。当時の日本人にとって「個人」に両義があることなど，知るよしもなかったに違いない。作田啓一もまた，訳語「一個人」の「一」がとれて「個人」に定着するに至ったことに関して，次のように述べている。

> 「一」が指示しているのは具体的存在としての一個の人（個体と呼ばれてよい存在）であるのに対し，「一」が除去された「個人」は一つの単位として数えられる以上のもの，つまり自由で平等の抽象的人格を表すにいたったのである。もちろん，individualは一人，二人と数えられうる点で，経験的（に確認される）主体でもあるのだが，しかしまた，経験的主体を超えた自由・平等という価値の体現者でもある。後者の意味がindividualという語の中に認識されるにいたった時，初めて「一」が取れ，「個人」という訳語が登場したのだ[2]。

　単位的個体から，「経験的主体を超えた自由・平等という価値の体現者」への転換に伴って，「個人」という訳語が成立したというわけである。だが「一」を除去した「個人」という訳語の採択者が，そうした字義のシフ

---

1) 柳父　章『翻訳語成立事情』，岩波書店，1982年，25-42頁
2) 作田啓一『個人』，三省堂，1996年，6頁

3.4 〈にんげん〉モデル「間人」

トを意識的に行なった事実は確かにあったのであろうか。この点はよく確かめてみる必要があろう。

ただ藤沢令夫が，「個」という単位的存在への，存在論的・価値論的意義の付加に注目し，そうした「個」を「虚構」と見なしたが，明治期に確立された訳語「個人」は，そのこととパラレルな事象であるように見受けられる。ここでの「個人」は，おそらく(a)タイプの「擬・個人」を意味しよう。

こうした(a)タイプの「個人」とは対照的に，「……個人は彼以前に存在している構造連関の中に置かれており，それによって拘束されているので，統一性をもった人間主体なるものはそう見えるだけにすぎない。」[3] という「個人」観が，社会学や文化人類学では常識化されているのも事実である。この視点からの「個人」は，(b)タイプの「原・個人」を指していることは明らかである。社会的・文化的拘束を受けるというのは，そうした「個人」が「関係」に根ざす存在であるからである。

いずれにせよ，社会における「個人」存在の意義をめぐって不毛な論戦が展開されたのも，「個人」の類型が十分に識別されず，無用な混乱が生じているからではなかろうか。「社会名目論」対「社会実在論」との水掛け論議などは，その典型であろう。社会科学における「個人」理論の再点検が必要となる。

(c)の「関係体」システムの〈にんげん〉モデルは，「個人」と並置される形で「間人」(the contextual) と呼ぶことにしたい。そうしたモデルに関しては，「個人」という語ほどの通用性をもつ既存の概念は見当たらないから，新たに「間人」なる用語を鋳造せざるをえなかった。ただし「間人」は，日本語の「人間」という極めて一般的な言葉の語順を逆にしただけなので，誰でもその意味を推測したり，理解することができるに違いない。

この「間人」は，「擬・個人」のような「単独主体」(individual subject) ではなく，「関与主体」(referential subject) である「関体」の〈にんげん〉版である。従来，人と人との間柄は，行動「主体」とは切り離され，別次元の客体的な事象だと考えられやすかった。間柄は，行為者

---

[3] 作田啓一，前掲書，104頁

からの派生体と見なされるのである。しかし「主体」と「間柄」とは相即不離の関係にある，という前提から設定された〈にんげん〉モデルが「間人」だと言ってよい。

　〈にんげん〉は，自己の保持するいろいろな間柄を体現した存在と考えたほうが自然であろう。親子関係の特性に応じて子の人柄が形成されてくるし，また地域や民族の特異性（県民性や国民性）が，人間関係の反映として析出されてくるのも，ごく日常的な事象である。あえて言えば，間柄そのものの主体化された形態が，「間人」という〈にんげん〉モデルなのである。

　「間人」の適訳語は，既存の辞書の中には見当たらない。文字通りに訳せば，"man-in-the-nexus"（英），"Zwischen-Raum-Menschen"（独）といったところか。あるいは，Theo Rötteger が訳したように，"der Einzelne"（独［個人］）に対する "das Intersubjekt"（独）が妥当かもしれない（著者の「参考文献」参照）。だが，公文俊平は，エドワード・ホールの用例にヒントを得て，それに "the contextual" という訳語を与えてくれた[4]。現在この訳語が国際的にも広く使われている。

　この訳語での "context" であるが，「文脈」「脈絡」といった語義をもっている。その語幹とも言うべき "text" とのかかわりについて，柳父章は，翻訳論の視点から次のように述べている。

　かつてロバート・モリソンという宣教師・翻訳家は，聖書の中国語への翻訳をするに当たって，"from the context rather than the text"（原文からではなく，翻訳語の側の言葉の文脈によって）表現してこそ，はじめてその国の人々に語の意味が理解される，という考えをもっていたとする[5]。原典依拠主義ではなく，現地語を尊重する態度である。あるいは「原理主義的な姿勢」よりも「異質な文明の context を注意深く見守っていこうとする態度」である。具体的には，"God" を「神」（shîn）と訳すか，「上帝」（中国語での「至高の存在」としての shâng-tê）と訳すかである。モリソンは，後者の立場に立っていた。

　柳父は，このことにヒントを得て，前者の原理主義的立場での「原文」を，一つの文明の原理を表明するものとして，"mono-textual" と呼び，

---

4)　公文俊平「解説」，濱口惠俊『「日本らしさ」の再発見』，講談社，1988年，338頁
5)　柳父　章『「ゴッド」は神か上帝か』，岩波書店，2001年，118-119，130頁

3.4 〈にんげん〉モデル「間人」

後者でのような，異文明の人々や文化の"context"を理解，重視する基本姿勢と対比した。しかし，後者への理解が深い宣教師モリソンも，前者を完全に切り捨てたのではなく，ただ翻訳家として後者に配慮するという立場をとるにとどまる。したがって彼は，両者をともに大切だと考える「二原理主義者」("bi-textual") だ，と判断されている[6]。

柳父の提起した，"mono-textual"，"bi-textual"，"context" という三つのカテゴリーは，我々の〈にんげん〉モデルの三類型にちょうど対応している。すなわち，原理主義を表明する"mono-textual"は，原則上あくまで個体性にこだわる「擬・個人」に近い。文明の二元対立を認めながらも，基本的には原理主義から離脱しない"bi-textual"は，関係性のなかで個別性を重んじる「原・個人」に相当しよう。

さらに，互いの文明を文化相対的に扱おうとする"context"派を，いま"contextual"と表現するなら，それは，行為の文脈（状況）に留意するとともに，対人「関係」を重視する「間人」そのものを提示する。したがって，"the contextual"を「間人」の訳語に当てるのは，極めて妥当なことだと言わなければならない。

したがって「間人」を「脈絡人」と読み替えてもよさそうである。そこで重要なのは，"context"そのものの特質である。〈にんげん〉の置かれた対人的な「脈絡」というのは，当人が張り巡らせた人的なネットワーク，あるいは「関係」の織りなす「場所」のことである。それを「関係場」(relational field) という名称で呼ぶことにしたい。

この「関係場」は，単なる環境的空間ではなく，行為「主体」の成立基盤であり，かつそれと不可分な「場所」を指している。西田幾多郎が「有るものは何かに於てなければならぬ」と述べたときの「何かに於て」である[7]。それは，「単に物の影を映す場所」ではなくて，関係の成立要件となる，実質内容を伴った，あるいは限定された，「関係の項」としての「場所」なのである。

こうした「関係場」は，「関体」としての「間人」が，「関係」という実在の場に自己の存立の根拠を見出す，ということを指す概念である。だが，

---

6) 柳父　章，前掲書，141-142頁
7) 上田閑照編『場所・私と汝　他六篇』（西田幾多郎哲学論集Ⅰ），岩波書店，1987年，67頁

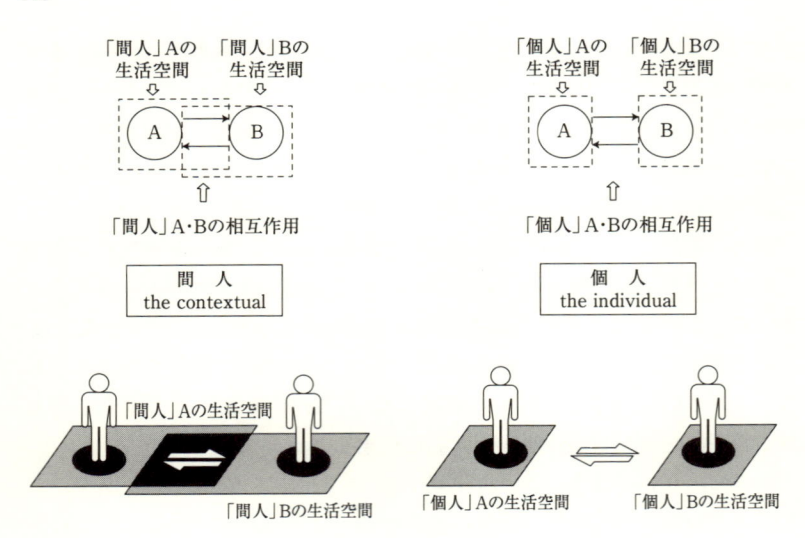

```
  「間人」Aの  「間人」Bの              「個人」Aの  「個人」Bの
  生活空間   生活空間               生活空間   生活空間
     ↓      ↓                  ↓      ↓
   ┌ ─ ┐  ┌ ─ ┐             ┌ ─ ┐  ┌ ─ ┐
   │ A │←→│ B │             │ A │←→│ B │
   └ ─ ┘  └ ─ ┘             └ ─ ┘  └ ─ ┘
       ↑                         ↑
  「間人」A・Bの相互作用            「個人」A・Bの相互作用

      間 人                        個 人
    the contextual              the individual
```

第1図 「間人」と「個人」の相互作用

「個人」A・Bの間の相互作用は，それぞれの生活空間の外側にあって手段的なものとみなされる。「間人」A・Bの間のそれは，二人に共有された生活空間にあって，各人を成り立たせる必須の要素として本質視される。

　「関体」と「関係場」との連関は，「個体」と「環境」との間に見られるような，制御する「主体」と制御される対象としての「客体」とのかかわりなのではない。両者は，互いに位相を異にする，同位体であることに注意しなければならない。

　一人の「間人」は，他の「間人」と，共有された生活空間，すなわち「関係場」において，相互作用を行なう。その際，各自の生活空間はそれぞれ相手のそれに乗り入れているのであり，相互に浸透し合った形での「間柄」が眺められ，またそれを反映した「人柄」が形成されることになる。これに対し「個人」間の相互作用は，各自の独立した生活空間の外側で自己存在の確保のための手段として行なわれる。（**第1図参照**）

　第1図から容易に推測されるように，「間人」の共有された生活空間が何らかの理由によって引き離されて独立し，それぞれの生活空間を形成した場合が，「個人」という存在だと考えられる。

　要するに「間人」というのは，木村　敏の言う「人と人との間」における〈にんげん〉を指している。それは，「関与主体」としてとらえられる

3.4 〈にんげん〉モデル「間人」

〈にんげん〉モデルだとも言える。自己と他者との意味連関の中で，その連関性それ自体を自己自身として受け止めるような〈にんげん〉なのである。

日本語の「人間」や，中国語の「人」（レン）には，そうした「間人」の語感がこもっている。「個人」が〈社会的原子〉だとすれば，「間人」は〈社会的分子〉になぞらえられるだろう。各人の間の相互作用は，分子間結合の必須要因と見なされる。それは，共属する生活空間の内部で作動するとともに，各人の「人柄」そのものを構成すると想定される。

――――――――――

準則1 〈にんげん〉主体システムの三つの類型，すなわち，(a)「擬・個体」（独自体），(b)「原・個体」（個別体），(c)「原・関体」（関係体）を〈にんげん〉モデルとして表現すれば，(a)は「擬・個人」，(b)は「原・個人」，そして(c)は「間人」ということになろう。

系1 (a)の「擬・個人」は，「デカルト主義」に基づく「個体」であり，自己自身のほかに存立の確かな根拠をもたない，しかしそれでいて「実体」であることを自認し，主張する「個人」をいう。真の「個人」に〈擬せられた〉存在。

系2 (b)の「個別体」としての「原・個人」（「個人」と略表記）は，対人連関から意図的に離脱したり，戦略的に活用したりする自立した「個人」をいう。たとえ潜在化していても，対人関係に確かな存立の根拠をもつ。

系3 (c)の「間人」は，「関係」を包摂した，あるいは「関係」が主体化された形での，「関与主体」の〈にんげん〉版を指している。「主体」と「間柄」は相即不離の関係にある，という認識に基づく。

準則2 翻訳語としての「個人」は，「社会に対する究極的な単位」という意義内容が理解されぬままの，「カセット効果」（柳父 章）をもった用語であった。そこでの「個人」は，「擬・個人」に相当する。

準則3 作田啓一の指摘によれば，当初の訳語，単位存在としての「一個人」の「一」が取れて「個人」になったとき，「自由・平等という価値の体現者」でもある，という意味が付加された，とする。このような字義での抽象的な人格も，「擬・個人」だと考えられる。

準則4 作田が言うように，社会学・文化人類学では，社会的・文化的拘束を受ける人間が想定されている。そうした者は，まさしく「原・個人」である。

準則5　「間人」の英訳語としては，公文俊平の提案した"the contextual"がある。それは，対人連関における脈絡・文脈にかかわる人，という語義をもつ。

準則6　柳父　章は，聖書の中国語訳に関して，ロバート・モリソンが「原文（text）からではなく，翻訳語の側の言葉の文脈（the context）によって」表現する必要があると説いたことを紹介し，原典依拠主義者を"mono-textual"，現地文明の尊重者を"context"，双方の立場をともに支持する者を"bi-textual"と呼んだ。

　系1　"mono-textual""bi-textual""context"は，〈にんげん〉モデルに当てはめれば，それぞれ「擬・個人」，「原・個人」，「間人」ということになろう。「間人」というのは，「脈絡人」と読み替えてもよい存在である。

準則7　「脈絡」というのは，当人の張りめぐらせた人的ネットワーク，あるいは「関係」の織りなす「場所」を意味する。「関係場」だとも言える。

　系1　「関係場」は，西田幾多郎の言う，ものが「何かに於てある」と見なす存在論に由来する。「間人」にとっての存立の根拠である。また，相手との相互作用は，共有された生活空間である，この「関係場」でなされる。

　系2　「個人」での相互作用は，各自の独立した生活空間の外側で，自己存在を確保するための手段としてなされる。

準則8　「間人」どうしで共有された生活空間が互いに分離独立したものが「個人」存在だと言える。「間人」は，原型としての「人と人との間」（木村　敏）にある〈にんげん〉，すなわち「関与主体」である。

　系1　「間人」は，他者との連関性を自己に包摂した〈にんげん〉である。

　系2　「間人」は，〈社会的分子〉になぞらえられるが，相互作用はその結合要因と考えられる。

4

日本研究パラダイム構築のための基礎

4.1

個体存在から相関存在への転換
――「場所」の再発見――

「関係体」という〈にんげん〉システムを設定し，その主体形式としての「間人」に準拠する研究法を，「方法論的関係体主義」(methodological relatum-ism) と名づけよう。これに拠れば，いわゆる「集団主義」による歪んだ日本像を是正することができるであろう。同時にこのパラダイムは，従来の「個人主義」一色の欧米人像を修正するのにも役立つであろう。「個人主義」といえども，対人関係抜きに想定することはできないからである。このパラダイム・シフトを遂行するには，〈にんげん〉を個体存在としてよりも，むしろ相関存在としてとらえることが必須である。こうした概念的展開にあたっては，先ず「場所」の概念を検討しておくことが求められる。

　システム主体として「関係体」を理解することは，「個別体」を自明の存在と考える立場からは，かなり困難な事柄である。関係性は，個別の「個体」にとっては，意識の上では，自己自身と峻別されるべき外部存在だからである。「関係体」を別の「実体」として把握するには，先ず第一に，存在論 (ontology) そのものの抜本的変革が要請されることになる。
　これまで存在論に関して，自明とされる一つの前提があった。すなわち，〈にんげん〉にとって存在の形態が，主体 (subject) と客体 (object) とに大別されるとき，主体は客体とのかかわりを考慮することなく，それ自体で (*per se*) 実在しうる，という公理である。それは，思惟的「個体」存在を絶対視する，デカルト主義 (Cartesianism) と呼ばれる存在論である。
　この存在論の前提がどのような文化的基盤の上に築かれたものかは知らない。しかし西欧における存在論を基本的に特色づけていることは確かで

4.1 個体存在から相関存在への転換

あろう。そこでは「主体」から離れて外在するものが「客体」なのであるが，それが極めて限定された存在形態であることに留意しなければならない。

すなわち，その客観的存在は，疑うべくもない絶対的な存在である「主体」によって，認識され，かつ制御される対象であるにとどまる。「客体」とは言っても，客観的に存在するものの全体を指してはいない。「主体」対「客体」という二分法（dichotomy）の枠内にとどまる「客体」なのである。

しかし実際に客観的に存在するものは，「主体」による認識の枠外にもある。したがってまた，制御の対象にもなりえない，より広い範囲にわたる存在を含んでいる。そのようなすべてを包括した客観的存在は，人間自体が置かれている環境世界（*Umwelt*）の総体であり，「場所」（place）と言うよりほかに表現の仕方がない。

こうした場所的客体を想定する場合には，「主体」というのは，決して最初からアプリオリに存在するのではなく，むしろ「場所」との経験的な対応において，初めて自己認識される主観的存在だと再規定されるべきであろう。より具体的には，「関係場」といった他者との複合連関の中で意識される自分自身を意味する。

「我思う，ゆえに我あり」というデカルトの断言は，独我論的自我（solipsistic ego）の肯定であるにすぎず，「場所」との連関をあえて断ち切っている。そうした限定された主観的自我「実体」よりも，客観的実在としての「場所」のほうが，あらゆる存在の基体（substantials）だと考えられないだろうか。

アメリカの有名な人気マンガにポパイ（Popeye）というのがあったが，その主人公が絶えず口にする，こんな啖呵（たんか）があった，とハバート・パッシンは言う[1]。

"I am what I am and that's what I am."
（俺は俺なんだ。俺さまは，要するに俺さまってことよ。）

---

[1] ハバート・パッシン『遠慮と貪欲――コトバによる日本人の研究』，祥伝社，1978年，14頁

この科白は、まさしく独我論的な自己規定そのものである。パッシンは、日本語では、前後の文脈や相手との人間関係によって、「俺」という一人称はいろいろに変わりうるとする。公文俊平らは、このポパイの言い方は、日本人にはぎこちないものであり、「わが社はわが社だ。それがわが社ってものだ。」という経営者の言い分なら通用する、と言う[2]。要するに状況次第なのであり、仮に日本人のポパイなら、"I am where I am and that's what I am."と言ったであろう。

　実は、このことを最初に指摘したのは、プラトンであり、あらゆるものの生成の場、イデアの場所としての「コーラー」（chôra, $\chi\omega\rho\alpha$）という概念を提起した。アリストテレスの場合も、「トポス」（topos, $\tau\acute{o}\pi o\varsigma$）という概念でそうした「場所」をとらえようとした。プラトンもアリストテレスも、「形相」（Form, eidos）ではなくむしろ「質料」（Matter, hyle）としての「場所」を重視しているかに見える。

　このようにギリシャ時代には、人間存在にとっての「コーラー」や「トポス」の重要性が認識されていたにもかかわらず、その後の西欧の存在論においては、主・客を分離するデカルト方式に従い、もっぱら個体的主体性（individual subjectum）、ないしは行動主体（actor subject）に存在の根拠が置かれていた。

　「主体」というのは、他に依存することなく、自ら自身によって存在し、命題の中でつねに主語の位置を占めるものと想定されてきた。この傾向に疑念をいだき、プラトンの言う「コーラー」に戻って、独自の立場からさらに存在を究明しようと試みたのが、西田幾多郎（1870～1945）であった。

　西田は、「有るものは、何かに於てあると考えざるを得ない」と述べ、「場所」における存在こそが真の実在だと主張した。そのような具体的な一般存在が自己自身の中に反映された場合、それが自我なのである。西田は、主語そのものとしてではなく、述語的統一として自己が存在すると言う。

　これは、西田の言う「述語論理」の必然的帰結である。すなわち、〈SはPである〉という文章は、述語Pという一般者に包摂された形で、特殊なる主語Sが存在することを述べた陳述であり、主語Sは述語Pの一つの

2）村上泰亮・公文俊平・佐藤誠三郎『文明としてのイエ社会』、中央公論社、1979年、218頁

4.1 個体存在から相関存在への転換

特定形態としてのみ存在するのである[3]。

　西田によるこの「述語論理」は，主語ではなく述語を中心とする日本語の論理構造を反映したものである，と中川久定は言う。さらに続けて「ヨーロッパ語では，主体［主語］は，あらゆる文脈上の限定以前にあるいは限定を越えて，またあらゆる社会的・歴史的偶然性とかかわりなく，それ自体に対して存在している。日本語はそうではない。主体［主語］は，いつも具体的な関係に応じるものであり，相手との関係において決定される」とも述べる[4]。

　このような「述語論理」に従うかぎり，「主体」と「客体」のもつ存在論的意義は逆転し，従来のような「主体」の優位性は覆る。つまり，これまでの主語論理主義から，述語論理主義へのコペルニクス的転換が生じるのである。この西田哲学では，どこまでも述語であって主語とはならない，したがってまた，どのような主語をも生み出しうる根源となる，「超越的述語面」が強調される。それを西田は「無の場所」と呼んでいる。この場合「無」というのは，相対的な有・無のそれではなく，「場所」が存在に関して無限の可能性をもつために透明化され，「無」としか表明のしようがないものをいう。「絶対無」という表現が妥当かも知れない。

　西田哲学の脱構築を試みた哲学者，中村雄二郎は，西田の言う「場所」の概念を拡張して，「述語的世界」について論じている。それは，根源的存在としての述語世界を指している。実際に「場所」では「制度的現実」が拘束条件として不可欠である。しかしそうした制度や世俗的な拘束，約束事，法則などから解き放たれた世界においては，カオス的，情動的，無意識的であるとはいっても，生命的である始原状態がありうる。それを指して中村は「述語的世界」と呼ぶのである[5]。

　現代の科学において線形（linear）に対する非線形（non-linear），ディジタル（digital）に対するアナログ（analog）の意義が再認識されてい

---

[3] 上田閑照編『場所・私と汝　他六篇』（西田幾多郎哲学論集Ⅰ），岩波書店，1987年，上田閑照編『西田幾多郎哲学論集Ⅲ――自覚について　他四篇』，1989年，岩波書店

[4] 中川久定「デカルトと西田――二つの哲学の言語的前提」，思想，902号，1999年8月，13頁

[5] 中村雄二郎『述語的世界と制度――場所の論理の彼方へ』，岩波書店，1998年，中村雄二郎『トポス論』（中村雄二郎著作集10），岩波書店，1993年，中村雄二郎『日本文化における悪と罪』，新潮社，1998年

るが,「述語的世界」は,非線形であり,かつアナログ特性を多分にもつものと考えられる。これからの存在論は,「主語的世界」に替えて,こうした流動的な「述語的世界」をもっと取り上げるべきであろう。

「述語的世界」は,現代のシステム理論でいう「複雑系」(complex system) に近いものである。この視角からすると,主語的な主体というのは,「複雑系」の中で,高度な自己制御の機能を自成的にもつに至ったシステム,すなわち,「オート・ポイエーシス」(autopoiesis) と称される,自己組織化された〈にんげん〉システム,だと再規定されるであろう。

本源的な存在を「場所」と考える西田の主張は十分に理解できるが,その「場所」は,〈にんげん〉システムにとって,具体的にはどのようなものとして発現するであろうか。社会生活を営む〈にんげん〉にとって生活の「場所」は,社会環境,すなわち対人連関のネットワークとして実在している,と見なすべきであろう。

そこでは,個個の人ではなく,相互の関係性そのものが「場所」を構成する。しかし従来,個個の人があまりにも明白な普遍的存在であったため,「個体」についての議論にもっぱら関心が集中していた。他者もまた,自己と同じ自明な「個体」と見なされた[6]。それゆえ「関係」そのものによって社会システムが構築されるということ,すなわち「関係性」の主体化が,哲学的にも,また社会科学でも見落とされていたのである。

そもそも「個」というものは,自明な存在であると思われているが,本当は実在しないのではないか,とギリシャ哲学者の藤沢令夫は,根本的な疑問を投げかける。藤沢の見解を再記すれば,「個」は単に数える単位であるに過ぎないのに,それ自体,代替不能な独立自存の実体としての意味づけがなされていた。また要素還元主義 (reductionism) の手法によって発見された,互いに同質な要素的単位であるにもかかわらず,質的・価値的な意味合いでの独自性や個性の持ち主であると仮定されてきた。他にかけがいのない存在という差異的な視点が,いつの間にか紛れ込んでしまったのである。(3.2.2項参照)

要するに「個」は「孤」のままでも自己充足しうる存在であると考えられてきたのである。しかしそうした「個」は,自然界でも,また人間の世

---

[6] 滝浦静雄『「自分」と「他人」をどうみるか』,日本放送出版協会,1990年,6-7頁

4.1 個体存在から相関存在への転換

界にも見当たらず,観念上の「虚構」なのである。実際の「個」は,全体や他の「個」との関係の上に成り立っている,と言う[7]。

このコメントは,デカルト主義のかなりラディカルな否定であり,システム論的解明への的確な根拠づけにもなろう。その指摘にもあるように,互いに同等な単位存在に過ぎない「個」が独自の個性を持つというのは,確かに観念上のフィクションである。この虚構を脱して特色ある「個体」をとらえるには,「個」そのものに注目するのではなく,それを「間柄」(human nexus) の中に位置づけて捉えるしか途はないのではなかろうか。

それは,システムを「場所」において把握することを意味している。その際,「場所」に基礎づけられたシステムが「関係体」なのである。それは,行為者が,置かれた状況(他者をも含む)との具体的で特定的な連関を,捨て去ることのできない所与として,自システムの中に包摂しつつ行動するような存在をいう。

そこでは,自と他をともに包み込むような生活空間を,互いの有機的連関のもとで制御し,一定のシステム秩序を維持することになる。要するに「関係体」では「関係性」そのものが主体システムを構成していると見なせよう。それは,相対存在である「関与主体」(referential subject) だと言ってもよい。

八木誠一の提唱した「フロント構造」(あるものの前線がそのままの形で,そのものでない他のものの一部を構成する,連接的システム構造)においては,「私のどの面,どの部分をとってみても,そこには他者が宿っている,ないし表出されている」[8]とする。システムとしての「フロント構造」は,「関係体」(「関体」)に限りなく近い概念である。

身近な「フロント構造」の実例として,細胞内器官ミトコンドリア (mitochondria) を挙げることができよう。そのDNAは真核生物本体のものとは異なっており,古い時代に真正細菌や古細菌が生体細胞に入り込んで相利共生 (symbiosis) をして来たと考えられている。細胞でのエネルギー生産器官としてのミトコンドリアと生体とが「フロント構造」を形成していなければ,われわれ人類も生存,進化しえなかったことは確かである[9]。

---

[7] 藤沢令夫「個をどうとらえるか」,世界思想,14号,1987年,3頁
[8] 八木誠一『フロント構造の哲学』,法蔵館,1985年,47頁

さらに八木は，互いに連結した「フロント構造」の中での相対する「主体」を，極性においてとらえることを試みる。つまり「フロント構造」での各自の自己同一性は，二つの「極」としてのそれである。「極とは，磁石の南北の極のように，対極があってはじめて成り立つものである。極と対極とは，区別はできるが切り離すことができない」[10]と言う。このように「関係」の中で互いに「極性」として区分される「主体」は，「個別体」を構成するように見えるが，実はそうではなく，互いに密接な「関係体」どうしを指していよう。

　たとえば，法隆寺中門，東大寺南大門における二体の仁王像は，それぞれ対極的な特色を備えている。運慶・快慶作と伝えられる東大寺の仁王像で正面から見て右側の一体は，口を開けた「阿形」（あぎょう）であり，左側のそれは，口を結んだ「吽形」（うんぎょう）である。サンスクリットで「阿」は，口を開いて出すアルファベットの最初の音，「吽」は口を閉じての最後の音を表すから，「阿形」と「吽形」とは互いに「極性」を示している。これは，神社入口の「狛犬」でも同じである。しかし，「阿吽の呼吸」という語が意味するように，両者は相異なりながらも微妙に一致する。「阿・吽」は，「個別体」のように見えながら実は「関係体」なのである。

　「関係体」とは対照的に，「個別体」というのは，それぞれ相対する行為の主体システムが，自らの置かれた状況との具体的連関を，あえて意図的に断ち切ってでも，生活空間の中に自分だけが占有する領域を確保しようとするような「個体」存在を指している。そうした自分の領域は，自己自身の選好に基づいて専制的に制御することが可能だと考えられている。そこではもっぱら，自己システムにとっての「効用」（utility）を極大化することが目指される。心理学の用語である「個我」（ego）や「独我」（self）は，このような「単独主体」を指す概念である。

　「個別体」では，目的－手段という観点から，どう振る舞うのが合理的であるのかが問われるが，「関係体」にあっては，自己の置かれた状況，

　9）中沢　透・浅見行一『ミトコンドリア』，東京大学出版会，1976年，河野重行『ミトコンドリアの謎』，講談社，1999年，黒岩常祥『ミトコンドリアはどこから来たか』，日本放送出版協会，2000年，瀬名秀明・太田成男『ミトコンドリアと生きる』，角川書店，2000年
　10）八木誠一，前掲書，48頁

4.1 個体存在から相関存在への転換

すなわち「場所」にどれだけ適合した行動がとれるか，ということが先決課題となるだろう。そして，相手とのかかわりの中でどのように振る舞うのが現実に妥当であるか，という視角からその行為の合理性が判断される。

もっとも，相互作用し合う相手への適切な対応とはいっても，相手の出方次第で臨機応変に自らの行動を変えざるをえないから，一貫した自主的な対応が認められている「個別体」におけるよりも，いっそう複雑な次元での自己制御が求められることになる。この場合，相手への態度が曖昧であるとか，豹変しやすいとか，あるいは相手に迎合的であるとか言われて，「関係体」の主体性が疑われることが多い。だがそこでは，ダイナミックな「主体」が存在することを確認すべきであろう。

こうした相対化された「場所」（状況）対応的なシステム形態を想定するとき，原理的にではなく，現実的には，「個別体」よりも「関係体」のほうが自然であり，かつ遍在する度合いも高い，と考えられる。「個別体」のほうは，「関係体」の一つの特定的な形態，すなわち「個体」極性であると想定される。

「個別体」としての主体システムが意図的に「場所」（状況）との連関を切断したときも，第三者の立場から眺めれば，当該システムと「場所」との連関は客観的には存続している。それは「関係体」の基本属性から完全に脱却することはできないからである。「個別体」も，やがては，自己制御の対象を状況側の他者を含む範囲にまで拡張せざるをえなくなる。

G. H. ミードの理論において，内発的な自己である「主我」（I）から，他者の目に映じた自己を内面化した「客我」（Me）へと，「自我」概念の意味的拡張がなされたのはそのためである[11]。

システム理論的にも，「関係体」の遍在性が認められる。システムでは，個別の構成実体の自律的行動によってではなく，むしろ多くの構成要因間の相互連関によって自成的にシステム秩序が構築される。そこでは「関係体」がその基盤を成していると考えられる。「個別体」のほうは，システム内での行為の相互規制に関して可視性のある一定のパターンが設定されているときに限って，自主的な振る舞いが許容されるものと思われる。この作動条件の面でも，「個別体」は「関係体」の特定形態だと言える。

---

11) George Herbert Mead, Mind, Self and Society, 1934, University of Chicago Press （稲葉三千男ほか訳『精神・自我・社会』，青木書店，1973年）

「関係体」と「個別体」を〈にんげん〉モデルとして表現すれば，それぞれ，「間人」と「個人」になろう。前者は，関係集約型（relation-intensive）〈にんげん〉であり，後者は，個体集約型（individuality-intensive）〈にんげん〉である。古くから日本語では〈ひと〉のことを「人と人との間」を意味する「人間」と表現してきた。それは間柄と分離しえない〈ひと〉を意味する。この漢字表現の語順を逆にしたのが「間人」である。それが諸種の関係の集約された「場所」と結びつくことは言うまでもない。

準則1 「関係体」を「実体」だと認めるには，存在論の抜本的変革が必要である。すなわち，「主体」が「客体」とのかかわりなしに，それ自体で実在しうる，というデカルト主義の公理からの離脱が求められる。

 系1 この場合の「客体」は，「主体」対「客体」という二分法の枠内における存在であって，絶対的な「主体」によって認識，制御される対象であるにとどまる。

準則2 実際に存在する「客体」は，「主体」の認識の枠外にあり，制御の対象ともなりえない，広範な客観的存在から成り立っている。それは「場所」としか言いようがない，環境世界の総体を指している。

 系1 「主体」は，こうした場所的客体との経験的対応において自己認識される主観的存在だと再規定される。「関係場」において意識される自己ということになろう。

準則3 「我思う，ゆえに我あり」というデカルト命題は，独我論的な自我肯定であり，客観的実在としての「場所」との連関を断ち切っている。

 系1 独我論的な自我規定の例として，ポパイの次のような啖呵がある。
"I am what I am and that's what I am."

準則4 「場所」のほうが，あらゆる存在の基体と考えられる。プラトンの「コーラー」やアリストテレスの「トポス」は，そうした基本的な実体を示す概念である。

準則5 その後の西欧の存在論では，自己自身に拠って存立し，つねに主語の位置を占めるとされる，個体的主体性が尊重されてきた。

準則6 西田幾多郎は，「コーラー」に戻って，「有るものは，何かに於いてある」とし，「場所」こそが真の実在だと主張した。

4.1 個体存在から相関存在への転換

- 系1 「場所」のような具体的一般者が自己に反映された場合に，主語としてでなく，述語的統一として自己が存在する，と西田は考えた。
- 系2 〈SはPである〉という文章は，述語Pという一般者に包摂された，主語Sという特殊者が存在することを述べたものであり，述語的統一としての自己という発想は，この「述語論理」の必然的帰結である。
- 系3 この「述語論理」は，主語ではなく，述語を中心とする日本語の論理構造を反映したものである，と中川久定は言う。こうした「述語論理」によれば，従来のような「主体」の優位性は覆る。
- 準則7 西田では，どこまでも述語であり，どのような主語をも生み出しうる，「超越的述語面」が強調され，それは，無限の可能性をもつ「場所」という意味で「無の場所」と呼ばれた。
- 準則8 中村雄二郎は，西田の「場所」概念を拡張し，より根源的な「述語的世界」について論じた。それは，制度的現実から解放された，カオスでもある生命的始源状態を指している。
- 系1 「述語的世界」は，現代のシステム理論でいう「複雑系」に近いものであろう。そこでの主語的「主体」は，内部で自成的に組織された，オート・ポイエーシスとしての〈にんげん〉システムのことである。
- 準則9 西田らが言う「場所」は，人々相互の間の関係性を指しているが，従来，そうした「関係」によって社会システムが編成される，という発想はなかった。
- 系1 藤沢令夫の指摘では，単位としての「個」が代替不能な自存的実体とされ，また互いに同質の構成要素である「個」が，独自の個性をもつ存在と見なされるが，それは虚構であり，実際の「個」は，全体や他の「個」との関係の上に成り立っている。
- 系2 「個」は本来「間柄」に位置づけられるものである。「場所」に基礎づけられた主体システムが「関係体」である。「関与主体」とも呼びうる。
- 準則10 八木誠一の提唱した「フロント構造」は，自己の中に他者のフロント（最前線）が宿る事実を指す概念であり，「関係体」の概念に近い。その具体例として細胞内の「ミトコンドリア」が挙げられる。
- 系1 「フロント構造」の中での「極」と「対極」は，対照的なものとして区別できるが，互いに切り離すことができない関係にあり，「関係体」どうしの相関性を示している。たとえば東大寺南大門の「阿形」「吽形」の仁王像のように。
- 準則11 「個別体」は，「関係体」と違って，所与の状況との連関をあえて断ち切ってでも自己の占有・制御する空間を確保しようとする「個体」を指している。そこでは，自己にとっての「効用」の極大化が

目指される。

準則12 「個別体」では、行為の合理性が、目的一手段の観点から判断されるが、「関係体」では、所与の状況（「場所」）にどれだけ適合しているか、また相手とのかかわりの中でどのような行為が現実に妥当するかが問われる。

系1 臨機応変的な相手への対応は、「個別体」の場合よりも複雑な自己制御を必要とする。「関係体」の主体性は、よりダイナミックな性格のものである。

準則13 「場所」との対応性を考えると、「関係体」のほうが「個別体」よりも自然で一般的であり、「個別体」は、「関係体」の中で「個体」極性を示す、特定形態である。

系1 「個別体」における「場所」との連関は、たとえ本人がそれを切断しようとしても、客観的には存続している。「個別体」の自己制御の対象は、他者を含む範囲へと拡張せざるをえなくなる。G. H. ミードの「主我」から「客我」への「自我」概念の拡張は、その例である。

系2 「関係体」でのように、構成要因間の相互連関によってシステム秩序が自成的に構築されるのとは対照的に、「個別体」では、一定の可視性のあるパターンが設定さているときに限って、自主的な行為が許容される。

準則14 「関係体」の〈にんげん〉モデルは、関係集約型の「間人」であり、「個別体」のそれは、個体集約型の「個人」（原・個人）である。

───────────

4.2

対人関係の二つのとらえ方
── 「社会関係」と「間柄」──

───────

「個別体」と「関係体」とでは，対人関係のあり方が自ずと異なる。その相違点を検討しておこう。

「個別体」ないし「個人」モデルでは，対人関係の中で，それぞれに分立した固有の生活空間が保持され，しかもプライバシーにかかわるこの私的領域を，他者からは不可侵の聖域として守ろうとする，と想定されている。自・他間での相互作用（interaction）は，自領域の外側の公共空間で，ギブ・アンド・テイクという取引きのルールに従って，互酬的に（reciprocally）なされる。すなわち，そこでは等価交換が要請される。

この相互作用は，しばしば戦略的に展開される。すなわち，商取引きと同じように，自己の利得・報酬が自己の負担するコスト（費用・尽力）を下回るなら，交換はたちどころに停止され，爾後，相互作用が継続されるかどうかは分からない。この点を定式化したのは，経済学者・心理学者のアルフレッド・クーンであった。

その取引き（transaction）モデルは，次のようなものである。いま相互作用をする個人Aの所有する財（goods）または提供可能なサービスをX，個人Bの所有財または提供しうるサービスをYとする。AはXよりもYを，またBはYよりもXを選好する場合，両者間で財またはサービスを交換しようとするであろう。それが可能となる条件は，

$$AY - AX \geqq 0, \quad BX - BY \geqq 0$$

が同時に成立することである。

　　AY：AのYに対する選好度，AX：AのXに対する選好度
　　BX：BのXに対する選好度，BY：BのYに対する選好度

上式での左辺は，個人AがYに対して抱く，また個人BがXに対して抱

く正味の選好の度合い（net preference）を示している。つまりそれらがゼロあるいは正の値であるというのは，相手の財（サービス）の獲得（報酬）が，自分の財（サービス）の提供（負担）に見合っているか，あるいは前者が後者にまさる，ということを示している。ただしこれらの条件は，財またはサービスの交換の可能性を示唆するだけである。

　当事者たちは，自己の正味の選好度を相手に隠したまま，戦略的ゲームとして交換の成立を図ろうとするかもしれない。もしうまく交換が両者間で成立するとしても，相互の間で，$[AY-AX] ≒ [BX-BY]$ であることが，主観的なレベルで確認されるにとどまる。すなわち，相手の正味の選好度が自己の正味の選好度にほぼ等しいに違いないと推測するだけのことである。実際は，自己のそれのほうが相手のものよりも大きいと思わなければ，実際に交換しようとは思わないであろう。

　ここで留意されることは，(1) 当事者は，つねに自己の利得（効用）を極大にしようとし，利得がコストを下回ると，ただちに交換をストップする，(2) 当事者は，相手の置かれた立場には無関心であり，相手を意図的に助けたり，痛めつけようとは思わない，という点である[12]。

　このような戦略的な取引きとしてモデル化された相互作用では，いかに冷静に損得勘定がなされようと，当事者間でつねに交換における均衡がうまく保たれる，という保証は何もない。それを法的に保証する「契約」にしても，人間関係維持のための人為的な手段であるにとどまり，絶対的なものではない。

　クーン・モデルでのような相互作用は，機能的・合理的であることは確かだが，自己依拠をベースとするような，欧米人に顕著に見られる個人主義的価値観に支えられている。集団生活においてそれは，「個人」に頼りすぎるという意味で〈もろさ〉を伴っている。また相手への特別の配慮をしないために，トラブルを起こすと他者不信を生み出す要因ともなる。

　上述のような交換モデルで把握される相互作用は，確かにリジッドに定型化されてはいる。けれども相互作用そのものは，一般に，つねに安定した構造をもっているとは限らない。むしろコンティンジェントな（状況次第で変わりうる）流動的なものとして眺めなくてはならない。

---

12) Alfred Kuhn, The Logic of Social Systems, Jossey-Bass, 1974. Alfred Kuhn, Unified Social Science, Dorsey, 1975.

4.2 対人関係の二つのとらえ方

なぜならば，経済学者ケネス・ボールディングの言うように，自主的な個体の挙動も，つねに他の個体との相互作用のそれとしてなされるので，一個体の挙動は，他の諸個体からなる環境の変化をもたらし，それが今度はまた，最初の個体の変化を惹起するからである[13]。相互作用は，互いに影響を及ぼし合うダイナミックなものであり，つねに定型化された形態を期待することは難しいのである。

こうした動的な「相互作用」のシリーズ構造は，次に示したダイアグラムのようになる[14]。

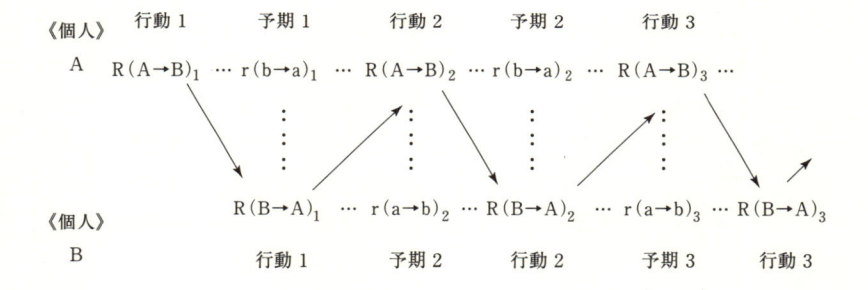

```
《個人》   行動1        予期1        行動2        予期2        行動3
  A    R(A→B)₁ … r(b→a)₁ … R(A→B)₂ … r(b→a)₂ … R(A→B)₃ …
              ↘          ↗          ↘          ↗          ↘
              ⋮          ⋮          ⋮          ⋮          ⋮
《個人》      R(B→A)₁ … r(a→b)₂ … R(B→A)₂ … r(a→b)₃ … R(B→A)₃
  B          行動1        予期2        行動2        予期3        行動3
```

相互作用において，相手に対する自己の予期するものと，相手の現実の行動とは合致しないのが普通であり，両者間にはギャップがある。したがって「相互作用」が何度繰り返されても，一定の型を持つ「社会関係」に収斂する保証は何もない。

この事象は，ルーマンが，「相互作用」での二重の不確定事態（double contingency; *doppelter Kontingenz*）と呼ぶものである。すなわち，集団内での「相互作用」では，自己の行為選択は，予想される相手の出方次第で決まるが，相手もまた同様の不確定な状況に置かれる。他者の行為選択もまたこちらの出方次第である。このような二重化されたコンティンジェントな状況下で「社会システム」が創発される。ただし一定の「社会システム」への収斂は不確かである[15]。

---

13) Kenneth Boulding, Beyond Economics, Univ. of Michigan Press, 1968.（公文俊平訳『経済学を超えて』，学習研究社，1975年），訳書95頁
14) このモデルについては，青井和夫「小集団の構造と機能」，青井・綿貫・大橋著『集団・組織・リーダーシップ』（今日の社会心理学3），培風館，1962年，参照

この点に関してのルーマン説をやや詳述しよう。ルーマンは,「社会システム」での「不確実さ」(*Unwahrscheinlichkeit*)の意義についてこう述べている。

> (自我と他我のそれぞれの行動選択に関しての)不確実さの二重化が,確実さをもたらしているということは,ちょっと考えただけでは驚かされるかもしれない。したがって確実さの増加または減少といった線形的問題そのものが重要なのではない。みずからの行動の不確実さにくわえて,相手の行動選択も不確実で,しかもこちらの行動の出力に相手の行動のあり様が左右されているばあいに,まさしくこのことに基づいてみずからの行動を方向づけ,そのことを考慮に入れてみずからの行動を規定しうる可能性が生じているのである。したがって,社会システムの創発はまさに自他の行動の不確実さの二重化を媒介として現実化されているのであり,他方では社会システムの創発によって,それぞれ自らの行動を規定することが容易にされているのである[16]。

> ……社会システムは,相互作用の当事者の双方がそれぞれダブル・コンティンジェンシィを経験することによって,ならびに,こうしたダブル・コンティンジェンシィの状況が当事者双方にとって規定できないがゆえに,その状況に見いだされるどんな活動でも,双方の当事者からすれば,そのシステムの構造を形成する意義を有しているということによって,成立するのである(またそうすることによってしか成立しないのである)[17]。

パーソンズは,一定の安定的「構造」をもった「社会システム」が維持存続されていくための要件として,A・G・I・Lのような「機能」的要件を提起した[18]。このアプローチは,「構造－機能分析」と呼ばれる。こ

---

15) Niklas Luhmann, Soziale Systeme, Suhrkamp, 1984. (佐藤勉監訳『社会システム(上)』,恒星社厚生閣,1993年)
16) ルーマン,前掲訳書,180頁
17) ルーマン,前掲訳書,166頁
18) Talcott Parsons, *et. al.*, Working Papers in the Theory of Action, The Free Press, 1953, pp. 180-185.

4.2 対人関係の二つのとらえ方

れに対し，ルーマンは，不確定でとらえにくい「相互作用」における「ダブル・コンティンジェンシィ」，ないし行為を行なう当事者の「相互浸透」(Interpenetration) に注目した。これらの作用（機能）によって，「社会システム」の「構造」が，「不確実さ」のもつ逆説的論理に従って創発されるとし，パーソンズ説を批判した。この立場は，「機能－構造主義」だと言ってよい。

ルーマンの言う「機能－構造主義」では，「社会システム」は，一定の価値的秩序・規範を内在化したものだとは見なさず，相互に関与し合う社会的行為の連関であるにすぎないとする。そのような相関する行為がシステムを構成し，それに属さない外の環境と境界によって区分される。しかし，「社会システム」と環境とによって世界全体が形成されるのである。

また「機能－構造主義」では，社会システムは，特定の代替不能な要因の機能に依拠しているのではなく，他の諸機能によって代替されうる，と想定する。それは，「等価機能主義」と呼ぶものであり，パーソンズ説の「因果的機能主義」とは異なって，柔軟な「社会システム」論を構築するのに役立つ。

不確かの中から秩序が自成的に創出されるのは，システム本来の特性である。このことが顕著に表出されるのは，システムが「個別体」よりも「関係体」によって構築されている場合である。つまり，「間人」モデル間での相互作用は，「個人」どうしの場合と違って，柔軟な相互連関によって有機的に展開される。

「関係体」相互の間柄は，自己を構成する必須の要因であり，しかも相互作用をする行為者それぞれの生活空間は，互いに独立しているのではなく，最初から相互乗り入れの形で，相手のところにまで達している。両者間での相互作用は，その共有された空間内で行なわれる（第1図参照）。

こうした密接な関係の中では，相手の立場や考えが比較的よく分かるので，互いに思い遣りがあり，独善的な振る舞いは慎むべきことだとされる。その結果，行為の状況が大きく変わらないかぎり，「間人」どうしの関係は良好に維持され，システムに一定の秩序がもたらされる。

その点を明らかにする事例を示してみよう。それは，千石保が紹介した事例である。

英国に長く滞在した経験のある日本人の主婦が，同じアパートの隣室に

住むアラブ人の奥さんに、開かなくなったドアー・キーのことで手助けを求められたときの話である。その主婦は、以前同じような状況に直面したとき、小学一年生の娘の細い腕を郵便受けから入れ、内側から錠をはずしたことがあったのだが、その方法を教えるべきかどうか、迷ってしまった。教えた場合に、もし隣家に盗難事件が起これば、疑われるのは自分だからである。英国人であれば、鍵を自己防衛の最終手段とするから、絶対に教えるはずがない、と思った。

ちょうどそこに居合わせた娘に、「他人に疑われないようにする」のか、それとも「他人に対して善意で親切である」のか、そのどちらかをその場で教え込む必要があった。主婦は、ずっと日本で過ごすであろう娘には、後者の対処の仕方を教えておこうと考え、ついに意を決して、アラブの奥さんに前に体験したことを話し、娘に同じようにして開けさせたのだった。大いに感謝されたが、その後ずっと隣で盗難が起きないよう祈っているそうである[19]。

このような対人関係は、クリティカルな場面でも、相手の立場に立って対処し、相互の信頼を前提として振る舞うような「関係性」を示している。前述のクーン・モデルのような「相対」(あいたい)的な関係ではない。むしろ身近な人との「相待」(あいまつ)関係にかかわっている。プライヴァシーの領域にあえて踏み込んだ、臨界状況での間柄のあり方の問題である。

また、困っている隣人をその場で何とかして助けてあげるという、「場所」(状況)と不可分に結びついた関係でもある。どうするのがよいのか迷ってしまうような、コンティンジェントな状況の中で、決断を求められる相互作用であった。そこでは間柄の構成要因が輻輳した「複雑系」の様相も色濃く出ている。このような対人関係は、自己の効用を合理的に確保しようとする、取引き型の関係とは明らかに異なっている。

この種の対人関係は、「間人」のような〈にんげん〉モデルによって展開されるのが普通である。比喩的に言えば、「個人」はいわば社会的原子である。これに対して「間人」は、社会的分子だと言えよう。(この点に関しては、国際シンポジュームにおける公文俊平の発言を参照されたい。)[20]

---

19) 千石保『日本人の人間観』、日本経済新聞社、1974年、13-14頁
20) 山崎正和(代表)『「顔のない巨人」の顔 日本の主張'80』、文藝春秋社、1981年、133-35頁

4.2 対人関係の二つのとらえ方

当事者間の間柄は，分子構造式（structural molecular formula）での「結合手」（connecting links）に相当する。それなしに分子構造は構築されえない。「間人」は本来的に社会的「結合手」を備えている。

もっとも，分子を原子レベルに還元してとらえるように，「間人」間で共有された生活空間をそれぞれの「個体」に配分することは可能であろう。何らかの歴史的な制約条件（たとえば，主体の自立性が要請される，社会・経済の近代化という機能要件）によって，共有空間が各人に凝縮して配分され，それぞれ分離・独立した生活が営まれる場合がそうである。その結果，「個別体」としての「個人」が存在するようになる。

この場合には，「間人」のほうが〈にんげん〉モデルの原型であり，「個人」はその特定の形態だと言えよう。長い人類の歴史の中では，「個人」の立場よりも，家族や民族，さらには組織体のような「関係体」システムに，社会的な基準点が置かれていたのは確かな事実である。「個人」とその社会関係は，恒常的・普遍的なもののように見えてはいても，実は歴史的に限定されたものであることに気付かされるのである。

〈にんげん〉モデルの母型として「間人」を設定するとき，それが互いに取り結ぶ関係は，特定者間の機能合理的な交渉であるよりも，所与的な広大な人的ネットワークの一部を構成するもの，と見なしたほうがよさそうである。日本人が「これも何かのご縁で」，「縁は異なもの味なもの」，「これも腐れ縁なので」などと言う場合，「縁」という概念でもって，そうした制御しえない人的紐帯が確かに存在することを意識している。

〈ゆかり〉〈てづる〉〈よすが〉といった語でも表現されるこのような「関係性」は，日本では広く一般に眺められる事象である。こうした「縁故」なしには日常の生活は成り立ちにくい。紹介状がものをいったり，〈人づて〉によってしか交渉が進まないのは，「縁故」といった関係の契機が重要視されている証拠である。

「縁」による人的連関の広がりは，何を意味しているだろうか。もともと「縁」は，仏教の基本的な概念であった。それは，「因縁」や「縁起」といった語での機縁作用，すなわち，「原因をたすけて結果を生じさせる作用」（広辞苑）を指している。直接の原因としての「因」（hetu）と間接原因としての「縁」（pratyaya）との相乗作用によって，有為なる結果現象が生み出される，と考えるのである。

このような「縁」の関与する因果連関は，現代科学ふうに言えば，独立（原因）変数と従属（結果）変数との間に，数多くの外生変数や媒介変数が介在することを指している。それらの関与によって，より正確に，かつ現実に妥当する形で因果連関が解明されることになる。しかし，媒介変数のすべてを取り上げ，それを実験的に制御することはまず不可能であり，実生活の中で「縁」が不思議なものと観じられるのも無理はない。

システム事象を全体的に説明する際に，特定の原因変数と無数の外生・媒介変数とを直接因と間接因として区別することに，果たして研究上どれだけの意義があるのだろうか。それらの要因は，互いに時間的・空間的に依存し合って存在している。だから，関与するすべての変数を完全に相対化して，そのいずれをも対等の原因変数とするのが妥当ではあるまいか。

このことは，事物がそれぞれ，それ自体として独自に存在するのではなく，万物は互いに依存し合う存在である，という相関存在論に依拠している。「縁」は，そのような相関性を表明する概念なのである。この意味で「縁」のシステムは，現在注目を集めている「複雑系」の説明要因としても役立つであろう。

「縁」の発想に立てば，世間にはすでに最初から無限大の規模の対人的連鎖のシステムがあることになる。その中のいろいろなシステム要因は，他に影響を与えたり，他から影響されたりする，相対的・相関的な存在なのである。自由で独立した「個人」対「個人」の関係でのように，リジッドに設計された等価交換が遂行されるのではない。相関に基づいて思わぬ結果が生み出されるかもしれない，不確定なシステムがそこにある，としか言いようがない。「間人」は，そのようなシステムの構成者である。

そうした状況下のサブ・システムとして特定者間の関係が眺められる。「縁」という無際限に広がる不確定な人的因果連鎖のシステムのごく一部として，AとB，AとC，……MとN，といった特定の人間関係が見出されるのである。そうしたネットワークの全貌を合理的に把握することは不可能である。だが，少なくとも身近な人たちとの何らかのつながりが，当事者だけに限定されたクローズドなものではなく，オープンに拡大される全体的連関での個別の関係である，と考えられる。

そうした「間人」間のかかわりは，ある意味では，「複雑系」での関係になぞらえられるであろう。「個人」間では，〈非連続の連続化〉として

4.2 対人関係の二つのとらえ方

「社会関係」が明示的に創出される。そこには特に複雑さはない。二者関係（dyad）に限られた相互作用があるだけだ。

しかし「間人」の場合には、複雑なシステムの中の無数の要因間に存在する〈連続の非連続化〉として、特定の関係が抽出されてくる。無限の人的連鎖の任意の一部を切り取って、ある具体的な「縁」的つながりを設定・確認することになる。そのような対人関係を「間柄」と呼び、「社会関係」とは区別しておきたい。

「縁」を英語で表現すれば、相関性としての"relativity"が近いであろう。それとの連関で「間柄」は、"relative terms"と表現しうるであろう。それは、「社会関係」でのような"relation"（結合関係）とは異なり、"nexus"（人的脈絡）の意である。ここでは、「間柄」を"human nexus"と訳すことにしよう。

「間柄」の基本的特性を検討しておこう。第一点としては、利得的観点から、人為的な「契約」に拠りつつ、互い均等な交換（互酬）を目指す「社会関係」とは違い、「間柄」では、等価交換性は必ずしも要求されない。自己と他者とが互いに相手を必要とすると感じて、自発的に助け合えるような、相補的な連関を確保することが、関係樹立の動機となる。言い換えれば、「互恵」の関係が目指されるのである。

第二点は、先に紹介したキー事例でも明らかなように、「間柄」での望ましい関係は、互いに気心の知れた、暖かくて〈親密な〉つき合いである。ここで〈親密な〉（intimate）関係というのは、相手に何の疑いももたず無防備で接し、都合の悪い頼みごとも遠慮なく言え、慈善的な気持ちからではなく、自発的な同情や援助が期待できるような、当事者間の関係をいう[21]。

要するに、ありのままの自分をさらけ出し、互いに私生活にも深くかかわるような態度を指している。会えばにこやかに挨拶を交わす程度の社交は、実は冷たいつき合いなのである。直接に面識をもち、相手の名前、地位、経歴、人柄などをよく知り、岩田龍子の言う〈なじみ〉や〈気のおけない〉関係[22]を作り上げることが、日本では伝統的に望まれてきた。

---

21) Francis L. K. Hsu," Psychosocial Homeostasis and *Jen*", American Anthropologist, Vol. 73, No. 1, 1971, p. 26.
22) 岩田龍子『現代日本の経営風土』, 日本経済新聞社, 1978年, 50-56頁

第三点として指摘されるのは、いま挙げたような非利得的関係における、相互の信頼性や思い遣りが、今後「複雑系」を秩序づける要因になる、ということである。これからの複雑な社会の編成原理となる重要な要因が「間柄」に含まれている。

　「個人」間の取り引き型の相互作用においては、自己と相手との利得が等しくなるような「互酬」の可能性や、自己の〈権利と責務〉と相手の〈責務と権利〉とがうまく釣り合うかどうかが、その成立の要件であった。これとは反対に、「間柄」においては、結果としての「互酬」はありえても、最初から利得の獲得を期したり、〈権利と責務〉の均等対応を図ることはない。

　中国の祖先－子孫の関係でのように、親の自発的な責務の遂行が、やがては息子の側からの報恩行為をもたらすようになる。そこでは、暗暗裡に存在する互いの信頼関係が重要となる。日本などでは、互いに相手をおもんぱかる、「思い遣り」型の相互作用が顕著に見られる。自分のほうから要求を明言しなくても、相手はそれを察して実現してくれることが多い。

　第四点として挙げられるのは、「思い遣り」を成り立たせる、「主体」の相対化された在り方である。日本人の「間柄」にあっては、相互作用の当事者である「我と汝」（自己と他者）は、「社会関係」でのようにまともに対峙することはない。森　有正が指摘したように、主体の「我」は、相手の立場からとらえた「汝の汝」に位相が変換される。そこでの「我」は、「汝の汝」として「汝」と関係をもつことになる[23]。「間柄」においては、ストレートに自己を表出するのではなく、「汝の汝」という、相対化された、客体として眺められた自己を設定し、相手に準拠した形で行動することになる。

　第五の特性は、「思い遣り」という相手への配慮がなされるとすれば、そこにおける関係は、取り引き関係でのような〈割り切った〉ものではなく、情宜（affect）を伴ったものとなるという点である。交渉に際して機能合理的に対応することは当然であるが、それと同時に相手に同情する気持ちをもったり、その反対に必要以上に相手を嫌ったりすることも普通である。実はそのほうが関係としては自然であると考えられる。

---

23)　森　有正「経験と思想　1-3」、思想、568号、1971年、103頁

4.2 対人関係の二つのとらえ方

　第六のポイントは，「場所」（状況）とのかかわりである。「個人」間の「社会関係」は，いわば「点」と「点」とを結ぶ〈線分〉のような局所間連結である。これに対して，最初から〈線〉そのものとして存在する「間柄」は，システム分析でのオーダーが一段階高くて，「線」と「線」との交差によって形成される，非局所的な「場」の構成単位となる。したがって「間柄」は，「場所」（状況）との連関において解明されるべき関係である。その場合，「間柄」の一つの特定形態として「社会関係」が含まれてくる。

　前述のように，「個体」存在の遍在性を否定し，「関係体」システムと「間人」モデルを新たに概念化するとき，それに対応して「存在」の原形態が「場所」として措定されることになった。こうした試みは，これまでの西欧の intellectual history の伝統の中に見出すことはできない。

　それゆえ，「場所」に位置づけられた「主体」を想定し，そこにおける関係性自体（相互作用）を確かな「存在」として扱うことは，容易に肯定しうるような事柄ではないのかもしれない。対人関係もまた，大別すれば「個体」中心のもの（「社会関係」）と，「関体」に依拠するもの（「間柄」）との二つのタイプに分かれるが，このことも意外と認識されていない。

　しかし，これまで自明だとされていた「方法論的個別体主義」から，「方法論的関係体主義」へと，パラダイム・シフトを図るには，「相関存在論」の立場から，「場所」と「対人関係」にかかわる分析枠組を見直し，抜本的に新しいものへとシフトすることが必要不可欠であろう。そこで次に，特に「場所」に関して，それが主体的なものとして捉えうることを，何人かの研究をもとに，立証することにしたい。

準則1　「個別体」では，自己固有の生活空間を，他者から不可侵の聖域として守ろうとする。その際の自・他間の相互作用は，自領域の外側の公共空間で，互酬的な取引き（等価交換）の形でなされる。
　系1　この交換としての相互作用は，戦略的に展開され，自己の利得・報酬がそれを得るためのコストを下回るなら，たちどころに停止する。
準則2　取引きとしての相互作用に関するアルフレッド・クーンのモデルは，次のように数式化される。

個人Aの所有財または提供しうるサービスをX，個人Bの所有財または提供しうるサービスをYとする。AがXよりもYを，BがYよりもXを選好するとき両者間で交換の可能性が生まれるが，それが実現される条件は，

　　AY－AX≧0，BX－BY≧0　が同時に成立することである。

$$\begin{pmatrix} AY：AのYへの選好度, & AX：AのXへの選好度 \\ BX：BのXへの選好度, & BY：BのYへの選好度 \end{pmatrix}$$

系1　交換条件式の左辺は，AまたはBの正味の選好度を示しており，それが正またはゼロであるのは，相手の財またはサービスの獲得（報酬）が，自分の財またはサービスの提供（コスト）に勝るか，見合うことを意味する。しかしこうした条件は，交換の可能性を示唆するにとどまる。

系2　AまたはBは，自己の正味の選好度を相手に隠したまま，戦略ゲームとして交換を図ろうとする。もし成立する場合は，［AY－AX］≒［BX－BY］が，主観的に確認されるであろう。だが実際には，自己の正味の選好度のほうが相手のそれより大きいと推測するのである。

系3　当事者は，自己の利得の極大化を目指し，相手の立場に無関心である。

準則3　クーン・モデルでの相互作用は，きっちりと定型化された機能的・合理的なものであるが，交換における均衡が保たれる保証はない。その保証のための契約も，人間関係維持のための人為的手段であるにとどまる。

系1　この種の相互作用は，自己依拠という個人主義的価値観に支えられており，そのために〈もろさ〉を伴っている。相手への配慮がないため，トラブルが起きると，他者不信に陥りやすい。

準則4　一般に相互作用は，つねに安定した構造をもつとは限らず，状況次第でどのようにでも変わりうる流動的なものである。

系1　流動的である理由は，ケネス・ボールディングが言うように，相互作用の中での個人の挙動は，行動環境としての相手の変化をもたらし，それが最初の個人の変化を惹起するからである。相互に影響を及ぼし合うために，定型化されにくいのである。

系2　青井和夫が示唆するように，相手に対する自己の予期と，実際の相手の行動との間にはギャップがあり，相互作用が繰り返し行なわれても，一定の社会関係に収斂する保証は何もない。

準則5　相互作用での流動的な事象を，ニクラス・ルーマンは「二重の不確定事態」と呼んでいる。相互作用において自己と他者の行為選択は，それぞれ相手の出方次第で決まる。この双方向のコンティンジェントな状況下で社会システムが創発される。

4.2 対人関係の二つのとらえ方

- **系1** 「二重の不確定事態」を考慮しつつ自己の行為を方向づけ，制御することから，何らかの構造をもった社会システムが自成的に創発されることになる。これは不確定さのもつ逆説的論理によるものである。
- **系2** ルーマンの立場は，パーソンズの「構造－機能主義」とは対照的な，「機能－構造主義」に基づく「社会システム」論である。
- **系3** 「機能－構造主義」では，「等価機能主義」として，他の代替可能な機能を認めている。
- **準則6** 不確かの中からシステム秩序が自成的に生じるのは，当該システムが「関係体」によって構成されている場合に顕著である。
- **系1** 「関係体」相互の相互作用は，共有された生活空間の内部で行なわれるから，互いに相手の立場や考え方を理解したり，思い遣りがあって，自分勝手な振る舞いは許されない。そのため，おのずとシステム秩序がもたらされる。
- **準則7** 英国滞在の経験がある日本人主婦が，隣のアラブ人の奥さんに，開かなくなったドアーの開け方（娘の細腕を郵便受けから入れて内から錠をはずす方法）を教えたという事例は，「間人」としての相互信頼を前提としている。
- **準則8** 公文俊平に従えば，「個人」は社会的原子，「間人」は社会的分子になぞらえられる。後者は，社会的「結合手」を備えている。
- **系1** 共有生活空間が各人に凝縮・配分された場合，そこに「個別体」としての「個人」が生まれ出る。
- **系2** 「間人」のほうが〈にんげん〉モデルの原型であり，「個人」はその特定形態である。
- **準則9** 「間人」に見られる特定者間の関係は，所与の広大な人的ネットワークの一部を構成するものと考えられる。日本人は「縁」という語で，そうした制御不能な人的紐帯の存在を認知してきた。
- **系1** 日本人の日常生活で，紹介状がものをいったり，〈人づて〉でしか交渉が進まないのも，「縁故」といった既存の人的連関を重視することによる。
- **準則10** 元来「縁」は，仏教の「縁起」「因縁」といった用語に見られるような，主たる原因を助けて結果を生み出す機縁作用を指している。直接の原因である「因」（$hetu$）と間接の原因である「縁」（$pratyaya$）との相乗作用によって，「有為（うい）」という結果現象が生じる，と考えられている。
- **系1** そのような「縁」は，原因変数と結果変数の間に介在する無数の外生変数，媒介変数に相当する。
- **系2** 特定の原因変数と無数の外生・媒介変数を区別することは，実は無意味で

あり，すべての直接・間接の原因変数を相対化し，互いに同等視することが必要である。

系3　「縁」では，万物が相互に依存し合うと見なす相関存在論が前提となっており，それゆえまた「複雑系」の説明要因ともなりうる。

準則11　「縁」という無際限に広がる，しかも不確定な人的因果連鎖システムが所与的に存在していて，そのごく一部として特定者間の関係が眺められる。その人的ネットワークは，当事者だけに限定されたものではなく，オープンに拡大されて行く。

準則12　「個人」間の関係は，〈非連続の連続化〉として成り立った「社会関係」であるが，「間人」間のそれは，人的ネットワークの中での〈連続の非連続化〉によって初めて気づかれる，「縁」あるものどうしの特定の「間柄」である。

系1　「縁」が英語で"relativity"と訳されるのであれば，「間柄」は"relative terms"とでも表現しうるであろう。それは，決して"relation"（結合関係）ではなく，"nexus"（人的脈絡）としてとらえるべきである。ここでは「間柄」を"human nexus"と訳すことにしたい。

準則13　「間柄」の第一の特性は，「社会関係」におけるように，利得的観点から等価交換（互酬）が目指されるのではなく，「互恵」的な相補関係の樹立が意図される点にある。

準則14　「間柄」での望ましい関係は，暖かくて〈親密な〉関係である。自分をさらけ出し，互いに個人的な事情にも立ち入って，〈気のおけない〉つき合いをすることが望まれる。この点が「間柄」の第二の特性である。

準則15　「間柄」に内在する相互間の「信頼」や「思い遣り」が，今後の「複雑系」社会での秩序を生み出す重要な要因となる点が，「間柄」の三番目の特性である。

準則16　「間柄」での主体は，ストレートな「我」ではなく，相互作用の相手「汝」の立場に立った，「汝の汝」に位相が転換される。このことが，「間柄」の第四の特性である。

準則17　「間柄」の第五の特性は，取り引き関係でのような〈割り切った〉性格のものではなく，何らかの「情宜」を伴う点にある。

準則18　「間柄」は，「社会関係」での局所的連結の〈線分〉とは違い，非局所的に広がる〈線〉間連関によって形成される「場所」（状況）の構成単位である。この点が「間柄」の第六の特性となる。

4.3

「場所」という「主体」

4.3.1　「関係としての人間」——木村　敏／キルケゴール

精神医学者の木村　敏は，次のような比較文化の基本課題を設定した。

> ……われわれにとって必要なことは，日本的人間関係の「特殊性」をいったん相対化し，これを人間一般にとって可能なありかたのひとつと見なすことによって，その構造を普遍的な次元に移して考察してみることであろう。それによってはじめて，この普遍人間的な可能性がなにゆえに日本人においては人と人との「あいだ」の関係に重点を置いた行動様式を発達させ，欧米人においては個人の自律性を重視する構想様式を発達させたのかという問を立てることも可能になる[1]。

特定文化の特異性をただちに比較するのではなく，いったんそれを相対化し，ある文化を人類一般にとって可能なあり方のひとつの特定的な表われ，とみなすことが必要だと言うのである。その場合，〈にんげん〉の普遍的な行動様式についての新たなモデルが設定されることになる。このモデルに基づいて，たとえば，日本の人間関係に重きを置く文化特性を，欧米の個体的自律を重視する文化特性と比較検討することが要請される。

木村は，前掲引用論文では，キルケゴールの「関係としての人間」をモデルとして設定する。「自己とは何であるか？　自己とは自己自身と関係する関係である，すなわち関係ということには関係が自己自身に関係する

---

[1]　木村　敏「関係としての自己」，濱口惠俊編著『日本型モデルとは何か』，新曜社，1993年，31-32頁

ものなることが含まれている」[2]という，関係によって措定される自己概念が提起される。自己は，無条件でアプリオリに存在するのではなく，自己が自らに言及するという関連性のもとで初めて存在しうる，ということを言わんとしているのである。

　この自己関与がさらに他者によって措定されるような場合，当事者にとって第三項目として存在する関係は，措定される関係の全体構造に関係するような関係として[3]，より一般化される。二者関係はそれぞれ自己言及することで存在が確認される自己どうしの関係であるから，それは「関係と関係とのメタ的な関係」[4]だということになる。

　要するに，キルケゴールの言う「関係としての人間」モデルは，「関係体」ないし「間人」の概念に近いと考えられる。関係性に依拠するそれのモデル性は明らかである。しかしその関係性が「関係と関係とのメタ的な関係」だとすれば，それが何を指し示しているのかは，必ずしもはっきりしていない。後に実存哲学の一人の祖とされた人物の立場からは，「メタ関係」についての理論的解明は困難であるに違いない。

　「関係と関係とのメタ的な関係」というのは，「関係」そのものとは次元を異にし，それの織り成す「平面空間」，あるいは，相交わるいくつかの「関係」の存在する共通基盤を指していよう。換言すれば「場所（場）」や「状況」のことである。「関係場」と呼びうるこれらもまた，関係性それ自体とともに，文化比較の準拠モデルとなりうる。

4.3.2　素領域論——湯川秀樹

では「場所（場）」や「状況」とは何なのか。村上陽一郎によれば，「一般には，空間そのものが何らかの作用（物理的，心理的）をもち，そこに現象を生じさせると考えられるとき，その空間を〈場〉と呼ぶのである」[5]。この意味での「場」は，単に物質のいれものとしての空間なのではなく，むしろ現象を生じさせる作用「主体」だと言ってよい。最初にそのような

---

2) キルケゴール著，斎藤信治訳『死に至る病』，岩波書店，1957年，20頁
3) キルケゴール，前掲訳書，21頁
4) 木村　敏，前掲論文，33頁
5) 村上陽一郎「場」，世界大百科事典，平凡社

4.3 「場所」という「主体」

「主体」空間があって，そこにはまり込んだものが「実体」として把握される，と考えられる。

湯川秀樹は，自分の素領域論を展開するに当たって，次のように述べている。中国の李白の詩句「天地萬物逆旅　光陰百代過客」の前半における，「天地」を空間，「萬物」を素粒子と解するなら，空間は素粒子の宿（逆旅）である，と読めると言う。「客には固有の名前はなく，宿のどの部屋に入るかでどの粒子であるか，またそれがどんな運動状態にあるかということがきまるわけです」[6]と述べる。

さらに続けて，後半の「光陰」を時間，「過客」を逆旅（宿）に出入りする素粒子のことだとすれば，「私は空間というものは，ものに席を与えるものだ，と此頃考えるようになりました。いろんな席がありまして，そのどの席を占めるかで粒子の特性が決まる。粒子自体に名前があってidentifyされるのではなく，席のうずめ方で粒子が定る。時間というのは，その席のうずまり方の変り具合だ，と考えるわけです」[7]とも言っている。

湯川のこうした見方は，素粒子が既存の実体として存在することをはっきり否定するものであった。またそれは，空間（場）の特性に応じて，粒子に名が付けられ，その属性が決まってくる，という素領域理論の基本命題を明確に述べたものでもある。要するに「場の量子論」の嚆矢となる発想であった。都筑卓司もまた，「物質の存在しない空間に場があって，その場が特殊な状態になっているものが素粒子である」[8]と記している。まず第一に「場」があるのである。

「場の量子論」では，「場を，自由度が大きい質点系とみなして量子力学を適用し，自由度無限大の極限を考えるのである。量子化された場は，量子と呼ばれる粒子の集団と同等であることが示される」[9]。量子力学的には，粒子と場との二重性が仮定されるが，湯川秀樹は「……核子間の力を媒介する力の場を導入し，それの量子としての粒子が存在することを予言した。この粒子がπ中間子であり，場の量子論を用いた素粒子論の誕生である」[10]。

---

6) 湯川秀樹「逆旅『素粒子』」，素粒子研究，29巻，1964年，51頁
7) 湯川秀樹，前掲論文，51頁
8) 都筑卓司『「場」とはなにか』，講談社，1978年，153頁
9) 宮沢弘成「場の量子論」，世界大百科事典，平凡社
10) 宮沢弘成，前掲項目

湯川の「中間子」仮説は，原子核を構成する，電気的にポジティブな陽子と，電荷ゼロの中性子とが，どんな核力で結びついているかを説明しようとするものであった。その結論は，陽子と中性子との間で，それぞれの一部が中間子（meson）という粒子に姿を変えて交換される，ということであった。陽子や中性子が放出した中間子を，その場所にいる別の陽子や中性子が吸収するわけである。このことによって，電気的には引き合わない陽子と中性子との核力（「強い力」）による結合が可能となる。中間子の質量は，電子の約三百倍，陽子・中性子の六分の一程度と推定された[11]。

伊東俊太郎の表現に倣えば，陽子をｐ，中性子をｎ，中間子をｍとすると，たとえば，

$$n+p \rightarrow (p+m)+p \rightarrow p+(m+p) \rightarrow p+n$$

という系列で，中間子を媒介項とする陽子と中性子とのやりとりが見られるのである[12]。

後にこの中間子の実在することが立証されたが，そうした中間子という粒子の存在を仮定しえたのも，「場」という素領域に対応して素粒子が設定される，という湯川の基本的発想に依拠している。こうした相対的な生起という考え方は極めてアジア的であり，つねに不変の恒常的な実体しか想定しない欧米的分析枠組みとは対照的である。

4.3.3 「生活空間」論──クルト・レヴィン

素粒子論において「場」が大きな機動力をもつ概念であるように，人間科学でも，「場所」は同様の機能を有している。心理学者のクルト・レヴィンは，よく知られているように，$B=f(P, E)$ という関数式（Ｂ：行動，Ｐ：個人，Ｅ：［心理的］環境）でもって，人間行動をとらえようと試みた。右辺の両項の積，すなわち，個人とその心理的環境との合わさったものが，「生活空間」（life space）としての「場」である。それによって人間行動が決まってくる。

レヴィンの言う「場」（field）は，「相互に依存していると考えられる

---

11) 和田純夫『場の量子論とは何か』，講談社，1996年，114-117頁
12) 湯川理論についての詳細なコメントは，伊東俊太郎『文明と自然』，刀水書房，2002年，第2部第三章「湯川秀樹の自然観──中間子論形成における」を見られたい。

4.3 「場所」という「主体」　　　　　　　　　　　　　　　　　　　151

共在する事実の全体」[13]とも定義づけられている。そして過去のものではなく，現在の「場」が，その次の行動に影響する，とする。このことを関数的に表記すれば，$dx/dt = f(S^t)$ となる。t という時点における事態 S^t に依拠して，dx/dt という行動上の微分的変化が生じるのである[14]。

　もっとも，「場」の影響力といっても，「力の場」(force field) ではなく，「諸力を誘導する可能性」としての「支配力の場」(power field) であるにとどまる[15]。それはともかく，レヴィンの「場」の理論もまた，「場」という生活環境が「主体」として作動することを明確化した。従来「客体」の側に存すると思われていた「場所」が，実生活では行為者主体を構築する要因になるとすれば，主・客の位相が互いに転換されるのである。この点は，パラダイム・シフトの重要なポイントとなる。

4.3.4 「脈絡」論——エドワード・ホール

「場所」のほうが「主体」として機能するという発想に立つとき，どのような「場」の働きが実際に眺められるであろうか。この点に関しては，エドワード・ホールが有用なアプローチを試みている。ホールは先ず，「接近学」(proxemics) と命名した独自な立場から，それぞれの文化が「空間」をどのように用いているかを検討した。たとえば，会話をする者どうしの間の距離 (conversational distance)，声の大小，視線，接触時の感覚，プライバシーの尊重などについて，アメリカ人をドイツ人・イギリス人・フランス人・アラブ人などと比較した。

　日本人の「接近学」的特性に関しては，次のように述べている。

　　西洋人が空間について考えたり語ったりするとき，彼らはものの間の距離を念頭においている。西洋では，ものの配置を知覚し，それに反応するように，そして空間は「空虚」だと考えるように教えられている。……日本人は空間に意味を与えるように——空間の形と配置を知

---

13) Kurt Lewin, Field Theory in Social Science, 1951. (猪股佐登留訳『社会科学における場の理論』，誠信書房，1956年)，訳書232頁
14) レヴィン，前掲訳書，5，59，76頁
15) レヴィン，前掲訳書，53頁

覚するように――訓練されている。このことを表わすことばがマ（間）である。このマ，すなわち間隔，が日本人のあらゆる空間経験における基礎的な建築上の区切りなのである。……日本人はマを扱い配置するのにきわめて熟達しており，欧米人に感嘆と，ときには畏敬をさえ，ひきおこさせるのである[16]。

日本人に顕著な「空間」に意味を与えるような意識は，生け花や京都の竜安寺の石庭に集約的に表現されている，と言う。ことに後者については，次のように述べている。

> ……一五個の岩が砂利の海から立上っているのである。……人はその秩序，静寂，極度の簡素の修練によって圧倒される。人間と自然とがどうしたものか形を変えて，調和の中にあるものとして眺められるのである。ここにはまた，人間と自然との関係についての哲学的伝達がある。庭の石は，どこから眺めてもその一つがいつもかくされているように配置されている（これは恐らく日本人の心への，もう一つの手掛りであろう）。彼らは記憶と想像がつねに知覚に参与すべきだと信じているのである[17]。

竜安寺の石庭は，「かくれた次元」をもつ「空間」の典型であり，少なくとも日本人にとっては，「主体」としての自然を体験するよき事例であると言えるかもしれない。もっとも，欧米人の場合，「空間」を「空虚」と見なすとしても，ゲシュタルト心理学的に，「場」の全体を認知しうることは言うまでもない。

こうしたことから，ホールは，「空間」のもつ意味が文化によって異なることを，「脈絡」（context）という概念によって説明しようと試みた。それは，社会的行為や相互作用の「場」が，文化によってそれぞれ独自の意味をもちながら，「かくれた次元」としてしか存在しないことに注目した概念である。すなわち，対人関係における，言語化されない自明な事象

---

16) Edward Hall, The Hidden Dimension, Doubleday & Company, 1966. （日高敏隆・佐藤信行訳『かくれた次元』，みすず書房，1970年），訳書211頁

17) ホール，前掲訳書，212頁

4.3 「場所」という「主体」

のことだとも言える。〈にんげん〉モデル「間人」は，"the contextual" と訳されているが，それは「脈絡人」の意である。このモデルは「脈絡」と同じインプリケーションを有している。

ホールによれば，コミュニケーションにおける「脈絡」は，二つのタイプに分かれる。その一つは，話の受け手と会話の「場」の中に，あらかじめ時間をかけてプログラム化された情報が設定されており，伝達されるメッセージそれ自体は簡略化される型である。これに対して，第二のタイプでは，内在的・外在的な「脈絡」に含まれる共有情報が不足している場合で，それを補うために，伝達されるメッセージは，情報をたっぷり盛り込んだものになる。そこでは，明確に設定された伝達用コードに基づいて情報が伝えられて行く[18]。

前者は，ホールが「脈絡」の度合いが大きいコミュニケーションと呼ぶ形態であり，後者は，反対に「脈絡」の度合いが小さいコミュニケーションである。この類型を文化のレベルにまで拡張し，〈「脈絡」の度合いが大きい文化〉（high-context culture）と，それの小さい文化（low-context culture）とが対比されることになった。

ホールの見解では，日本は，基本的には「脈絡」度の強い文化であるが，半面では，「脈絡」度の弱い文化でもある。この点については，次のように記述している。

> 日本人には相反する二つの側面がある。第一は，非常にコンテキスト度が高く，包容力があり，他人と深くかかわり合う親密な面で，それは子供時代に家庭でつちかわれ，やがてその範囲はもっと広がっていく。日本人はこの親しい関係を必要とし，そのなかで初めて安らぎを覚えるのである。もう一つの面は，全く正反対である。公けの場や儀式ばった席（挨拶に始まって，日常生活のなかにもあらゆる儀式がある）では，自己を強く抑制し，他人との間に距離をおき，自分の感情は表わさない[19]。

第一の面は，日本人における〈「脈絡」の度合いが大きい文化〉の特性

---

18) Edward Hall, Beyond Culture, Anchor Press/Doubleday, 1976.（岩田慶治・谷泰訳『文化を超えて』，TBSブリタニカ，1979年），訳書108，118頁
19) ホール，前掲訳書，1979年，80頁

を示しており，第二の面は，〈「脈絡」の度合いが小さい文化〉の側面を提示する。このように，日本人は二通りの「脈絡」度の文化をもつ。中国人は〈「脈絡」の度合いが大きい文化〉に属しており，アメリカ人，ドイツ人，北欧人などは〈「脈絡」の度合いが小さい文化〉のサイドにある，とホールは見なしている[20]。

　ホールの言う「脈絡」は，行為者「主体」に帰属する「場所」の概念である。このような「主体場」，すなわち行為者の立場からは見た「場」は，「状況」(situation)と読み替えられるが，それは決して行為の生起する物理的環境を指すものではない。「主体」が判断し，意味づけることによって成立する「場」のことである。

4.3.5　行為志向体系における「状況」——濱口惠俊

　かつて社会学者のタルコット・パーソンズは，社会的行為が，動機づけ志向 (motivational orientation) と価値志向 (value-orientation) とから成る，と考えていた。しかし，前者の欲求充足の最適化を目指す目的合理的志向と，後者の一定の価値への準拠を求める価値合理的志向とが，理論上うまく接合していなかったし，また両者が互いに葛藤するような事態を十分に説明しえなかった[21]。

　この問題点を解決するに当たって，行為志向体系が，前者のインプット－アウトプット系と，それを制御する後者のフィードバック系の二つだけで構築される，と考えること自体を変えなくてはならない。第三の関数，すなわちそのフィードバック系自体を制御するようなフィードバック・コントロール系を設定して，行為者の価値へのコミットメントをより的確に把握する必要がある。新規のサイバネティック・モデルの設定が求められる。

　第2図は，新しいサイバネティック・モデルを示している。そこでのフィードバック・コントロール系というのは，行為者自身の目的合理的な志向と，社会の側から期待される価値合理的な志向との間に存する葛藤を解決する上で，後者の優位性を抑制し，前者の相対的強化をはかる機能を有

---

20) ホール，前掲訳書，1979年，108頁
21) 作田啓一・間場寿一「社会行動の動機と原因」，思想，419号，1959年，38頁

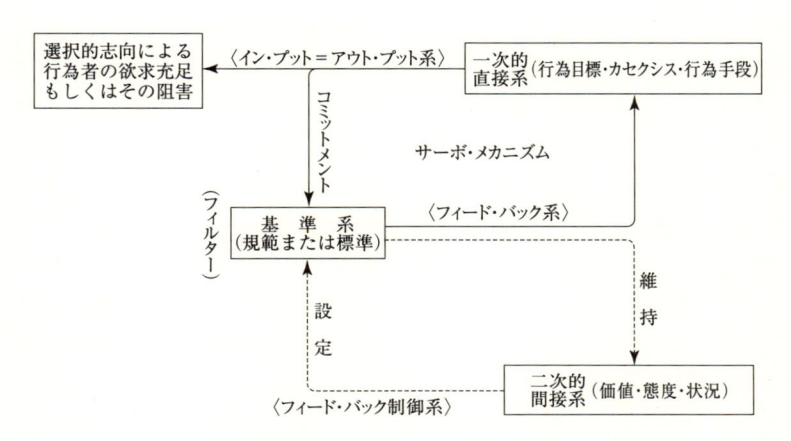

第2図　行為志向体系のサイバネティック・モデル

している。換言すれば，この系では，行為者の要求性向にかかわる入力＝出力システムが，集団側のサーボ・メカニズムによって制御されるよりも前に，それのフィルターとしての基準系の中味を，社会的要請とのクリティカルな均衡を保ちつつ，行為者にとって望ましいものに設定し，それでうまくゆくようであれば系の中に維持しようとするのである。行為志向の深いレベルでの，セルフ・インタレストと価値志向との均衡化のメカニズムを提示している。

そこで濱口は，行為志向体系を次のような合成関数式で表現することを試みた。

$$\begin{cases} 志向(O) = f[行為目標(G)・カセクシス(C)・行為手段(M)] & \cdots\cdots 一次的直接系 \\ G-C-M = \phi[規範(N) \text{ または } 標準(St)] & \cdots\cdots 基準系 \\ N \text{ or } St = \psi[価値(V)・態度(A)・状況(Si)] & \cdots\cdots 二次的間接系 \end{cases}$$

この合成関数式の第一式は，志向の一次的段階で生じ，行為者の欲求充足に直接かかわる。それが妥当であるかどうかは，第二式の基準系によってチェックされ，その結果は第一式にフィードバックされる。だがその基準内容としての「規範」もしくは「標準」は，決して所与のものではなく，

志向がなされるごとに,フィードバックが作動する直前に,第三式によって設定される,と考えられる。

その際,二次的間接系の「価値」変数が主に作動すれば,基準系にリジッドな「規範」が設定される。「態度」はパーソナリティに内在する習慣として作用する。「状況」変数が強く働くと,概略的な性格の,現場方策としての「標準」が,暗暗裡に合意された行為準則として,セット・アップされる[22]。

ここで「状況」というのは,行為者自身が志向の行なわれる「場」の意味を自分なりに定義づけたものを指している。行為の生起場所となる客体(外界)の一部を指すのではない。トマスとズナニエツキーが「状況の定義づけ」(definition of the situation)[23]と名づけたように,個人が自からの置かれた状況をどのように知覚,解釈,評価するかの問題として浮かび上がってくる。そこでは,「主体」化された行動環境として「状況」がとらえられている。

4.3.6　生命システムの「場所」と「場」——清水　博

そのような主体サイドの「状況」を,生命関係学の立場から,「場」の概念を用いて解明しようとしたのが,清水　博である。清水は,生命システムの構成要因を「関係子」としてとらえ,その「関係子」どうしの関係構造を定式化しようとした。だが「関係子」間の関係が絶えず変動するために,その一意的な解は得られ難く,数学でいうところの「不良設定問題」にならざるをえない。

そこで,可能性のありそうな一つの特定解を想定し,逆にその成立条件を追究することになる。一般に生命システムは,「場所」という「拘束条件」を設定しようとする。このことを清水は「場所的拘束条件」と名づけ,それを手掛かりに生命システムを解明しようと試みた[24]。

---

22)　濱口惠俊「『状況的行為』の原理——日本人の民族的性格分析の一視角」,社会学評論,16巻3号,1966年,および,濱口惠俊『日本研究原論』,有斐閣,1998年,第4章「『状況型行為』の原理」を参照願いたい。

23)　W. I. Thomas & Znanieki, F. W., The Polish Peasant in Europe and America, 5 Vols., 1918-1920 (2 Vols., 1958), p. 58.

24)　清水　博『[新版] 生命と場所』,NTT出版,1999年,18頁

4.3 「場所」という「主体」

　ここでいう「場所」は，人間と外部環境との間に引かれた境界を取り去り，人間を包摂するような環境を指している。それに関して清水は言う。

　　人間は，場所の一員として場所に包摂されながら，場所を観ている。このために，人間は場所を常にその内側から観ていることになる。それは，家族が家庭を観るときと同じだ。認識の対象である場所の内部に自分自身を含んで観なければならない。そこで自他非分離の状態での認識と，それを表現する論理（記述法）とが必要になる。ここで避けることのできない問題として浮かび上がってくるのが，自己が自己自身を基準として何かを観る性質——自己言及性——である[25]。

　「場所」はまた，「そこに『於いてある』さまざまなものが関係し合って場を生成しているところ」[26]でもある。そこでいう「場」は，「場所」のなかでも，関係子により自己組織され，関係子の働きをまとめる働きをするもの，を指している。要するに，関係子は「場所」を媒介にして，自己言及的に「場」を創出し，それを自己の拘束条件としていることになる。清水は，それを「場所的自己言及」と呼んでいる[27]。

　行為者（関係子）は，日常的にシナリオのない即興劇を演じている，と清水は考えている。そうした流動的な「場所」にあって，関係子間で相互に「引き込み」(entrainment)作用が働き，自他の間の関係が統合されるに至る。「この我と汝とが相互浸透し合う状態では，相手の気持ちが内側から分かる。この状態で『我々』に言及することは，場に言及することである。ノエシス的自己がそのノエシス的自己に同時的に自己言及することである」[28]。

　清水理論における，人間を包摂した「場所」や，自・他の統合をもたらす「場」は，もっぱら観察や制御の対象となる，「客体」としての環境の側に属してはいない。言及された自己自身を含む，人間の「主体」システムのあり方を表明するのである。このことに基づいて，「場所」はそのま

---

25) 清水　博「情報を捉えなおす——場所の研究シリーズ」，HOLONICS, Vol. 5, No. 1, 1995, 4頁
26) 清水，前掲論文，9頁
27) 清水，前掲書，1999年，19頁
28) 清水，前掲論文，29頁

ま「主体」となりうる。

4.3.7 「風土性」論——和辻哲郎／オギュスタン・ベルク

和辻哲郎は，その著『風土——人間学的考察』において，モンスーン，沙漠，牧場という三つの生態学的地域類型を挙げ，それらにおける風土的特性を対比した。ここでの風土は，人間の主体性と不可分に結び付いた事象であるにもかかわらず，多くの人は自然環境そのものの特性と受けとめていた。そのため和辻の「風土」論は，自然によって人間・文化が規制される環境決定論である，と誤解されてしまう。

しかし和辻自身はそれを拒否し，冒頭で次のように断言する。

> この書の目ざすところは人間存在の構造契機としての風土性を明らかにすることである。だからここでは自然環境がいかに人間生活を規定するかということが問題なのではない。通例自然環境と考えられているものは，人間の風土性を具体的地盤として，そこから対象的に解放され来たったものである。……たといここで風土的形象が絶えず問題とせられているとしても，それは主体的な人間存在の表現としてであって，いわゆる自然環境としてではない[29]。

和辻が自然環境と区別して解明しようとした「風土性」は，風土の中に存する，人間が自己を客体化する契機，あるいはまたそのような契機における自己了解・発見を指している。その際，人間は，個人的，社会的におのれを見出すことは言うまでもない。そうした風土性の主体的把握に基づいて，人間は道具などを用いて具体的に風土に対応することになる[30]。

フランスの地理学者で日本文化の研究に力を入れているオギュスタン・ベルクは，和辻の「風土性」の概念に触発されて，「風土」には "*milieu*"，「風土性」には "*médiance*" というフランス語訳を当て，前者は「ある社会の，大地に対する関係」，後者は，そうした関係のおもむき・意味（*sens d'un milieu*），すなわち，意味作用，感覚・知覚，客観的傾向（風

---

29) 和辻哲郎『風土』，岩波文庫版，1979年，3頁
30) 和辻，前掲書，9-28頁

4.3 「場所」という「主体」

土の時間的・空間的変化）であると定義した[31]。

和辻の「風土性」については，次のように述べている。

> 和辻の思想の核心は，風土性が主観的なものと客観的なものの区別を超越するという点にある。風土の現実はこれら理論的な両極のどちらにも従属しない。これと相関して，人間主体は「自己了解」においてその風土を同化するが，その場合に今度はその風土が「自己了解」の「仕方」となるのである。そのため主体はまったく自由に自身に固有の主体性において自己表出することができるが，しかしその自由それ自体がある風土性を表現することになる[32]。

要するに，人間主体と風土とは相互に規定し合うために，「風土性」を主観の側と，客観の側のいずれかに帰属させるわけには行かないとし，和辻説を肯定するのである。ベルクによれば，「風土」は主観と客観の双方にかかわって，対立併存的な関係にあり，しかもそれは，個人的・集合的な主体を自然的・社会的な環境と結び付ける，中間的な性格の物理的・現象的関係でもある。「風土性」のほうは，ある所与の風土が有する，客観的（生態的）特性と，主観的意味の両方を指している[33]。

「風土性」におけるこうした多元的・複合的特性について，さらにベルクは，(1) 風土は自然的であると同時に文化的である，(2) 風土は主観的であると同時に客観的である，(3) 風土は集団的であると同時に個人的である，という三つの公理命題を掲げ，そこにおける六つの要因が相関関係にある，と見なしている[34]。

このような相関性をベルクは「通態性」（*trajectivité*）と名づけた[35]。和辻のいう主体と自然との相互規定関係は，「通態」（*trajet*）の一つの表

---

31) オギュスタン・ベルク「エデンの園と新たなパラダイムのはざまに——日本における風土論」，思想，1995年10月号，50頁

32) A. ベルク，前掲論文，50頁

33) Augustin Berque, "Some Traits of Japanese *Fūdosei*", The Japan Foundation Newsletter, February, 1987, p. 2.

34) Augustin Berque, Le Sauvage Et L'artifice—Les Japonais Devant La Nature, 1986.（篠田勝英訳『風土の日本——自然と文化の通態』，筑摩書房，1988年，160頁）

35) Augustin Berque, Médiance, 1990.（三宅京子訳『風土としての地球』，筑摩書房，1994年，50頁）

出にほかならない。かくて，「自然は，人間が自然を客体として心に描くという行為においてさえ，主体として生きている」[36]，ということになる。和辻やベルクにおいて「風土」という「場所」が「主体」の側に設定されることはもはや明白である。

なおベルクは，「通態」での相互依存性とも関連する事柄だが，濱口の「間人」論にも言及し，それが個人主義的な西欧社会と全体論的な日本社会との二律背反を誇張するきらいがあるものの，「相互依存の観念を強調したのは正当と言えよう」[37]，と述べ，その意義を評価する。濱口は，和辻に倣って「人間」という語が社会的連繋の含意をもつことを強調し，その語順を逆にして「間人」という表現を試みた，とも言う。そこでは，「間」が人の規定要因として措定されているのである。

もっとも，その「間人」説は，環境決定論や西田の述語・場所の論理のような，一般理論として展開されているわけではない。日本人だけを「間人」視することで，他の国の人々と分け隔てしようとする，単なるイデオロギーに基づいている，とベルクはコメントしている。世界のほとんどの社会は，個人主義型ではなく，以前も今も，日本同様に全体論的であるのに，というわけである[38]。

濱口は，確かに当初は，欧米人によく見られる「個人」との対比で「間人」を説明しようとしたから，それは日本人に固有のものという印象を与えたかもしれない。しかし「個人」対「全体」という二元対立の図式を比較文化に持ち込むなら，一方が無条件で肯定され，他方は貶価されがちである。それは方法論的には避けるべきであろう。濱口の言う「間人」は，決して全体論的立場を表明するものではない。「間人」というのは，従来唯一の〈にんげん〉存在とされていた「個人」に代置される，人類普遍の新しいモデル形態であり，社会における「場所」的「主体」の典型だと言えよう。

さて，ここで取り上げた主体としての「場所」は，より一般的な立場か

---

36) A. ベルク，前掲訳書，1988年，ii頁
37) A. ベルク，前掲訳書，297頁
38) Augustin Berque，前掲英文論文，6頁

4.3 「場所」という「主体」

ら捉えれば,「複雑系」の秩序ある位相の一つを示すものであろう。そこでつぎに,「複雑系」そのものの特性について,また「関係体」がシステムとしてどのような動態を展開するか(「システム関係体」)について,検討を加えることにしたい。これは,日本研究にとっての基礎理論として有用である。

「複雑系」と日本型システムとの連関については,吉田和男『複雑系としての日本型システム——新しい社会科学のパラダイムを求めて』,読売新聞社,1997年,が大変参考になる。「日本型社会システムを分析するには,欧米の伝統的な社会科学では対処しようもなく,情報を共有し,要素間関係を重視した新しいシステム概念が必要になる所以である」と吉田は言う[39]。

準則1　木村　敏に従えば,日本的人間関係の特性を,いったん相対化し,人類一般にとって可能なひとつのあり方と見なすことによって,人と人の「あいだ」に重点を置く日本人の行動様式と,個人の自律性を重視する欧米人の構想様式とが,新たな視点から比較可能になる。

準則2　キルケゴールは,「関係としての人間」モデルを設定し,自己とは自己自身に関係する関係のことであるとする。すなわち,自己が自らに言及するという関係性のもとで存在する。

系1　自己関与が他者によってなされる場合,その関係性はより一般化され,二者関係では「関係と関係とのメタ的な関係」(木村　敏)となる。

系2　「関係としての人間」モデルは,「関係体」または「間人」に近い。「関係と関係とのメタ的な関係」は,「関係場」とでも言いうる,関係の交差する「場所(場)」や「状況」を指していよう。

準則3　「場」は,たんに物質の入れものとしての空間ではなく,現象を生じさせる作用「主体」である。最初にそうした「主体」空間があって,そこにはまり込んだものが「実体」として把握される。

準則4　「主体」空間から「実体」へという発想を素粒子論において展開したのが,湯川秀樹の「素領域」理論であった。「場の量子論」とも呼ばれるその理論では,「場」が自由度が無限大の質点系と考えられている。

---

[39]　吉田和男,上掲書,159頁

系1 　湯川は，李白の詩句「天地萬物逆旅　光陰百代過客」を引き，「天地」を「空間」，「萬物」を「素粒子」，「逆旅」を「素粒子の泊まる宿」，「光陰を「時間」，「過客」を「泊まった素粒子」と読むと，空間は素粒子の宿であり，どの部屋に泊まるかによって粒子の特性が決まる。時間は，その部屋のうまり方の変わり具合である，と解している。

系2 　湯川は，既存実体としての素粒子の存在を否定し，空間（「場」）の特性に応じて，素粒子の名称と特性が決まる，という「素領域」理論を展開した。

系3 　湯川の「素領域」理論は，原子核内で陽子と中性子とが，「中間子」に相互に転換されることによって核力を維持している，という仮説に基づいて展開された。この仮説は後に，π中間子として実証された。

準則5 　クルト・レヴィンは，「場」を「生活空間」としてとらえようとした。それは，従来「客体」と見なされていた生活環境が，行動「主体」（独立変数）として作動する，とする理論である。

系1 　レヴィンの「生活空間」は，$B=f(P, E)$ でのPとEの積として示される。（B：行動，P：個人，E：［心理的］環境，P・E：生活空間）

系2 　現在の「場」が個人の次の行動に影響することを示す関数式として，
$dx/dt = f(S^t)$ を挙げている。t時点における事態 S^t に依拠して，dx/dt という行動上の微分的変化が生じるとする。

準則6 　エドワード・ホールは，「接近学」の視角から，各文化が「空間」をどのように受けとめ，機能させているかについて検討した。たとえば，会話者間の距離，声の大小，視線などについてである。

系1 　西洋人は，「空間」を空虚なるものとみなし，そこでの物理的距離を問題にする。日本人は，「空間」に意味を付与し，「間（マ）」という形で適切な間隔をあける，とする。

系2 　日本人の「間（マ）」の感覚は，たとえば竜安寺の石庭に配置された十五個の石（その一個はどの角度から見ても隠れている）のように，「かくれた次元」の「空間」として表出される。

準則7 　ホールは，文化によって異なる「空間」の意味を，「脈絡」という概念でとらえようとした。コミュニケーションでの「脈絡」には，二種類がある。「脈絡」の度合いの大きいコミュニケーションとその小さいものとである。

系1 　「脈絡」の度合いの大きいコミュニケーションでは，会話の「場」に，あらかじめプログラム化された情報が設定されており，それに従うかぎりメッセージそのものは簡略化される。「脈絡」の度合いの小さい場合は，共有された情報は不足しており，その分そこでの伝達メッセージ量は増大する。そこでは明確な形の伝達用コードを用いて情報が伝達される。

4.3 「場所」という「主体」

系2　日本は，基本的には，親しい人間関係を求める，「脈絡」の度合いの大きい文化であるが，それと同時に，公的な「場」などでは儀式ばって，自己抑制が強い，「脈絡」の度合いの小さい文化でもある。

準則8　行為志向体系における「状況」の機能については，濱口惠俊のサイバネティック・モデルにより説明された。志向における行為者の欲求充足をフィードバックするのが基準系だが，それをさらに制御する，フィードバック・コントロール系を構成する要因の一つとして，「状況」が設定される。

系1　パーソンズの構想したように，「動機づけ志向」と「価値志向」で行為志向体系を構築するのは不完全であり，「規範」または「標準」が志向ごとに設定されるような柔軟なシステムでなくてはならない。

系2　フィードバック・コントロール系での「状況」変数が作用すると，基準系のなかに，概略的な現場指針としての「標準」が設定され，それが行為者間で暗暗裡の行為準則となり，欲求充足の仕方を制御することになる。

系3　トマスとズナニエツキーの言う「状況の定義」は，主体化された行動環境としての「状況」の重要性を示す概念である。

準則9　清水　博は，生命関係学の立場から，生命システムの設定する「場所的拘束条件」を分析した。この場合，「場所」とは人間をも包摂した環境を指している。人間は，「場所」の一員として，その内部から自己を眺めている。そこでは，自己言及性が問題となる。

準則10　「場所」はまた，内部で関係し合う「関係子」が生成する「場」のことでもある。それは，「関係子」により自己組織化され，「関係子」の働きをまとめるものでもある。「関係子」は，シナリオのない即興劇を演じており，相互間で「引き込み」作用が働き，自他間の関係が統合される。それは「場所的自己言及」の問題である。

準則11　和辻哲郎の著『風土』は，モンスーン・沙漠・牧場という生態的地域類型に対応した風土を対比したが，しばしば環境決定論と受け止められた。しかしそこでの基本概念である「風土性」は，風土の中に存する，人間が自己を客体視する契機など，主体性と結びついた事象を指している。

準則12　和辻の「風土性」理論に触発されたオギュスタン・ベルクは，ある社会の大地との関係が「風土」だとすると，「風土性」は，そうした関係のおもむき・意味のことである，とする。

準則13　ベルクは，和辻説に従って，人間主体と風土とは互いに他を規定し合うために，「風土性」を主観の側，客観の側のいずれか一方に帰属させえない。それは，ある「風土」が有する，客観的特性と，そ

れの主観的意味とを合わせもつものだとする。

準則14 ベルクによれば,「風土」は,自然的かつ文化的,主観的かつ客観的,集団的かつ個人的な複合的性格をもち,それらは相互規定関係にある。そうした相関性を「通態性」と呼ぶ。この立場からは,人間が自然を客体として描く際も自然は主体として生きている,ということになる。

───────────

4.4

「複雑系」と「システム関係体」

　経済，とくに金融面でのグローバリズムが急速に進展して行く一方で，その不安定さを懸念し，市場原理主義からの転換を図ろうとする動きも強まっている。構造的不況を克服するのに果たしてアングロ・アメリカン・システム（株主主権のコーポレート・ガバナンス）が十分な効果を発揮しうるのか，といった疑念が日本では大きい。そこで，従業員（ステーク・ホルダー）主権の日本型経済制度のメリットを見直そうとする見解も出てきている。いずれにせよ，資本主義システムの安定化要因は何か，という未決課題が残されている。

　この問題についての決定的な解があるわけではない。経済システムはかなり複雑な要因によって構築されているから，しかもその要因間の関連も輻輳する度合いが大きいから，それを解明する線形方程式の設定は困難である。生命のシステムも同様である。このような錯綜したシステムは，「複雑系」(complex system) と呼ばれている。それは，非線形方程式によって表現されるにとどまる。

4.4.1 「複雑系」とは何か

　従来，研究者は，多数の要因から成る大規模なシステムを，平均値といった確率論的な指標によってとらえて，「組織されていない複雑性の問題」にアプローチしてきた。だがそれだけでは不十分であり，多様で多数の要因と，それらの間の相互作用を「組織された複雑性の問題」（生物有機体がその典型例）として扱う「複雑系」の研究が，重要な課題となった[1]。

---

1) 合原一幸・斉藤了文「複雑系」，世界大百科事典，平凡社

元来，複雑な構造をもつシステムは，「カオス」(chaos) の状態にあるかに見える。「カオス」というのは，「あるシステムが，〈ある時点での状態（初期状態）が決まればその後の状態が原理的にすべて決定される〉という決定論的法則に従っているにもかかわらず，非常に複雑で不規則かつ不安定な振舞いをして，遠い将来における状態が予測不可能な現象」[2]を指すものとされている。そこには把握しがたい何らかの撹乱要因があるのである。

　しかし「カオス」という不確定状況においては，パラドックス的なことながら，ある種の秩序性が見出される。それは「カオスの縁」(edge of chaos)［カオスと秩序との境界線］の近傍においてである。だが，その微妙な秩序化の原理を確かな形で把握するのは，事実上まず不可能である。複雑なものを複雑なままとらえるのが，複雑系の研究である，とさえ言われることがある。

　さりとて「複雑系」研究で，分析的・還元主義的手法は不適切である。なぜなら，「複雑系においては，要素間の強い相互作用によって全体の振舞いが生成される一方，その全体的振舞いによって個々の要素の振舞いが影響されるという要素と全体間のフィードバックの循環があるからである」[3]

　米沢富美子は，「構成要素間の相互作用によって系全体の性質が決まり，それがまた構成要素間の相互作用に還元される」[4]構図を，「複雑適応系」と呼んでいる。それは，システム内部のフィードバック機構であり，自己組織化のメカニズムなのである。

　こうした要素と全体との相互フィードバックに注目するとき，「複雑系」というのは，「無数の構成要素から成る一まとまりの集団で，各要素が他の要素とたえず相互作用を行っている結果，全体として見れば部分の動きの総和以上の何らかの独自のふるまいを示すもの」[5]と規定されよう。

　井庭　崇・福原義久の表現を借りれば，「……システムを構成している要素は各自のルールに従って機能しており，局所的な相互作用によって全

2）　合原一幸・斉藤了文，前掲項目
3）　合原一幸・斉藤了文，前掲項目
4）　米沢富美子『複雑さを科学する』，岩波書店，1995年，105-106頁
5）　吉永良正『「複雑系」とは何か』，講談社，1996年，15頁

4.4 「複雑系」と「システム関係体」

体の状態・振舞いが決定される。そしてそれらの全体的な振舞いをもとに個々の構成要素のルール・機能・関係性が変化していく」[6]のである。

結局のところ「複雑系」は，当該のシステムが，非線形的な「カオス」状態にありながら，何らかの組織的な特性を自己生成（組織化）するもの，として理解されるであろう。つまり，構成要素に単純には還元しえない，複合化されたシステムを言うのである。そこでは要素間の相互作用によって当該システムに何らかの「創発特性」(emergent property) が生み出される。つまり「複雑系」においては，「要素間の相互作用の結果として系全体では思いがけない複雑な様相が現れる」[7]ことになる。

4.4.2 〈複雑さ〉の意味

エドガール・モランは，〈複雑さ〉を考察するとき，次の三つの原理が重要だとする[8]。

(1) 対話論理（ダイアロジック）の原理
システムの安定と再生産との対話的関係。個体的存在の安定化の論理と，超個体的な，種としての再生産の論理とは，対立的であると同時に相互補完的な関係にある。生命現象で言えば，環境のなかで不安的なアミノ酸は，DNA のメッセージに基づいて安定した蛋白質構造を作り出す。DNA そのものは，安定した遺伝子として再生産を保証する。しかし哺乳類においてさえ，親が子を犠牲にしてでも生き延びようとしたりする。生命の組織化には，補完と同時に対立の論理が働く。

(2) 再帰性の原理
うず巻きのように，それ自体はその構成要素の生産物であると同時に，生産者である。生産物や結果が，次に生産者や原因として作用するようなプロセスをいう。人間の個体は先行する再生産プロセスの産物であるが，成

---

6) 井庭崇・福原義久『複雑系入門』，NTT 出版，1998年，6頁
7) 米沢富美子，前掲書，4頁
8) Edgar Morin, Introduction À La Pensée Complexe, ESF éditeur 1990（古田幸男・中村典子訳『複雑性とはなにか』，国文社，1993年，109-111頁）

人すれば後続する再生産のプロジューサーとなる。また，社会は諸個人の相互作用によって生み出される。個人は，個人を生産する社会を生産する。生産された社会は，文化・言語・知識によって有用な人間としての個人を産出する。社会と個人とは再帰性の関係にある。

(3) ホログラム (hologram) の原理
立体像が見えるホログラム写真の乾版のどの任意の点にも，映像の全体情報が宿っている。部分が全体のなかにあると同時に，全体が部分の中にある。生物の各細胞は，その身体の遺伝情報の全体を含む。この原理は，要素還元主義か全体論かではなく，両者の接近法をともに排除する。

(1)の原理は，システムにおける個体としての安定化と種としての再生産という，相互に対立的かつ補完的なダイナミックスを，(2)は，生産者と生産物との間，個人と社会との間の相互因果連関を，そして(3)は，システムのどの部分にも全体情報が宿るホログラム原理に従って，部分と全体との共存性を指摘する。〈複雑さ〉というのは，そうした三つの特性を合わせもっている。

このように〈複雑さ〉が，相対（あいたい）的でありながら相補的な属性をもち，原因であるとともに結果でもある，そして部分的であるとともに同時に全体的でもあるとすれば，そうしたシステム・ダイナミックスを簡潔に概念化するのは，極めて困難な作業となろう。

この点に関してモランは，次のようにも言う。

> ……複雑性は，不確実性——われわれの知性の限界による不確実性であれ，現象そのものに備わっている不確実性であれ——と部分的に一致している。しかし，複雑性は，不確実性に還元されはしない。複雑性とは，豊かに組織されたシステムのただなかにある不確実性なのである。複雑性は，準－偶発的なシステム，すなわち，システムの秩序がシステムの偶発性から切り離しえないシステムにかかわる。つまり複雑性は，秩序と無秩序とのある種の混淆に結びついているわけだ[9]。

---

9) モラン，前掲訳書，53頁

4.4 「複雑系」と「システム関係体」

この指摘は、混沌たるシステム状態の中での中枢、すなわち「枢(とぼそ)」の重要性を指摘した荘子の後述の見解ともパラレルである。(5.1節参照)「複雑系」は、カオスのなかでの自己組織化という含意を保っている。

吉永良正によれば、〈複雑さ〉といっても、"complicated"（込み入った）と"complex"（複雑な）とは異なる。前者は、もつれた糸も根気よくほどけばもとに戻るような、可逆的な状態を指している。そのような事象は要素還元主義的に解明可能である。これに対し、後者は、いたるところに結び目ができて、もつれにもつれた複雑な状態のことであって、もとには戻せない不可逆性をもつ。前者では、全体は部分の総和であるが、後者においては、全体は部分の総和以上のものである、つまり何かが全体特性として創発されている[10]。

こうした「複雑系」に見られる創発特性は、システム全体のまとまりを示すものと解されるが、完全な統合秩序を意味するものではない。それは、まわりの複雑極まりない環境と較べると、かなりその複雑さが縮減されている、といった程度の相対的秩序であるにとどまる。しかし一見カオス状態にある「複雑系」の中に、大局的に眺めてある種の秩序（「カオスの縁(ふち)」）が自成的に生み出される、という点は重要である。

4.4.3 「複雑系」としての社会システム

「社会システム」の基底部分には、「複雑系」に本来内在するような、相互作用に由来するシステム秩序が見られる。「社会システム」は、構成員の間での不確定な相互作用に基礎づけられているので、それに応じた動的な秩序がおのずと生成され、それによって「社会編成」がなされる。

これまでは、「社会システム」の構成要因はそれぞれの個体に設定され、各自の自主的・合理的な選好に基づく「効用」に、システム秩序の基盤を求めるのが普通だった。しかし、それが関係性に基礎づけられるとすれば、相手への「信用」供与が基盤となる。

この点について、ルーマンは次のように述べている。「先ず小さなリスクをおかして社会関係を作り始め、しだいに信頼に足ることが確証される

---

10) 吉永良正『「複雑系」とは何か』、講談社、1996年、38頁

ことによって社会関係が確立する。信頼の保証が当事者の双方の側で必要とされ、その結果として一方の人の信頼が他方の人の信頼に拠り所を見出しうるばあい、信頼は信頼としての保証を容易にしている[11]。こうした相互信頼とでもいうべき状況において、人間関係レベルでの複雑性の縮減がはかられるのである。

　ではそのような相互信頼関係における行為主体とは、どのようなものなのか。再びモランの言説に従うなら、「『わたし』と言えること、主観であること、それはある場、ある位置を占め、そこで自分の世界を取り扱い、自分自身を取り扱うことができるような具合に、自分を自分の世界の中心におくことである」[12]。それは自己中心主義を意味するが、同時に、自分はより広い共同体（家族など）の主観性の中に身を置く（包括される）ことにもなる。主観（主体）の理解は複雑なのである。

　そこで言えるのは、「主観であるとは依存的でありつつも自律的であることである。それは暫定的で、瞬間的で、不確実な或るだれかであることであり、自分にとってはほとんど全であり、宇宙にとってはほとんど無である。」[13]　かくて「社会システム」の行為主体は、独立自存的存在ではありえず、「依存的でありつつも自律的である」システム、すなわち「関係体」だということになる。

　さらにモランが、「人間の自律性という概念は、文化的、社会的状況に依存しているゆえに複雑である。……自律は依存を糧とする」[14]と述べるとき、その「人間モデル」として「間人」を想定しているかに見える。文化や集団とのかかわりのなかで、他者と共有された生活空間を基盤として行動する人間、それが「間人」だからである。

　「社会システム」は、関係そのものによって構成されている。だがその相互作用や関係は、相手の出方次第でいかようにも変わりうる不確定な事態であることを見落としてはならない。要するに「社会システム」は、内部の所与の関係を変項（variables）とするような脈絡秩序である。一般に「複雑系」は、相互作用を変項とするシステムだと言える。

---

11) Niklas Luhmann, Soziale Systeme, Suhrkamp, 1984.（佐藤勉監訳『社会システム（上）』、恒星社厚生閣、1993年）
12) モラン、前掲訳書、98頁
13) モラン、前掲訳書、98頁
14) モラン、前掲訳書、99頁

4.4 「複雑系」と「システム関係体」

　そうだとすれば,「社会システム」はつねに複雑な様相を呈し,容易には捕捉しえないものなのである。それはかなりの可変性を宿しており,つねに変転する状況下にあるシステムとして把握されよう。この意味で「社会システム」は,生成・変容・再編成を繰り返す非定型的・非線形的システム,すなわち「複雑系」だと結論づけられよう。

　ただここで留意しておくべき事柄がある。それは,「社会システム」が人間関係に依拠するシステムであるとしても,実際にどのような形で作動するか,という問題である。

　「システム」そのものについて,従来は,最初に個別の要素があり,それらが相互作用して全体システムが機能的にうまく作動する場合をいう,といった因果論的な概念規定が多かった。しかし「複雑系」については,むしろ逆に,システムがうまく機能するためには,「システムそのものが文脈として働いた時に個別が機能するように接合部が有効に」働く,という目的論的定義が求められる,と津田一郎は松野孝一郎との対談で言う[15]。

　これをうけた形で松野孝一郎は,「……コンテクストのレベルで設定された原因がどのようにして個別のレベルに移っていくのか」が,「複雑系」研究の課題となっているとする[16]。こうした発想は,「社会システム」の解明にとっても妥当する。二者関係ではなく,システム関与者が相互に織り成すコンテキスト(脈絡)が,システムの円滑な運用に対してどのように機能するかがポイントとなろう。

4.4.4 「システム関係体」

「複雑系」の構造と機能を解明する試みとして,「システム関係体」が二つの立場から追究されている。ここで「システム関係体」というのは,「関係体」という存在が,システムの中でどのような形で相互作用的に作動するのかを表現する用語である。

　4.4.4.1 **「関係子」の理論**　　すでに4.3.6節で,生命関係学の視角から「場」へのアプローチを試みた,清水　博の理論を取り上げた。その際,

---

15)　津田一郎・松野孝一郎「複雑系のシナリオ」,現代思想,24巻13号,1996年,65頁
16)　津田・松野,前掲対談,66頁

生命システムの個別の構成要因が「関係子」と名づけられ，それの自己組織され，まとまりを持つにいたったものが「場」と規定された。「関係子」相互間の「引き込み」(entrainment) 作用によって，自他の関係的統合が達成されるのである。

こうしたプロセスは，清水が生命システムにおける「ホロニック・ループ」と称する情報連関過程の片面にかかわっている。その全面とは，次のようなものである。「生命システムにおいては，情報をボトムアップ的に関係子システムから『場所』に向かって処理して送るしかけと，逆に『場所』からトップダウン的に関係子に場の情報を伝えるはたらきが，閉じた円環として両立するようにシステムの状態を収束させていく」ようなプロセスである[17]。

この情報フローに基づく生命システムついては，次のようにも説明されている。

> 各関係子はそれぞれの場所と関係をもち，そしてその場所的関係に応じて，自律的に自分の状態を創出している。基本的には，各関係子がそれぞれ自立して場所と関係しているという状況がまずあって，次に関係子が相互のあいだに生成する関係に従って，コヒーレントに（共時的に）場所的創出活動をおこなうのである。その結果として，コヒーレントな関係を生成した一群の関係子を「生命システム」と見なすことができるのである[18]。

つまり，「生命システム」を構成する「関係子」は，環境から情報を取り入れ，それを統合して全体として意味のある情報を作成する。その「場」的情報は，今度はトップダウン方式で他の「関係子」にフィードバック，フィードフォワードされ，「関係子」間のコヒーレントな（つじつまのあった）関係と，「関係子」とシステム全体とのコヒーレントな関係，すなわち関係的秩序が生成されるのである[19]。

その著『生命と場所』の旧版では，「近隣の関係子の間の相互関係」に

---

17) 清水　博『[新版] 生命と場所』，NTT出版，1999年，20頁
18) 清水，[新版] 前掲書，166頁
19) 清水，[新版] 前掲書，172頁

4.4 「複雑系」と「システム関係体」

かかわる「相互関係の情報」と，「関係子と全体との関係」についての「場の情報」とが併置される形で挙げられている[20]。しかしこれら二つの情報形態が，システムの中でどのような機能的連関をもつのか，はっきり述べられてはいない。新版でも同様である。前掲引用文では，逆に，各関係子と場所との関係が先行し，「次に」関係子相互間のコヒーレントな関係が生成されるとあるが，「次に」というのは，関係生起の前後関係であって，因果連関を示すものではない。

しかも新版では，「関係子と全体の関係」とは，「関係子とシステム全体の関係」の意味ではなく，「関係子とそれが存在している場所の関係」を指すものとし，必然的な根拠を示すことなく「全体」を「場所」に置き換えてしまった[21]。そのため旧版と新版とでは理論的な混乱が生じている。

この「場所」の設定によって「場の情報」の生成基盤は明確化される。だが，個体的な情報素子である「関係子」の間での「相互関係の情報」は，「場所」とどのような連関をもつものなのか。それについての説明が欠けることになった。また「場所」と接合した「関係子」は，自らの存立母胎としてのシステムそれ自体とどのような機能的関係をもつことになるのだろうか。システムの部分（個別要素）と全体（統合形態）とのかかわりについても，論及されないまま残ってしまった。

「関係子」を「場所」と連関づけることは，確かに重要な事柄ではある。しかしそれを必要以上に強調することは，本来の意図に反して，「場の理論」の展開作業になってしまわないだろうか。「生命システム」の探究には，個別の「関係子」とシステム全体との機能連関を明らかにすることが不可欠であろう。

ミクロ・レベルの「関係子間の相関情報」とマクロ・レベルの「場に関する情報」とのフィードバック・ループ循環によって，「バイオ・ホロン」が構築されているのは，まず確かである。もっとも，「個体」と「全体」との間でフィードバックが働くという構図はオリジナルなものではなく，むしろ「複雑系」の基本構造として誰しもが認めている。またその過程は，「生命システム」に特異なものでもない。

「生命システム」における「個体」と「全体」とのフィードバック過程

---

20) 清水，〔旧版〕前掲書，169頁
21) 清水，〔新版〕前掲書，165頁

については，かつて清水によって，次のようなモデルが提起された。これは妥当なものであろう[22]。

(1) オープン・システムとしての個体が，たえず外部から物質とエネルギーを汲み入れて（ポンピング），バイオ・ホロンとしての活性化（励起）をはかる。
(2) この励起されたホロンは，周囲のホロンに影響を与えるようになり，一定の条件下で，ホロン間に協調的な（コヒーレントな）相互作用が生じるようになる。
(3) この協調行動によって集合全体にシステムとしての秩序ないし機能が生成される。その秩序はたえず維持されるとは限らず，ゆらぎ，時には散逸する可能性がある。
(4) その全体秩序は，システム要素をさらに協調させる作用を発現させる。個々のホロンは，その影響によって全体にマッチするように自己変革を行ない，システムに統合化（引き込み）される。しかしその統合化は，受動的なものではなく，ホロン自身が相互作用の形（協調とか競争）を選択しうる，自主的なものである。
(5) 全体システムからの働きかけは，そこから提供される情報を通してなされる。情報は命令とは異なり，要素的ホロンの自由な行動を許容する〈ゆらぎ〉のなかで，一定の選択を与えるにとどまる。
(6) この情報フィードバック・ループのなかで，ホロンは，大きな秩序に協調しつつもその秩序を決定していく存在となる。また，自ら形成した秩序を維持するとともに，他者の存在を自己のなかに帯びるようになる（他のホロンの「着物を着た要素」）。そこでは，厳密に言えば，自他の区別はなくなり，ホロンは「個」であると同時に「全体」となる。

清水の言う「バイオ・ホロン」は，自律的「個体」でありながら「全体」の特性をも帯びる，いわば「全体子」とでも言うべき存在であるが，

---

[22] 清水　博「ホロンとしての人間：バイオホロニズムとはなにか」，石井威望ほか編『ミクロコスモスへの挑戦』，中山書店，1984年，清水　博『生命システムと情報』，日本放送出版協会，1987年，参照

4.4 「複雑系」と「システム関係体」

システム要因間の情報連関にかかわる素子であるという意味で,「関係子」と名づけられるにいたった。それは「自分たち自身でコヒーレントな関係をつくり（自己組織し）ながら，その関係にしたがって自律的に自己を決める」[23]生命的要素を言うのである。もっと一般化して言えば,「相互の関係性をつくる生成的な単位プロセッサー」[24]ということになる。

「個体」と「全体」との非線形的接合としての「バイオ・ホロン」を端的に表明する概念が「関係子」なのである。「ホロン」(holon) という用語を最初に鋳造したアーサー・ケストラーは，それを，"holos"（ギリシャ語で「全体」の意）と "on"（粒子の意）との複合体として概念化した。だが清水は,「ホロン」を "whole"＋"one" と解している。この場合の＋は,「全体」と「個体」との二元的分離を前提にした上で，両者間での情報的・機能的接合を指している[25]。

この概念規定にもはっきり現われているように，システムの全体状況とその構成要員という二元分立的な図式の中で，それらの接合形態として「バイオ・ホロン」が捉えられている。しかもその際,「関係子」という「個体」要因が主たるレファレント（指示対象）に設定されている。

その理論仮説では,「関係子」の間の相互関係から形成された「全体」（「場所」）情報が，他の自律的な「関係子」にフィードバックされて，自己組織的なシステム秩序が確立される，と想定されている。最初に分析拠点として個別の「関係子」を設定し，次いでそれに基づくシステム・ダイナミクスを展開するこのようなアプローチは，従来型の因果論的解析法に属している。

「生命システム」のような「複雑系」の解明においては，すでに津田一郎・松野孝一郎が述べていたように，先ず合目的的に作動しているシステムを取り上げ，その全体的コンテキストがいかに要素接合部の機能に影響を及ぼし，その効果がシステムにどのようにフィードバックされるか，という逆方向からのアプローチが必要であろう。清水が「場所」要因や主体的「場」を強く主張し始めたのも，それへのシフトの現われかもしれない。だが「ホロニック・ループ」論と「場所」情報論とは，無理なく繋がって

---

23) 清水　博『生命知としての場の論理』，中央公論社，1996年，35頁
24) 清水　博『[増補版]生命を捉えなおす』，中央公論社，1990年，297頁
25) 清水　博，前掲論文，1984年，49頁

いるのだろうか。

4.4.4.2 **「ホロン」の理論**　「システム関係体」についてのもう一つの議論は，アーサー・ケストラーによってなされた。その中心的な概念が「ホロン」である。すでに触れたように，「ホロン」(holon) というのは，システムの「全体」を示す"holos"と，部分たる「粒子」を指す"on"との合成語であって，システムが全体性とともに部分性を合わせもつことを示す用語である。清水　博の「関係子」としての「(バイオ) ホロン」とはまったく異なる。

ケストラーによれば，あらゆるシステムは，完全に自己完結した「全体」ではなく，また断片的で不完全なもの，すなわちそれ自体として存立を正当化しえない「部分」でもない。「……絶対的な意味における「全体」「部分」というものは，じつはどこにも存在していない。」[26]

複雑さが次第に増していく一連の段階での中間媒介項，すなわち階統的な形をした樹木の「節」(nodes) である，「亜全体」(sub-wholes) が存在するだけである。それは半面では「全体」としての特性を，他の半面では「部分」としての特性を示す。「全体」であるとともに「部分」でもあるというこの二面性は，ローマ神話のヤヌス神 (Janus) の，下を向いた顔と上をむいた顔との両面になぞらえられる。

前者は自己完結した「全体」，後者は依存的な「部分」を表しており，それぞれ主人と召し使いの顔でもある。前者は，「自己主張的傾向」(self-assertive tendency) を，後者は，「全体帰属的傾向」(integrative tendency) の持ち主である[27]。

ケストラーによれば，「自己主張的傾向はホロンの全体性が，統合傾向はホロンの部分性が，動的に表現されたものである」[28]。あるいはまた「……自己主張的傾向は個性（全体性）の動的な表現であり，統合傾向は個人が属している大きな全体への従属性（部分性）の表明である」[29]。

この二つの傾向は，どの「ホロン」においてもバランスよく保たれてい

---

26) Arthur Koestler, The Ghost in the Machine, Hutchinson, 1967.（日高敏隆・長野敬訳『機械の中の幽霊』，ペリカン社，1969年），訳書70-71頁

27) 日高・長野，前掲訳書，1969年，71，80-81頁

28) Arthur Koestler, Janus, Hutchinson, 1978.（田中三彦・吉岡佳子訳『ホロン革命』，工作社，1983年），訳書100頁

4.4 「複雑系」と「システム関係体」

る。どの「ホロン」も，階統的秩序の中で，相反するかに見える二つの特性を同時に保有する，相対的な存在なのである。生体における器官－細胞－細胞器官（organelle）という階統構造，あるいは社会－集団－個人といった社会システムにおいて，焦点システム（forcal system）であるそれぞれの「ホロン」は，上位システム（supra-system）の「部分」であるとともに，下位システム（sub-system）にとっての「全体」なのである。

各段階の「ホロン」について言えば，それぞれが依存性と自律性とを兼ね備えている。たとえば細胞器官である「ミトコンドリア」（mitochondria）は，細胞内でそれと相利共生（symbiosis）をしている「部分」に過ぎないが，そのもの自体は，細胞本体のものとは異なるDNAをもつ自律的存在（「全体」）なのである[30]。

ケストラーは，階統構造には，一本の樹の垂直方向の樹枝状のものと，隣り合った樹の枝葉からなる，水平方向の網目状のものとがあるとする。前者での「樹状化」（arborisation）と，後者での「網状化」（reticulation）とが，相補的に働いて，生体を構築しているという[31]。

これと関連して，階統構造の中での自己規制的な「ホロン」の構造と機能として，次の三つを挙げている。(1) 自らの「部分」に対して，上からの制御（supra-ordination）を加える，自律的な「全体」，(2) 高次の段階からの制御に対して下側でそれに従属（sub-ordination）する「部分」，(3) 局所的環境に対して協調（co-ordination）する存在[32]。

第三の構造・機能は，同水準の「ホロン」に対する「網状化」を意味しよう。これをも考慮するとすれば，階統構造（hierarchy）はもはや不適であり，「ホロン」は，新たに「全層性」（holarchy）として捉えるべきだ，とケストラーは述べる[33]。

この「全層性」での上下ヒエラルヒーと，横に並ぶ同位体とに関して，以下のような二種類の動的二重性（dynamic dualism）が眺められる。ま

---

29) Arthur Koestler and J. R. Smythies eds., Beyond Reductionism, Hutchinson, 1969. (池田善昭監訳『還元主義を超えて』，工作社，1984年），訳書308頁
30) ケストラー，前掲訳書，1969年，90-93頁
31) ケストラー，前掲訳書，1969年，133頁
32) ケストラー，前掲訳書，1969年，144頁
33) ケストラー，前掲訳書，1969年，144頁

ず第一に、ヒエラルヒー・システムに関しては、下位システムを統括する「全体」でありながら、自らは、上位システムに統合される「部分」でもある、つまり、「亜全体・亜部分」としての「ホロン」が指摘される。自らが包含する「部分」を、自立した「全体」として統括し、それと同時に上位システムである「全体」には、一つの「部分」として従属する。そうした動的均衡をうまく保つメカニズムがある。

第二の同位体に関しては、一つの自立的な「個体」でありながら、他の個体やそのグループとの協調関係を維持していこうとする、いわば「亜個体」と言うべき「ホロン」がある。そうした協調の結果として生まれた組織構造の一員として、そこでの活動に参加するとしても、人はその中に完全に閉じ込められてしまうのではなく、また組織のミニチュア版になるわけでもない。統合体の行動パターンを身に着けながらも、独自の個性と選択の自由が認められる、いわば「亜統体」としての「ホロン」が存在する。ここでも個体性の保持と統合体へのコミットメントとの間での微妙なバランスが問題となる。

要するに、「亜全体・亜部分」と「亜個体・亜統体」という、「全層性」の二種類の側面が、ケストラーの「ホロン」論から浮かび上がってくる。もっとも、ケストラー自身はこれら二つをはっきり区分しているわけではないが。しかしこうした動的バランスを保つ「ホロン」を概念化したことは、科学方法論としても大きな意義をもっている。「部分」か「全体」かという単純な二分法思考は「ホロン」によって克服されたからである[34]。

ケストラーは、「ホロン」を、「一段階高いレベルにおいては一個のユニットとなるような関係のシステムすなわち関係子（レラトウム）」[35]だと定義している。換言すれば「一般的にいえば、階層性のnレベルにあるホロンは、n＋1レベルからみれば一個のユニットであり、一個のユニットとしてひきがねを引かれるのである」[36]とも述べている。なおこの定義での「関係子」の原語は、"relatum"である。

この"relatum"は、濱口が「関体」（「関係体」）の原語として採択したものと同一である。したがって「関係体」は、原語に関するかぎり、ケ

---

34) ケストラー、前掲訳書、1984年、287-288頁
35) ケストラー、前掲訳書、1969年、104頁
36) ケストラー、前掲訳書、1969年、103頁

4.4 「複雑系」と「システム関係体」

ストラーの言う「ホロン」＝「関係子」と同じ概念だということになる。確かにシステムに内在する関係性に注目する点で共通している。ここで取り上げた「システム関係体」についても，その動的相対性を指摘したケストラーの「ホロン」理論が適しているのは明らかである。

準則1　経済システムのように，要因間の関連が輻輳し，非線形方程式で記述されるシステムが「複雑系」と呼ばれる。

準則2　「複雑系」の研究対象は，「組織されていない複雑性」ではなく，生物有機体のように「組織された複雑性」である。

準則3　システムの不確定な状況は「カオス」と称されるが，そこにおいても「カオスの縁(ふち)」といった表現で捉えられる，ある種の秩序性が見出される。しかしその微妙な秩序化の原理を把握するのは困難である。

準則4　「複雑系」では，要素間の相互作用によって全体の振舞いが決まると同時にその全体の振舞いによって個々の要素の振舞いが影響される，全体と要素との間のフィードバック循環がある。

系1　米沢富美子は，そうしたフィードバックの構図を「複雑適応系」と名づけ，それをシステムが自己組織化をするメカニズムだと解した。

準則5　「複雑系」というのは，要素間の相互作用によって部分の総和以上のもの，すなわち「創発特性」が生み出され，「カオス」のままで何らかの組織的な特性が生成されるようなシステムを指している。

準則6　エドガール・モランによれば，「複雑さ」は次の三つの原理から成る。
　　(1)　対話論理の原理——システムの安定と再生産との対話的関係
　　(2)　再帰性の原理——生産物・結果と生産者・原因との再帰的な連関
　　(3)　ホログラムの原理——部分と全体との相互包括・包含の関係

系1　(1)は，システムにおける個体としての安定化と種としての再生産という相互に対立的でありながら相補的であるダイナミクスをいう。

系2　(2)は，生産者と生産物，個人と社会との間でのような相互因果連関を指している。

系3　(3)は，システムのどの部分にも全体情報が宿るホログラム原理に拠って，部分と全体との共存性を示す。

系4　「複雑さ」とは，相対的(あいたい)かつ相補的，原因でも結果でもある，「部分が即

「全体」でもある，システム・ダイナミクスのことである。

準則7　モランは，「複雑さ」を，豊かに組織された，システムの中の不確実さ，秩序と無秩序との混淆だと考えている。これは，混沌の中での中枢の意義を説いた，荘子の思想とも共通する。

準則8　「複雑さ」は，不可逆的なもつれ状態であるが，そこに見られるまとまりのある秩序は，まわりの複雑極まりない状況よりはましだ，といった程度の相対的なものであるに過ぎない。

準則9　社会システムの基底部分には，「複雑系」における関係的なシステム秩序が眺められる。その構成員間の不確定な相互作用に基礎づけられた形の動的な秩序がおのずと生成される。

　系1　これまでのように社会システムの構成要因が各個体に設定される場合は，各自の合理的選好に基づく「効用」に秩序基盤が求められた。しかし構成員間の不確定な関係性に社会編成の原理がある場合には，相手への「信用」供与に秩序基盤が見いだされることになる。

準則10　ルーマンによれば，小さなリスクをおかしても交渉を始め，互いに信頼を確認し合うことで社会関係が成立すると，その分「複雑さ」が縮減されることになる。

準則11　そうした相互信頼の関係の中にある自己存在は，モランによれば，「自分を自分の世界の中心に置く」ような主観（主体）であって，「依存的でありつつも自律的な」存在である。それは「関係体」に近い。また，「自律は依存を糧とする」というとき，「間人」を想定しているかに見える。

準則12　「社会システム」は，「複雑系」と同じように，関係を変項とする脈絡秩序であるから，複雑な様相を呈し，捕捉し難いシステムである。それは，非定型的・非線形的な「複雑系」の典型だと言える。

準則13　「複雑系」の捉え方としては，個別の要素の相互作用から出発して，システムが順機能を発現するに至る，という因果論的説明は不適切である。むしろ目的論的に，システムがうまく機能するには，システムの全体的文脈（コンテキスト）が要素結合に対してどのような作用をするか，という視点が重要であると，津田一郎と松野孝一郎は言う。このアプローチは，「社会システム」研究にも適用される。

準則14　「関係体」がシステムの中で相互作用的に作動する様態を，「システム関係体」と名づけるとき，それを説明する理論としては，清水博の「関係子」の理論と，アーサー・ケストラーの「ホロン」の理論とがある。

準則15　清水　博の「関係子」の理論では，システムの個別の要因の「関係

4.4 「複雑系」と「システム関係体」

子」が、ホロニック・ループと称する情報連関過程によって、「場所」とかかわる生命システムを生成する、とされる。

- 系1 「関係子」から「場所」に向けて情報がボトムアップ的に伝えられ、今度は「場所」から「関係子」へ「場の情報」がトップダウン的に伝えられ、この円環によってシステム状態が収束するようになる。
- 系2 最初にそれぞれ自立した「関係子」が「場所」と関係する状況があり、それが相互に連関し合ってコヒーレントな情報を生成する。その全体情報が他の「関係子」にフィードバックされて、「関係子」間および「関係子」と全体システムとの間に、関係的秩序が生成される。
- 系3 生命システムに関するこうした仮説に関して、清水はその著『生命と場所』の新版において、「関係子と全体との関係」を、「関係子とそれが存在している場所の関係」へと、明確な根拠を示すことなく置き換えてしまった。このことで前者にかかわる「場の情報」の生成基盤は明確化されたが、ホロニック・ループの情報円環構造についての説明は、不明確なものになってしまった。

準則16 清水はかつて生命システムの以下のような段階的な生成モデルを提起した。1．個体のエネルギー注入による活性化（励起），2．励起された「ホロン」間の協調的な（コヒーレントな）相互作用，3．協調行動によるシステム秩序の生成，ただし散逸の可能性もある，4．全体的秩序に個々の「ホロン」は引き込まれる、ただし自主的選択による、5．全体システムからの働きかけは、選択的な情報を通してである、6．「ホロン」は、みずから形成した秩序を維持するとともに、他の「ホロン」の「着物を着た要素」でもある。そこでは「ホロン」は、「個」であると同時に「全体」でもある。

準則17 清水は、「ホロン」を"whole"＋"one"と解しており、その理論は「全体」と「個体」との二元的分離の前提のもとでの情報的・機能的接合をはかるものである。しかもそこでは「関係子」という「個体」要因が重きをなしている。

- 系1 最初に個別要因「関係体」を設定し、次いでそれに基づくシステム・ダイナミクスを検討するこの「ホロン」論は、従来型の因果論的分析に属している。「複雑系」論として展開するには、全体システムに拠点を置き、そこから「関係子」に至る、逆方向からのアプローチが要請される。「場所」「場」の強調は、そのねらいなのかもしれない。

準則18 アーサー・ケストラーの「ホロン」（holon）は、「全体」を示す"holos"と「粒子」の"on"との合成語であり、システムが全体性と部分性とを合わせもつことを示す概念である。

準則19 ケストラーによれば、あらゆるシステムは、自己完結した「全体」でも、断片的な「部分」でもなく、階統秩序の中の中間媒介項、すなわち「亜全体」である。

　系1 「全体」であるとともに「部分」でもあるというシステムのこの二面性は、ローマ神話のヤヌス神の下をむいた主人顔と、上を向いた召し使いふうの顔になぞらえられる。

準則20 システムのもつ「自己主張的傾向」は「全体性」の、また「全体帰属的（統合的）傾向」は「部分性（従属性）」の動的な表現である。どの「ホロン」も相反するかに見えるこれら二つの特性を同時に保有する、相対的存在である。つまり、焦点システムであるそれぞれの「ホロン」は、上位システムの「部分」であるとともに、下位システムにとっての「全体」である。

　系1 細胞器官としての「ミトコンドリア」は、細胞内の「部分」に過ぎないが、細胞本体のとは違った独自のDNAをもつ、自立的な「全体」でもある。

準則21 「ホロン」は、「部分」に対して上からの制御を加える自律的「全体」であり、また、下側で高次段階からの制御に従属する「部分」でもあり、さらに、局所的環境に協調する存在でもある。したがって、上下の階統構造（hierarchy）だけでは捉えられない「全層性」（holarchy）をもつ。

準則22 ケストラー理論を演繹すると、「ホロン」は、第一に「亜全体・亜部分」であり、第二に、「個体」でありながら他個体との協調関係を維持しようとする「亜個体・亜統体」である。この二種類の動的二重性を「ホロン」はもつ。

準則23 ケストラーの「ホロン」理論は、「全体」か「部分」かという二分法思考を克服するものである。また「関係体」（relatum）概念にも通じる「ホロン」であり、「システム関係体」の議論に適している。

5

相関存在論の展開

5.1

相関存在論のねらい

―――――

「個体存在」から「相関存在」への概念的転換が必然的に要請されることについては，すでに述べた。「個体」の自明な存在に替えて，「関体」（「関係体」）の確かな実在を認知しなければ，「方法論的関係体主義」に基づいて日本研究や比較社会論を展開することが難しくなる。「相関存在論」（correlative ontology）のねらいはそこにある。

これまで，デカルト主義に典型的に見られるような「個体存在論」は，論証の必要がない理論だと受けとめられていた。これに対し，ここで扱う「相関存在論」については，日本の哲学者が独自の理論を展開していたし，また古い中国やインドの思想でも深く検討されていたにもかかわらず，それが科学方法論上の問題点として取り上げられることは，まずなかったと言ってもよい。

すでに触れたように，存在論の画期的な検討は，日本文化，殊に禅仏教に通じた西田幾多郎によってなされた。「場所」とのかかわりにおける「述語論理」は，従来の「主体」中心の存在論を覆すだけの大きな意義をもっている。個体性ではなく，関係性への留意を促す存在論でもあった。

関係性へのパラダイム・シフトは，何も日本だけに限られたことではない。古代中国や古代インドの思想において，かなり深く展開されていたのである。たとえば，中国古代に関しては，荘子は，すでにB.C. 4世紀後半において，自・他の相対的な存在と，混沌とした「複雑系」を関係的視点から把握するためのヒントについて，次のように述べている。

　　　……是亦彼也，彼亦是也，彼亦一是非，此亦一是非，果且有彼是乎哉，果且無彼是乎哉，彼是莫得其偶，謂之道樞，樞始得其環中，以應無窮，是亦一無窮，非亦一無窮也，……[1]

5.1 相関存在論のねらい

……是れも亦た彼なり,彼も亦た是れなり。彼も亦た一是非,此れも亦た一是非。果たして彼と是れと有るか,果たして彼と是れと無きか。彼と是れと其の偶(対)を得るなき,これを道枢と謂う。枢にして始めて其の環中を得て,以て無窮に応ず。是も亦た一無窮,非も亦た一無窮なり。……[2]

金谷訳では,このようになる。すなわち「此も彼であり,彼もまた此である。そして彼にも善し悪しの判断があり,此にも善し悪しの判断がある。果たして彼と此とがあることになるのか。果たして彼と此とがないことになるのか。……彼と此とがその対立をなくしてしまった境地,それを道枢という。枢であってこそ環の中心にいて窮まりない変転に対処できる。善しとすることも一つの窮まりない変転であり,悪しとすることも一つの窮まりない変転である」の意だとする[3]。

これに対し森三樹三郎は,本文を金谷とは違ったふうに読み下している。

是れもまた彼れなり,彼れもまた是れなり,彼れもまた一是非なり,此れもまた一是非なり。果たして且た彼是ありや,果たして且た彼是なきや。彼是,その偶を得るなき,これを道枢という。枢は始めてその環中を得るや,以て無窮に応ず。是もまた一無窮なり,非もまた一無窮なり。……[4]

上記文の解釈として,森は以下のように述べている。

このような是非の差別をしない自然の立場から見れば,是れと彼れとの区別はなく,是れも彼れであり,彼れもまた是れであるという,同一のものとなる。たとえ是非を立てる者があるとしても,彼れは彼れの立場をもととした是非を立てているにすぎず,此れは此れの立場をもととした是非を立てているにすぎない。それに,彼れと是れという

---

1) 『荘子』内編斉物論編,第二
2) 金谷治訳注,『荘子』第一冊,岩波書店,1971年,55頁
3) 金谷,前掲注釈書,56-57頁
4) 森三樹三郎『老子・荘子』,講談社,1994年,180頁

絶対的な区別がはたして実在するのか，それとも彼れと是れとの区別が実在しないのか，根本的に疑問ではないか。
　このように彼れと是れとが，その対立を消失する境地を，道枢（どうすう）という。枢（とぼそ）——扉の回転軸は，環（わ）の中心にはめられることにより，無限の方向に対応することができる。この道枢の立場に立てば，是も無限の回転をつづけることになり，非もまた無限の回転をつづけることになり，是非の対立はその意味を失ってしまう[5]。

　金谷の訳では，倫理のレベルで「是」と「彼」との二者関係が取り上げられている。「是非」を「善し悪し」と解したからである。森の場合も「是非」は「可否」の意である。しかしここでは，「是」と「彼」との相対関係を問題にしているのであって，「是」と「非」（「是」に非らざる存在）は切り離して，対比項として理解すべきであろう。引用文の最後では，「是」と「非」は，相関のある二つの項として対比されている。
　荘子は，システムの二つの個的構成要素たる「是」と「彼」とを，二元対立図式で捉えようとするのではない。そこで「偶」（対）を退け，代わって扉の回転軸の差し込み穴である「枢」（とぼそ）のような枢軸を設定している。つまり，「個体」としての「自」と「他」の対立から離脱することを意図し，システムの無窮の柔軟な変転に対応しうる拠点の設定を提唱する。

　『荘子』のこの引用文の前には，こんなふうに述べた文章がある。

　　物無非彼，物無非是，自彼則不見，自知則知之，故曰，彼出於是，是亦因彼，彼是方生之説也，……[6]

　　物は彼に非らざるは無く，物は是れに非ざるは無し。自ら彼とすることは則ち見えず，自ら知ることは則ちこれを知る。故に曰わく，彼は是れより出で，これも亦彼に因ると。彼と是れと方（まさ）に生ずるの説なり[7]。

---

[5]　森，前掲書，1994年，182頁
[6]　『荘子』内編　斉物論編，第二
[7]　金谷治訳注『荘子』第一冊，岩波書店，1971年，55頁

5.1 相関存在論のねらい

この訓についての金谷の解釈は，こうである。

> 物は彼(あれ)でないものはないし，また物は此(これ)でないものもない。〔此方からすればすべてが彼，彼方からすればすべてが此である。〕自分で自分を彼とすることは分からないが，自分で自分を此としてわきまえることは分かるものである。だから「彼は此から出てくるし，此もまた彼によってあらわれる，」という。彼と此とは〔あの恵施の説く〕方生(ほうせい)の説（——ちょうど一しょに生まれるという説）である[8]。

この文章についての森三樹三郎の受け止め方は，金谷の読みと異なり，次のようになっている。

> 物は彼れに非(あら)ざるはなく，物は是れに非ざるはなし。彼れよりすれば，即ち見えざるも，自ら知れば，則ち之(これ)を知る。故に曰く，彼れは是れより出で，是れはまた彼れに因ると。彼是は方生の説なり[9]。

上記の訓についての森の解釈の大意は，およそ次のようになる。

> すべての物は，彼(か)れとよびえないものはなく，また是(こ)れとよびえないものはない。それなのに，なぜ離れているものを「彼れ」とよび，近いものだけを「是れ」とよぶのか。
> 　離れている彼れの立場からは見えないことでも，近い自分の立場からこれを見ると，よく理解することができる。だから身に近いものを「是れ」とよんで親しみ，遠いものを「彼れ」とよんで差別しているにすぎない。
> 　だから次のようにいえる。「彼れ」という概念は，自分の身を「是れ」とするところから生じたものであり，「是れ」という概念は，「彼れ」という対立者をもととして生じたものである。つまり「彼れ」と「是れ」とは相並んで生ずるものであり，たがいに依存しあっているのである。

---

8) 金谷，前掲注釈書，56頁
9) 森，前掲書，1994年，180頁

ここでは、個々のシステム構成要素の存在を認めながらも、それらが自立自存の存在ではなく、相互に他に依拠して存在する相関的なものであり、しかもその生起が、金谷によれば、同時的であること、すなわち「方に生じる」ことを明確化している。要因間の同時的な相互依存性が指摘されている。森では、「方生」は、相並ぶ形態を指している。

　ただし、荘子は、自分については自己理解が可能だが、他者についてはそうではないと言うのだが、その後で「故に曰く、彼は是より出で、是はまた彼に因る」と述べている。自己理解の可能性が「彼」と「是」の相互生成の根拠だとは考えにくい。この点は、金谷・森も取り上げていない。論理的に接続しない部分がそこにはある。

　こうした視角は、近年の「複雑系」論において主張されるように、システムが、構成要因の個体的自律によってではなく、相関性そのもの、あるいは「相関する場」によって構築されることを明確にするものであった。このような相関存在論の発想は、古代インドで詩篇の形で書かれた哲学書の『中論』（Madhyamakakârikâ）の著者である龍樹（Nâgârjuna）にも見られる。

　龍樹は西暦2～3世紀に、大乗仏教を確立した人として知られるが、その教義の体系化にかかわって展開された相関存在論は、自立的個体についての存在論を確立したデカルトの業績をはるかに凌駕するものであった。すでに当時において、個体存在と関係性との関わりをめぐって本格的な存在論が展開されていたのは、驚くべきことである。

　龍樹によれば、システムにおける自立的な個別存在である「自性」（svabhâva）と、その相手ともなる他者、すなわち「他性」（parabhâva）とを想定するとき、それら自体の存在と、両者の間での相補的連関性を指す「縁起」（pratyaya）とは、どちらを先に設定しうるか、容易には決められない事柄だと言う。

　「自性」というのは、他と区別される固有の特質を持ち、それ自体で存在する個別実体を指している。しかし「自性」は現実には「他性」と相関し、互いに依存している。他がなければ自はなく、自がなければ他もない。つまりそれらは、各自が独立した存在でありながら、しかも同時に相互に

10）　森三樹三郎，前掲書，1994年，181頁

5.1 相関存在論のねらい

依存している。

この場合の両者間の相互依存関係を，龍樹は「縁起」と呼ぶ。そうした相関としての「縁起」が成立するためには，まずそれぞれ独立した存在である「自性」または「他性」が不可欠である。しかし「縁起」のサイドからすれば，相互依存性が自らの基本属性であるために，それぞれ自立した「自性」もしくは「他性」の存在は，必然的に否定されることになる。

要するに，「自性」または「他性」そのものと，それらの間の関係としての「縁起」とは，もう一方を自らの存立の前提とせざるをえないが，しかし同時に，それぞれ他方の存立を，自らの属性に基づいて否定せざるをえなくなる。明らかに「個体」と「関体」とのかかわりのように，構造的な二律背反が存しているかに見える。

そこで龍樹は，肯定と否定とを共に否定することによって，そこに高次な「縁起」としての「空」（śūnyatā）という概念を設定した。これは，テトラ・レンマ（tetra-lemma）と名づけられる仏教論理学に基づいている。それは，同一律，矛盾律，排中律によって肯定または否定を導き出すロゴス（logos）の論理に加えて，肯定・否定をともに肯定または否定する論理形式を意味する。龍樹は，肯定・否定を共に否定する，両否の立場をとろうとする。

これに対し哲学者の山内得立は，「自性」と「縁起」との相互依存性のほうに力点を置き，肯定と否定とを共に肯定する形のテトラ・レンマで，メタ「縁起」としての「依止」（saṃśraya）の概念を提唱した。それは，相互依存があるとしても，おのずと止まるべき拠点・境界を指し，ある程度の自立性を認めようとする。

自立性と関係性とが相対するのではなく，互いに相待って，両者がぎりぎりのところで両立させる，いわばシステム・バウンダリー（臨界域）を考え，それを「依止」と呼ぶのである[11]。それは，「間人」モデルでの各人が共有する生活空間のようなものであろう。

以上のように龍樹や山内が展開した理論は，単に個別実体の存在の根拠にかかわる議論ではない。分析水準は一段階高いところに置かれている。各個別存在の実在根拠を問うにとどまらず，それらの間の関連性が実在性

---

11) 山内得立『ロゴスとレンマ』，岩波書店，1974年，119頁

を持つか否かまでを射程に入れた、相関にかかわる存在論であった。

同時にそれは、西田幾多郎や中村雄二郎が指摘したような「場所」、また濱口が提起したシステムにおける「関係場」(relational field) や「関係体」の理論的基礎となるものでもあった。荘子の理論をも含めて考えると、そこでの存在論は、「関係性」や「場所」に重きを置く東洋文化の特性を反映している。

準則1 「相関存在論」のねらいは、「方法論的関係体主義」に基づく日本研究を展開する上で、「関体」（関係体）の実在性を検討することにある。

準則2 「個体存在論」はデカルトによって確立されていたが、「相関存在論」は、日本の哲学者や、古代の中国・インドの思想家によって検討されていたのに、科学方法論の問題点となることはなかった。

準則3 中国の荘子は、存在における「是」と「彼」との二元対立図式は退け、両者の相関的生起を主張している。

系1 「是」と「彼」（「非」）は、互いに相手に依拠して生成・存在する。

系2 荘子によれば、相互依存のシステムは、「枢」のような中核的な存在によって的確に把握される。

準則4 「相関存在論」は古代インドの龍樹によって本格的に展開された。それは、個別実体の「自性」（「他性」）と、それらの依存関係としての「縁起」との二律背反性にかかわる議論である。

系1 「自性」と「他性」とは、それぞれ自存しているが、同時に存在に関して互いに依存し合っている。そうした依存関係（「縁起」）の成立には、先ず独立した「自性」または「他性」が必要である。しかし「縁起」では、自立した「自性」または「他性」は否定される。

系2 自立した「自性」または「他性」と、相関する「縁起」とは、構造的な二律背反の連関をもつ。

準則5 龍樹は、肯定と否定とを共に否定するテトラ・レンマの論理に従って、高次の「縁起」としての「空」を設定した。

準則6 これに対して、山内得立は、肯定と否定とを共に肯定するテトラ・レンマの論理に従って、メタ「縁起」としての「依止（えし）」を設定した。

系1 「依止」は、自立性と関係性とが互いに相待って、臨界域で存立することを示す概念である。

準則 7　龍樹や山内の「相関存在論」は，各個別実体の存立根拠と同時に，それらの間の相互依存関係の実在性を問う存在論であり，「個体存在論」より一段階高い議論が展開されている。

────────────────

5.2

「自性」と「縁起」とのアンティノミー

———

　すでに述べたように，龍樹は，自立的な「自性」もしくは「他性」と，相関性としての「縁起」とが，互いに他を契機として必要とするのに，同時に他を否定せざるをえないという，存在の基礎にかかわる二律背反を指摘した。このアンティノミーについて，さらに詳しく検討することにしたい。

　「自性」というのは，他にはない固有の本質をもち，そのもの自体で最初から恒常的に存在する実体・事物を指している。それとは別の，もう一つの「自性」を想定するとき，それが「他性」である[1]。この「自性」もしくは「他性」は，相矛盾するような存在特性を共共もっている。

　すなわち，それらはそれぞれ独立した自立的存在である。それでいて，少なくとも両者が互いに自と他に区分されるという点では，相関している。つまり，自・他を区別して認識する点において，それぞれ他の存在を自己存立の前提にしている。

　そうした相補性において初めて自己の存在が確認されるのである。自がなければ他はなく，他がなければ自もない。「自性」または「他性」は，それぞれ自立的でありながら相補的でもあるという，二重の存在形態を有している。

　龍樹においてこの相補性は「縁起」と名づけられる。相互依拠的連関なしに個別実体は存立しえない。しかしその一方で，独立自存の「自性」は，元来「縁起」なしに生起しているはずのものである。かくて「自性」と「縁起」は，構造的アンティノミーに陥る。「……自性はその成立のために，縁起関係を要求すると同時に，これを拒否するという矛盾を蔵しているのである」[2]

　1）『中論』観有無品，第十五‒三（三枝充悳『中論（中）』，第三文明社，1984年，403頁）

5.2 「自性」と「縁起」とのアンティノミー

龍樹は,『中論』において,「自性と他性を離れて,どうして『存在(もの・こと)』が成立するであろうか。なぜならば自性または他性が現に存在しているときに,『存在』は成立するのであるから。」[3] (なお『中論』には,鳩摩羅什(Kumārajīva)による「五言絶句」形式の漢訳があるが,ここでは三枝によるサンスクリットからの和訳を記載する。以下でも同じ)と述べ,「自性」または「他性」の即自的な存在性を主張する。

こうした自立性が「縁起」によって生じるものでないとし,次のようにも記している。「自性が,もろもろの縁(条件)と因(原因)とによって生ずるということは,正しくない。自性が因と縁とによって生じたものであるとするならば,それはつくられたものである,ということになるであろう。」[4]

したがってまた「実に,もろもろの『存在』の自性は,縁などのなかには存在しない。自性が存在しないならば,他性は存在しない」[5]。それゆえ,「縁起」を成立させる契機となった「自性」と「他性」との差異的連関すら,否定されることになる。「自性」と「他性」とが互いに〈縁って〉生じるものでない以上,当然のことである。

「かのものが有るとき,このものが有る」(「増上縁」)という相関的存在性が,「縁起」の本質であろう。しかし,「かのもの」(他性)と「このもの」(自性)の一方が先に存在し,他方がそれに応じて生成されるのであれば,それらの独立自存性は失われてしまう。また,「縁起」にとっても,互いに関連をもつ前から両者とも実在していなくてはならない。龍樹の「縁起」否定論は,こうした論拠に基づいている。

けれども『中論』では,「縁起」そのものを全面的に否定・抹消するのではなく,むしろ「もの」(「法」)の存在にとって「縁」が不可欠であることを認めている。「いかなる『もの』(法)であろうと,縁起しないで生じたものは,存在しない」[6],と龍樹は述べている。この点でゲーデル定理は適用されない。ただその認知によって「自性」の存在が論理的に否定されるために,無条件では肯定しえなかったのである。

---

2) 矢島羊吉『空の論理』,法蔵館,1989年,198頁
3) 『中論』観有無品,第十五-四 (三枝充悳『中論(中)』,403頁)
4) 『中論』観有無品,第十五-一一 (三枝充悳『中論(中)』,401頁)
5) 『中論』観因縁品,第一-一三 (三枝充悳『中論(上)』,第三文明社,1984年,97頁)
6) 『中論』観四諦品,第二十四-十九 (三枝充悳『中論(上)』,653頁)

中村　元によれば，『中論』で言われる「縁起」とは，「これを縁としていること」(idampratyayata　相依性，相互依存)の意である。もっとも，この語は『中論』では一度も出てこないのだが[7]，留意が必要なのは，その「相互依存」の含意である。

上田義文の解釈に従えば，「かのものが有るとき，このものが有る」という相関性は，単なる「縁起」事象であって，ここで言う「相互依存」のことではない。それは，「此に縁って彼が有ると同時に彼に縁って此が有る」ということである[8]。此と彼との〈同時的〉な相互依拠が，本来の「縁起」なのである。これは，両者の存在にかかわる原因と結果が可逆的に生起することを意味しよう。

そうだとすると，「相互依存」としての「縁起」が，アプリオリに「独立自存」する「自性」と相容れないのは，まったく妥当な事柄である。そこで，両者間の構造的アンティノミーに関して，矢島羊吉は，「縁起」のサイドから，次のように要約している。

> 縁起が成立するためには，区別することのできる二つ以上の事物がなくてはならない。したがってそれぞれの事物を相互に異なる事物たらしめる，相互に異なる自性，その意味で対立的な二つ以上の自性がなくてはならない。すなわち縁起の成立には独立的な自性が必要なのであり，自性がなければ縁起は成立しないのである。しかし他面から見れば，依存関係としての縁起の成立のためには，事物の独立性，自立性を意味する自性は否定されなくてはならない。自性が存在するかぎり，依存関係としての縁起は成立しないのである[9]。

ただしこうした「縁起」と「自性」との矛盾関係は，単純な二律背反ではない。「縁起はその成立のために自性を要求すると同時に拒否し，自性もその成立のために依存関係としての縁起を要求すると同時に拒否するのである。」[10] こうした双方向からの二重の矛盾があるとすれば，「縁起」

---

7)　中村　元『空の論理』，春秋社，1994年，125頁
8)　上田義文『大乗仏教の思想』，第三文明社，1977年，112頁
9)　矢島羊吉『空の哲学』，日本放送出版協会，1983年，197-98頁
10)　矢島羊吉，前掲書，1983年，199頁

5.2 「自性」と「縁起」とのアンティノミー

と「自性」は、ともどもその実在が認められず、絶対の非存在としての「空」しかありえないことになる。

「実体として『存在』はなんらあるのではなく、この世には『無存在』もあるのではない。原因と条件とから生起した『存在』や『無存在』は空である。」[11]、と龍樹は断言する。「自性」、とくに「縁起」によって生起した存在（もの）は、「空」なのである。

結局は、「依存するというはたらきも、依存する主体も、まったく空である。」[12] このように一切の存在と相関関係を「空」に帰属させるのは、存在論をさらに一般化し、存在の有・無、空・不空、肯定・否定、原因・結果などに関し、それらの一方に偏しない中正な議論、すなわち「中道」を確立しようとする意図から出ている。

「空」の概念の導入は、存在論を徹底的に追究した結論だとも言えるが、形而上的色彩が強く、また宗教的志向性も高い。しかし社会科学のような世俗論的立場で存在論を探究するには、なおも「自性」と「縁起」との構造的アンティノミーの問題を、論理的に解く方向で検討することが重要であろう。次にそうした議論を展開することにしよう。

―――――――――――

準則1 「自性」と、もう一つ別の「自性」である「他性」は、ともに相矛盾する特性をもつ。すなわち、それらは、それぞれ自立した独立存在でありながら、同時に、自と他とを区分する点で相関する存在である。

系1 自・他を識別する際、それぞれ他の存在を自己存在の前提にしている。

系2 「自性」または「他性」は、それぞれ自立していながら、自がなければ他はなく、他がなければ自もない、という相補的連関をもつ。

準則2 龍樹は、こうした相互依拠的連関を「縁起」と名づけた。相補的連関なしに個別実体の「自性」はありえないが、その一方で、「自性」は「縁起」の生起以前から自成しているはずである。「縁起」と「自性」とは、構造的アンティノミーに陥る。

―――――

11) 龍樹『空七十論』、第六七詩頌、（瓜生津隆真訳）、梶山雄一・瓜生津隆真訳『大乗仏典 一四巻 龍樹論集』、中央公論社、1974年、130頁

12) 『中論』観如来品、第二十二－十（三枝充悳『中論（下）』、第三文明社、1984年、585頁）

系1 龍樹の『中論』では，「自性」が「縁起」によってつくられたものではないこと，すなわち，「自性」と「他性」が互いに〈縁って〉生じるものではないことが述べられている。

系2 「自性」または「他性」の一方が先にあり，他方がそれに応じて生起するならば，それらの独立性が失われてしまう。「縁起」にとっても，両者の実在が事前に必要である。

準則3 龍樹は，「縁起」そのものを全面的に否定するのではなく，もの（「法」）の存在にとっての意義は認めている。この点でゲーデル定理は適用されない。ただ「縁起」によって「自性」の存在が論理的に危うくなることを危惧していただけである。

準則4 中村 元によれば，龍樹の言う「縁起」とは「相互依存」のことである。また上田義文に従えば，この「相互依存」は，「これがあるときにあれがある，それと同時に，あれがあるときにこれがある」という，〈同時的な〉相互依拠を意味する。

準則5 矢島羊吉によると，「縁起」と「自性」は，それぞれの成立のために他を要求するとともに拒否する，という二重の矛盾を抱いている。そうだとすれば，それらはともに実在性を失って，「空」しかありえないことになる。

準則6 龍樹も，『空七十論』で，「自性」，とくに「縁起」による存在はすべて「空」だとする。こうした「空」の一般化された形態が「中道」である。それは形而上的，宗教的性格を帯びる。

———————

5.3

テトラ・レンマの論理

───────

『中論』の冒頭に，よく知られている次のような「四句分別」の偈(羅什訳)がある。

　　諸法不自生　亦不従他生
　　不共不無因　是故知無生

　　もろもろの「存在(もの・こと)」は，どこにおいても，どのようなものでも，自身から，また他者から，また〔自身と他者との〕両者から，また無因から，生じたものとして存在することは，決してない[1]。

この偈は，「もの(諸法)は，自己を原因として自から生ずることはなく，他のものを原因としても，その両方を原因としても，原因がなくしても生ずることはない。つまり，いかなる原因からも生ずることはない」[2]，つまり，「ものはどこからも生じない」ことを主張する。換言すれば，「法」(*dharma*)が，初めからそのもの自体(「自性」)として存在するはずだ，とする命題である。

　自・他・自他共・自他無因の四項に関して，「縁起」による生起を念頭に置きながら，それをはっきり否定するわけである。この命題の論理形式は，一般的に表現すれば，次のようになるだろう。いま，A：「自性」B：「他性」とすると，

　　①A　②B(＝non A)　③A plus B　④non(A plus B)

と記しうる。

───────

1) 『中論』観因縁品，第一―一 (三枝充悳『中論(上)』，第三文明社，1984年，97頁)
2) 立川武蔵『「空」の構造―「中論」の論理』，第三文明社，1986年，135頁

この命題においては、いずれの項においても生起因を認めず、当初からのA「自性」およびB「他性」が、既存のものであることを主張するのである。この場合、①と②とは補集合の関係にあり、③はそれら二つの項の和を示している。④は、③と補集合をなしている[3]。

　「縁起」という相互依存の関係についても、相関性が高いと想定される二つの「もの」（自性）どうしのかかわりを、同様の論理形式に従って考察したケースがある。よく知られた、薪（燃料）と火との矛盾した関係についてのディスコースである。『中論』では、このように記されている。

　　火は薪ではない。火と薪とは別のところに有るものでもない。火は薪を所有するものではない。また火の中に薪が有るのではない[4]。

　　火は薪に依存して有るのではない。火は薪に依存しないで有るのではない。薪は火に依存して有るのではない。薪は火に依存しないで有るのではない[5]。

　前者の偈で、火と薪とが異なるものでありながら、まったく関連をもたない別物ではないとした上で、後者の偈では、両者の依存関係の否定と、それとは矛盾する非依存関係の否定とが挙げられている。そこでは「自性」の独立自存性と「縁起」の相互依存性とが、なぜか並置されたままである。

　二番目の偈での第一句（「火は薪に依存して有るのではない」）、第三句（「薪は火に依存して有るのではない」）は、火と薪の独立自存性を指していよう。それらは、先の論理形式での①のA、または②のBという存在形態に相当する。第二句（「火は薪に依存しないで有るのではない」）、第四句（「薪は火に依存しないで有るのではない」）は、火と薪との相互依存性を示していよう。それらの存在形態については、上田義文の次のような解釈が有用であろう。

　3）　立川武蔵、前掲書、136-137頁
　4）　『中論』観燃可燃品、第十一-十四（三枝充悳『中論（中）』、第三文明社、1984年、329頁）
　5）　『中論』観燃可燃品、第十一-十二（三枝充悳『中論（中）』、325頁）

5.3 テトラ・レンマの論理

相依なる関係にある火と燃料とには一体という意味がなければならないと共に異体という意味もなければならぬ。「燃えている限りのもの」としては一つであって分ち得ないが，これは単なる「火」でもなく単なる「燃料」でもない。これは火であると共に燃料であり，燃料であると共に火である[6]。

実際に燃えている状態での火と薪は，確かに「不一不異」の一体化されたものである。だとすれば，第二句・第四句での火と薪の相互依存的な存在形態は，③の (A plus B) ということになる。「縁起」と「自性」との存在矛盾は，④の non(A plus B) の形で示される，絶対的な非存在である「空」を指すものかもしれない。

以上のような「四句分別」をさらに一般化するなら，(1) 肯定，(2) 否定，(3) 肯定・否定を共に肯定，(4) 肯定・否定を共に否定，という論理形式が考えられる。従来の欧米起源の論理は，(1)と(2)だけにかかわり，同一律，矛盾律，排中律に従って推論がなされた。だが龍樹の『中論』に適用された論理は，より広く(3)と(4)にも及ぶものであった。前者のロゴスの論理に対し，後者は，山内得立によって「テトラ・レンマ」(*tetra-lemma*) と名づけられた。

山内は，(4)の「肯定・否定を共に否定」を重視し，「テトラ・レンマ」を，(1) 肯定，(2) 否定，(3) 肯定・否定を共に否定，(4) 肯定・否定を共に肯定，の順に再配置した。両否の立場を通してこそ「中」の論議での両是が初めて認められるからである。(3)のレンマの「肯定・否定を共に否定」は，"neither～nor" の論理である。これに対し，排中律でのように，肯定か否定かという bivalence ［どちらか一方への価値付け］にかかわる "either～or" の論理が，ロゴスなのである[7]。

レンマの論理で「肯定・否定を共に否定」というのは，「肯定を否定するのみならず，否定をも否定する」を意味するものであり，一段階高次な論理形式であることは間違いない。この第三項は，メタ化された論理カテゴリーを示している。『中論』での論理が難しく感じられるのも，このことに由来している。

---

6) 上田義文『大乗仏教思想の根本構造』，百華苑，1957年，81-82頁
7) 山内得立『ロゴスとレンマ』，岩波書店，1974年，70-71，73頁

『中論』での基本論理を，レンマに従って眺めてみよう。そこでは，(1)として，「自性」と「他性」の存在が，それぞれ自生のものとして肯定される。つぎに，(2)として，それぞれが他への依存連関，すなわち狭義における「縁起」に基礎づけられない限りは，否定される。「自性」(「他性」)は「縁起」なしには存立しえない。しかしその反面，自立的な「自性」と「他性」が既存でなければ，「縁起」は生起しえない。その際「縁起」は否定されてしまう。

(3)として，このように「自性」(「他性」)と「縁起」の間に構造的アンティノミーが生じ，「相互的な肯定と否定との矛盾的な関係」があって「相互に要求し合うと同時に相互に拒否し合う」ことになる[8]。これが，高次なレベルで，肯定と否定とを共に否定する，すなわち，「自性」(「他性」)と「縁起」を共に否定する，広義の「縁起」，すなわち「空」である。

このような絶対的な相互依拠性を認める限り，「自性」(「他性」)と「縁起」とを包み込むシステムが，(4)として，逆説的に肯定されることになる。それはメタ「縁起」とでも言うべき事象である。「……縁起関係と縁起する事物との一切を，あるがままに肯定しよう」[9]とするところに，(4)の「肯定・否定を共に肯定」というレンマが見られる。(4)項目については，山内得立の「依止」論として検討したい。

準則1　『中論』の代表的な「四句分別」に，あらゆる存在が，自分自身から，他者から，自己と他者の双方から，また原因なくしても生じることはない，という四つの項目からなる偈(げ)がある。
　系1　この偈は，自・他・自他共・自他無因の四項目に関して，「縁起」を念頭に置きながら，それの働きを否定し，「もの」(「法」)が最初から「自性」として存在することを述べた命題である。
準則2　「四句分別」命題の論理形式は，次のようになる。A：「自性」B：「他性」とすると，
　　　　① A　　② B(＝non A)　　③ A plus B　　④ non(A plus B)
　系1　①と②とは補集合であり，③は①と②との和，③と④とは補集合をなしている。

---

8) 矢島羊吉『空の哲学』，日本放送出版協会，1983年，198頁
9) 矢島羊吉『空の論理』，法蔵館，1989年，188頁

5.3 テトラ・レンマの論理

準則3 相関性が高いと想定される「自性」どうしのかかわりを，「四句分別」論理を適用して論じたものに，「薪」と「火」のディスコースがある。

準則4 火は薪に依存してあるのではない［第一句］。火は薪に依存しないであるのではない［第二句］。薪は火に依存してあるのではない［第三句］。薪は火に依存しないであるのではない［第四句］。この偈において，［第一句］［第三句］は，「薪」と「火」の独立自存性を，［第二句］［第四句］は，両者の相互依存性を示している。

系1 ［第一句］［第三句］に関しては，①または②の形式に相当する。

系2 実際に燃えている状況では，「薪」と「火」は一体化している。「薪」は「火」であり，「火」は「薪」である，と上田義文は言う。それは，③におけるA plus Bという形態での相互依存性を示している。

系3 ④ non(A plus B)は，「自性」と「縁起」との絶対的矛盾を示す概念，「空」を指していよう。

準則5 「四句分別」をさらに一般化すれば，(1) 肯定，(2) 否定，(3) 肯定・否定を共に否定，(4) 肯定・否定を共に肯定，といった論理形式が想定される。

系1 (1) 肯定，(2) 否定だけにかかわり，同一律，矛盾律，排中律で推論してきたのが，欧米起源の「ロゴス」の論理である。

系2 『中論』での論理形式は，(3) 肯定・否定を共に否定，(4) 肯定・否定を共に肯定，にまで及ぶものであり，山内得立はそれを「テトラ・レンマ」と名づけた。

系3 「ロゴス」での排中律に従うのは，"either〜or" の論理であり，他方「レンマ」のほうは，"neither〜nor" の論理である。

系4 (3)の「肯定・否定を共に否定」は，「肯定を否定するのみならず，否定をも否定する」という高次の論理形式であり，メタ化されたカテゴリーを構成している。

準則6 龍樹の『中論』は，「レンマ」論理に従って展開されている。

系1 (1)に関して，「自性」および「他性」がそれぞれ自生のものとして肯定される。

系2 (2)に関して，「自性」(「他性」)が「縁起」に基礎づけられない限り，存在が否定される。その反面，「自性」と「他性」が既存でなければ「縁起」そのものが成り立たない。「自性」と「縁起」のアンティノミーである。

系3 (3)に関しては，「自性」(「他性」)と「縁起」とが，相互に要求し合うとともに，相互に拒否し合うことになり，肯定と否定とを共に否定する形での広義の「縁起」概念，すなわち「空」を提示する。

系 4　絶対的相互依存性を認める限り，「自性」(「他性」) と「縁起」とを肯定的に包み込むメタ「縁起」が想定される。それは，(4)の「肯定・否定を共に肯定」する「レンマ」項目である。

―――――――――――――

5.4
「相待そうだい」と「依止えし」

　すでに3章の3.3.5項で述べたように，山内得立は，二項間の関係を，「相対たい」と「相待そうだい」の二種に分けた。前者は，各項が「自性そう」として相対する関係をいう。後者は，一つの事物が存在するについては，必ず他の事物との何らかの関係に基づいている，という立場から把握される両者の相互依拠的な関係を指している。自は他に拠って，また他は自に拠って，自であり，他であるのである。

　「相対」と「相待」とは，対照的な関係類型であるが，山内によれば，両者は相補的連関をもっている。それは，「自性」と「縁起」とが，相容れない立場にありながら，互いに存立の基盤を形成しているという，相矛盾した関係性にあるのと同じである。

　つまり，「相待」は，相対する自・他の根拠を提供する。自と他が相俟つことなくまったく無関係であれば，両者は「相対」的な関係には入れない。しかしそれと同時に，相対している自立した自・他がなければ，両者の「相待」もありえない。「相対」と「相待」は，互いに他を必要とする。この二つの関連は，〈関係性の関係性〉といったメタ・レベルで互いに相補的なのである。

　このような関係性レベルでの相補性，あるいは相互依存性は，「テトラ・レンマ」での(4)項目，すなわち「肯定・否定を共に肯定」を示唆している。龍樹が，(3)項目の「レンマ」である「肯定・否定を共に否定」に力点を置いて，「空」なる概念を導入したのとは対照的である。「自性」と「縁起」を共に否定するネガティブ・サイドでの存在論を展開した龍樹とは違い，山内は，とくに相互依存的「縁起」を肯定的に受け止め，「相待」概念を措定した。山内はこんなふうに記している。

……縁起とは一が他を縁として起ることを意味するが故に何よりも一と他との相待的関係を要求する。相待なしに縁起は起り得ぬ。縁って起るとは一が他を機縁とすることであるに外ならぬ。単に観待するのみでなく互に相依して存在することが縁起の関係であるに外ならなかった。……事物がそこに存在するのはそれ自らとしてではなく，それがそのように現存するのは他によって，他を俟ってであるからである[10]。

　山内において「相待」は，「縁起」を成り立たせる必須の要件であったのである。ではそのような「相依相待・相関性」(paraspara-apekṣā) は，実際にどんな存在形態を示すのだろうか。山内は，「依止」(saṃśraya)という概念でもって，存在要因の依存性と自立性とが両立する形態を提示した。それは〈依存の止まるべき限界〉を指している。これに関し，山内は，さらに詳しく，以下のように説明している。

　縁起は相待的関係であるから一が他に，他が一に依存しなければならぬ。しかしこの一も他も自性ある事物であるならば縁起は生じない。それは龍樹の言う通りであろう。しかし縁起が相待的であるならば相対的な何ものかがなくてはならぬ。それなくしては一が他に依存することが不可能であるのみならず相待ということが無意味となるであろう。縁起とは一が他を，他が一を依止として成立するところの関係である。縁起関係を形づくる諸項はそれ自らとして無自性であっても「依止」としてなお有るものでありまさに有るべきものでなければならない[11]。

　「一」と「他」とが「自性」そのものであるなら，龍樹の言うように「縁起」は生じない。しかし「縁起」が「相待」関係として成立するとすれば，そこには何らかの形で「相対」する事物（諸項）が有るはずである。それは，「自性」そのものではないかもしれないが，「依止」という形態においてありうる，とする。

---

　10) 山内得立『ロゴスとレンマ』，岩波書店，1974年，114頁
　11) 山内，前掲書，123-124頁

5.4 「相待」と「依止」

　「相待」関係としての「縁起」によって生成されるのは,「自性」ではなくて,無際限な依存性をある臨界点で制御した（止めた）,「依止」という自立的実体である,という説である。山内はさらに言う。

> 事物が無自性でありながら縁起の関係に入るためには互が互の依止とならねばならぬ。単に依存の拠点となるのみならずこの関係の止るべき界とならねばならぬ。……依止は一方において依存であるが,同時にこれを止めるものである。恰も界が存在を限定して境をなすが如く,依止を限界として縁起の世界が形づくられるのである[12]。

　依存性と自立性とがぎりぎりのところで両立しうる境界が「依止」なのである。その概念は,「結界」（仏教寺院の本堂における内陣と外陣とを分ける木柵）という,宗教的聖域と世俗的世界との区分的接点を連想させる。世俗的な人間関係における相互依存性についても,どこかで関係当事者それぞれの聖なる自立性が,マージナルに確保されなくてはならないわけである。それがシステム・バウンダリーとしての「依止」の果たすべき機能であろう。

　要するに,「依止」というのは,依存の止るべき拠点,そして自立の許容される限界点を指している。そこでは,「関係と項とは分ち難く融合」[13]している。それゆえ,龍樹を悩ませた「縁起」と「自性」との構造的アンティノミーを現実的レベルで解決するような,有望な概念スキームを提供している。それはメタ「縁起」構造の具体的表出であるとも解される。

　なおここで「縁起」概念について整理を試みたい。論者によってその意味的内包が異なるように思われるからである。
　第一の「縁起」は,〈相関「縁起」〉と名づけておきたい。それは,龍樹が『中論』で取り上げた,自・他の存在にかかわる関係性概念であるが,「自性」（または「他性」）と構造的に相容れないとされる。両者のいずれが先行するかも決められない。しかしそのような,個体間の相関を指す概念が,第一の「縁起」である。

---
12) 山内,前掲書,122-123頁
13) 山内,前掲書,126頁

第二の「縁起」は、「自性」と「縁起」との構造的アンティノミーのゆえに、それら二つを共に否定することによって生まれる、〈両否の「縁起」〉である。それは、龍樹によって「空」という概念によって措定された、高次のレベルでの「縁起」を指している。「テトラ・レンマ」での「肯定・否定を共に否定」に基づく、ネガティブ・サイドから規定された「縁起」だと言ってよい。

　第三の「縁起」は、山内得立が想定した、「依止」形態での〈メタ「縁起」〉である。それは、自と他との「相対」ではなく、両者の「相待」によって成立する、相互依存的な性格の「縁起」を指している。関係性と個体性を一定のぎりぎりの境界において両立させるところに存するのが「依止」であり、それに「縁起」が基づいているとする。存在に関して、メタ化された形で、「縁起」をポジティブ・サイドから規定しようとする。

　この場合、「テトラ・レンマ」における「肯定・否定を共に肯定」する〈両肯の論理〉に従っているようにも見える。それは、西田幾多郎の「絶対矛盾的自己同一」というロジックに則しているかのようでもある。この〈メタ「縁起」〉で、「相対」と「相待」との相補的連関が説かれているからである。

　同じ「縁起」概念であっても、〈相関「縁起」〉〈両否の「縁起」〉〈メタ「縁起」〉に分けて把握しなければ、理解に混乱をもたらすことになる。ことに〈メタ「縁起」〉に関しては、「自性」と「縁起」の共共の否定という「レンマ」的存在形態が、一転して共に肯定されるのであるから、ある意味では論理的飛躍がある。メタ化されたと見なすゆえんである。しかし現実生活では、「依止」は「空」よりも体験しやすい事象である。

　「依止」概念の社会理論への適用のフィーザビリティーは大きいように思われる。山内は、こんなふうに述べている。

　　関係が界せられて境になったものが即ち「世間」であり、これを可能にするものが「依止」の作用であった。依止は関係を具体化して一つの世界とするものであり、このような世界を具体的に把握せんとするものがレンマの立場であるに外ならなかったのである。

　　縁起の世界はこのようにして具現する。それは相対の世界ではなくして相待の世間である。それは世界でなくして世間であった。事物が

5.4 「相待」と「依止」

それ自らに於いて自らとして存在する世界ではなくして必ず他を待って，他によって存在する世間である[14]。

　山内によれば，「依止」が適用されるのは，「相対」が働く「世界」一般ではなく，「相待」によって構成される，一つの特定的世界たる「世間」に対してなのである。山内は社会一般と，身近なところの具体的関係の集積たる世間とを意図的に区別し，後者が「依止」のリファレントだとしている。

　山内の見解に従えば，薪と火から生じた，現に燃えつつある事象，すなわち炎そのものだけが，唯一の経験的実在と認めうるものである[15]。それは，両構成要因間の相互依存的な「相待」による「依止」事象なのである。

　かくて，「依止」は，「個別体」ではなく，「関係体」の存在論的根拠となるものであることが明らかになった。また〈にんげん〉モデルに関して言えば，各「間人」の保有する生活空間を相手のそれと共有し合う状況があり，それが「依止」として理解される。そこでは，各人が相互依存し合う「相待」関係をもつとともに，それぞれ自律的に振る舞う姿が眺められる。こうした「依止」概念によって，「関係体」どうしが「相関体」である理論的根拠も与えられよう。

　以上のように，龍樹や山内は，個体性のみならず関係性をも包摂した相関存在論を展開したわけだが，両者は「ロゴス」を含む「テトラ・レンマ」論理に従って「縁起」を論じた際，存在の否定と肯定の立場に分かれて議論を展開した。龍樹は，「レンマ」の第三項目「肯定・否定を共に否定」に従い，山内は，第四項目「肯定・否定を共に肯定」によって，それぞれ「縁起」を論じた。それはなぜだったのだろうか。

　すでに3章3.3節において，自認的自我としての「擬・個体」（独自体）と，関係の中で他個体との分別がはかられる，いわば関係準拠型の「原・個体」（個別体），さらには，他者との関係を包摂したシステムである「原・関体」（関係体）」が，それぞれ概念として設定され，互いに区分された。

---

14)　山内，前掲書，129頁
15)　山内，前掲書，152頁

龍樹が「自性」と「縁起」とのアンティノミーを問題にしたとき，その念頭にあった独立自存する「自性」という個体は，「擬・個体」（独自体）ではなかっただろうか。もともと対他連関を保有しない「擬・個体」であってみれば，あえて「自性」と「他性」との差異的連関を取り上げてみても，「自性」そのものが自明な存在であるために，その連関性を否認せざるをえなくなる。相互依拠を本質とする「縁起」は，まったく問題にならなかったのである。かりに「自性」と「縁起」の構造矛盾を認めたとしても，否定的な「空」論に向かわざるをえなかった，と考えられる。

　これに対して，山内が「相待」関係にあると想定した二つの個体は，それぞれ「原・個体」，つまり「個別体」でなかっただろうか。潜在的に他者との連関性を保有している「個別体」であれば，相互依存を標榜する「縁起」を受け入れて，たとえ臨界的であろうと「依止」形態を容認することだろう。「関係体」は「依止」そのものであるから，相互依存する「縁起」はつねに成り立つ。このことによって，肯定的な立場からの「縁起」論が構築される。こうした個体性と関係性を概念的に統合した「レンマ」的存在論こそ，本来の「相関存在論」と言えるであろう。

準則1　山内得立によって概念的に区分された「相対」と「相待」は，対照的な関係類型であるが，相補的連関をももつ。すなわち，自と他が互いに相俟つ連関（相待）をもたなければ，相対することは不可能である。同時に，相対する自と他がなければ，両者が相待することはできない。

系1　「相対」と「相待」は，〈関係性の関係性〉というメタ・レベルでも，「相待」という相補的連関をもっている。

準則2　関係性レベルでの相補性は，「テトラ・レンマ」での(4)項目，「肯定・否定を共に肯定」を示唆する。山内は，同項目を重視した。(3)項目「肯定・否定を共に否定」を徹底して「空」概念を導入した龍樹とは対照的である。「相待」を，相互依存的「縁起」の必須条件だと山内は考える。

準則3　山内によれば，「相待」という相依性・連関性は，具体的には，存在要因の依存性と自立性とがマージナルに（臨界的に）両立する「依止」形態において表明される。

5.4 「相待」と「依止」

- 系1 「依止」とは、「依存の止まるべき限界」の意であり、無際限に広がる依存を、ある臨界点で制御した、自立的実体のことである。それは、「自性」そのものではない。
- 系2 依存性と自立性とがぎりぎりのところで両立しうる境界が「依止」であり、仏教寺院本堂の「結界」にも似た機能を果たしている。
- 系3 龍樹を悩ませた「縁起」と「自性」との構造的アンチノミーの問題は、両者の不可分的融合を仮定した「依止」概念によって、解決される可能性が出てくる。
- 準則4 相関存在論での「縁起」概念は、〈相関「縁起」〉〈両否の「縁起」〉〈メタ「縁起」〉に分けられる。
  - 系1 〈相関「縁起」〉は、個体そのもの(「自性」または「他性」)と相容れないとされる、個体間連関としての「縁起」である。
  - 系2 〈両否の「縁起」〉とは、「自性」と「縁起」との構造的アンチノミーによって、両者を共に否定せざるをえなくなり、「空」の概念で把握されるようになった「縁起」をいう。
  - 系3 〈メタ「縁起」〉というのは、「依止」形態での「縁起」を指している。それは、自と他との「相対」関係においてではなく、両者の「相待」関係によって成り立つ、相互依存的な「縁起」を指している。それは「相対」と「相待」との相補的連関を前提にしており、ポジティブ・サイドから設定されたメタ・レベルでの「縁起」である。
- 準則5 「依止」概念は、社会理論への適用の可能性が大きい。山内によれば、「相対」は、世界一般にかかわるが、「相待」は特定的世界の世間をリファレントとするからである。
- 準則6 「依止」は、「関係体」や「間人」を相関存在論の立場から基礎づける概念である。
- 準則7 龍樹が「レンマ」の第三項「肯定・否定を共に否定」に依拠する場合、その場合の「自性」は、対他連関を保有しない「擬・個体」(独自体)を想定していたと思われる。相互依存を本質とする「縁起」との構造矛盾に陥るのも当然である。
- 準則8 山内では、第四項目「肯定・否定を共に肯定」によっているが、そこで「依止」の形で示される「個体」は、潜在的に他者連関を保持している「個別体」であったと想定される。「関係体」とともに、それは「相待」関係を成り立たせる要因となる。

6

間人主義と個人主義

6.1

対人関係観の二つの類型
──間人主義と個人主義──

対人関係にかかわる基本的な価値（value）や態度（attitude）を，「対人関係観」と呼ぼう。それには大別して二種類のものがある。一つは，〈にんげん〉モデルの「間人」に固有な属性と考えられる「間人主義」（contextualism）であり，もう一つは，それと対比される〈にんげん〉モデル，「個人」を特色づける「個人主義」（individualism）である。それらは，〈にんげん〉システムの「関係体」と「個別体」の基本属性を反映している。

この「対人関係観」のそれぞれが保有する三つの基本属性を挙げておこう。(1)・(2)・(3)で示される各属性は，二つの「対人関係観」の間でそれぞれ対蹠的であるかに見えるが，同一の行為者において互いに非両立で，相容れない価値観なのではない。行為者・集団の中で，いずれかが相対的に優位であるにとどまる。

これら二つの「対人関係観」を全般的に眺めると，歴史的な文化基盤をもち，対照的な文化の型となっているかもしれない。だが特定の社会にそのいずれか一方しか存在しない，という二分法的推論は極端にすぎる。各人，各社会に，程度の差はあるにせよ，それらは分有されている。

二つの対人関係観の基本属性は，次のとおりである。

間人主義（contextualism）

(1) 相互依存主義（inter-dependence）
「人は互い」「人は情け」という日本の諺が示すように，社会生活を自力のみで送ることは事実上不可能である。したがって，相手を親身になって世話するとか，逆に相手から思いもよらぬ助力を得る，といった互助的な相

6.1 対人関係観の二つの類型

互作用が不可欠である。相手の立場にたってものを考えることも大切である。こうした相互依存は人間の本態なのであって，積極的に他を支える態度が対人関係では望ましい，とする考え方をいう。

(2) 相互信頼主義 (mutual reliance)

相互依存は，相互の間の信頼関係と不可分である。それぞれのプライヴァシーを尊重し合ってほどほどの信頼感を保つのではなく，むしろ無防備のまま自己をさらけ出すことによって，絶対的な，ゆるぎのない信頼関係を樹立しようとする態度をいう。誠意をもって接すれば，きっと気持ちは通じる。そのようにして互いに相手との間で信頼を確信しうる場合には，あえて要求しなくても相手はきっと自分の期待するものをかなえてくれるに違いない，という見通しが得られる。信用が社会生活の基本だとする考え方を指している。

(3) 対人関係の本質視 (regard for interpersonal relations that are not a means but are an end in themselves)

相互信頼の上に構築された間柄は，戦略的観点から自己の生活上の「効用」のために操作される手段的なものではない。だから関係それ自体値打ちのあるものとして大切にしていこうとする理念。人的連関の何らかの必然性，すなわち〈縁〉に基づいて成り立つ間柄は，どんな状況にあっても〈切れぬ仲〉なのである。相手が役に立つか否かによって関係を継続したり，断ったりするようなことは妥当ではない，という考え方である。利害を離れたつき合いほど楽しいものはないのである。

個人主義 (individualism)

(1) 自我中心主義 (ego-centeredness)

しっかりとした自我構造をパーソナリティの中に確立し，それに基づく自認的自我 (ego identity) が，社会生活の核として作動すべきだ，とする信念。実体としての自己を堅持するなら，それが機軸となって，世界のほうが自分のまわりを回るとする，トレミー的な人的天動説，あるいは人間中心的な世界観である。人は自分のことしか考えないものだ，という利己

主義的な受け止め方になることもある。また個人の自由な意思決定は，いかなる集団・制度も拘束しえない，とする思想でもある。自分の欲求ははっきり表明しなければならない。ただ各人の権利上の争いは，契約によって事前に回避し，それによって社会秩序の維持を図ろうとする。

(2) 自己依拠主義（self-reliance）
自分のことは，他人に頼らず，自己自身の力によって，また自己の責任においてなし遂げるのが当然だ，とする受け止め方をいう。欲求の自己充足，つまり自給自足方式を社会生活の基本原則として掲げ，また自分の意志に基づいて自らの進路を自己の手で切り開いて行く，自律的な態度でもある。他人に干渉されることは好まない。しかしそうした態度が著しくなると，他者への依存や，他者からの依存をかたくなに拒否することになる。自己依拠は，潜在的に他者不信の傾向をもつ。

(3) 対人関係の手段視（regard for interpersonal relations that are a means to an end）
人間関係そのものは，自己の存続にとっての有用な手段・資源として活用しても何ら差し支えはない，とする戦略的な視点をいう。相互作用では，ギブ・アンド・テイクとして互酬的な利益交換がなされるが，相手が交換上のメリットをなくした（役に立たない）場合は，たとえ今まで親密な関係であっても，自動的に打ち切ってもよい，と考えるのである。社交の会合にも喜んで出るわけではない。このように，人間関係といっても，それは功利的・機能的な役割関係であって，そこでは情感を交える余地は小さい，とされる。

6.2

「対人関係観」の国際比較調査

———

6.2.1 調査方法の概要

以上の二つの「対人関係観」について，各国・各地域でどのような状態でサポートされているか，国際比較調査によって確認する必要がある。「間（あわい）の文化」が果たしてあるのか，もしあるとすれば「独（ひとり）の文化」とどう連関するのか，それを実証的に明らかにすることが要請されるからである。前者が，日本だけに特徴的な事象なのか，それとも国際的な遍在性をもつものなのかも確認しなければならない。

そこで，著者らは，「間人主義」「個人主義」それぞれの属性を表明する短い意見項目48個［「間人主義」24項目，「個人主義」24項目］（第1表参照）を作り，それら一つ一つについて，肯定／否定，賛成／反対を5段階で答えてもらうアンケート調査（調査票は10か国語を使用）を実施した。平成6〜10年度に，日本を含む世界の25か国（地域）の92調査集団（企業・大学・地域集団等）に対して行なった。

その回答を集計するとともに，データに関して因子分析・数量化理論Ⅲ類などの統計学的分析を加えた。なお調査票には，「間人主義」「個人主義」という用語は一切出てこないし，各意見項目がそれらのいずれに対応するかも記してはいない。「人間関係観についてのアンケート」（英語版では"A Comparative Study of Views on Human Relations"）と題し，日常生活の中の人間関係で望まれる態度や意見について，支持の度合いを問うた調査であった。

調査対象国（地域）となったのは，日本，韓国，中国，香港，タイ，シンガポール，マレーシア，インド，オーストラリア，ニュージーランド，

カナダ，アメリカ（ハワイを含む），メキシコ，アルゼンチン，イギリス，オランダ，ベルギー，デンマーク，ドイツ，オーストリア，フランス，スペイン，イタリア，ハンガリー，チェコ等である。

調査票では，［次の(1)～(48)の意見や態度について，あなたはどう思われますか。それぞれに関して「全くそうだと思う」から「全くちがうと思う」までの5つのなかから，当てはまるものを一つ選んで，例にならって，番号に○をつけてください。］と指示した。例では，「まわりの人からもっと注目してもらいたいものだ。」という文章で，「ややそうだと思う」に当たると判断した場合の，2という数字に○が付けてあった。例における回答の形式は，次のようになる。

	全くそうだと思う	ややそうだと思う	なんとも言えない	ややちがうと思う	全くちがうと思う
（例）まわりの人からもっと注目してもらいたいものだ。	1	②	3	4	5

回答の集計にあたっては，1に○を付けた①には，スコアー5点を与えた。以下順次に②に4点，③に3点，④に2点，⑤に1点を与え，各意見項目について，各調査集団ごとの平均点を算出した。その際，各項目について完全回答者のみに限って算出したので，それぞれの項目のN（集計度数）は異なっている。調査の全対象者は，各国合わせて8,268人であったが，「間人主義」項目の全集計者数は7,844，「個人主義」項目のそれは，7,759である。

なお本調査の報告書・文献としては，下記の2冊と2論文がある。

（研究代表者）濱口惠俊編『関係集約型人間による社会編成原理の研究——間人主義・個人主義の国際比較調査（その一）』，受託研究「関係集約型人間による社会編成原理の研究」報告，Interim Report No. 1（科学技術振興調整費，総合研究「人間の社会的諸活動の解明・支援に関する基盤的研究」，第三分科会「人間の社会編成原理の解明と設計の研究」），文部省　大学共同利用機関　国際日本文化研究センター，1997年

6.2 「対人関係観」の国際比較調査　　　　　　　　　　　　　　　　　　217

（研究代表者）濱口惠俊編『関係集約型人間による社会編成原理の研究——間人主義・個人主義の国際比較調査（その二）』，受託研究「関係集約型人間による社会編成原理の研究」報告，Interim Report No. 2（科学技術振興調整費，総合研究「人間の社会的諸活動の解明・支援に関する基盤的研究」，第三分科「人間社会における共創原理の解明と設計の研究」における「場所的社会の編成原理に関する研究」，滋賀県立大学　人間文化学部，1999年

濱口惠俊編著『日本社会とは何か——〈複雑系〉の視点から』，第3部「日本型システムの価値的基盤——対人関係観の国際比較調査の分析から」（岡本裕介，金児曉嗣，古川秀夫と共同執筆），日本放送出版協会（NHKブックス），1998年

岡本裕介「対人関係観の国際比較——数量化III類による〈個人主義－間人主義〉指標の抽出」，京都学園法学，第2号，1997年12月，31－57頁

6.2.2　調査結果の概要

本調査で判明した結果は，概略次のようになる[1]。

本研究では，「対人関係観」についての国際比較調査のデータに基づき，「個人主義」にもまして「間人主義」がグローバルに遍在することを確認しえた。関係集約型人間，すなわち「間人」に準拠する社会編成が，これからの「複雑系」社会における基本形態となりうることも示唆された。より詳しく眺めると，下記のとおりである。

(1) 対人関係観のなかで「間人主義」の肯定度が，どの国でも比較的大きかった。「個人主義」の支持は，従来大きいと思われていた欧米においても，特別に強くはなかった。その逆に，「間人主義」が強いと想定されていたアジアにおいても「個人主義」はかなりの程度に支持

---

1) 調査報告書，1999年，参照

されていた。この傾向は，社会生活における個体性重視の「個人主義」と並んで，関係性重視の「間人主義」の国際的遍在性を示唆するものであろう。「間人主義」は日本固有であり，「個人主義」は欧米の特色だとする，従来の比較社会学的見解の修正が要請されることになる。

(2) 日本の代表と見なした集団（各都道府県の地方公務員から成る研修者集団）での「間人主義」および「個人主義」の各意見項目の平均値をつなげた折れ線グラフを作成し，各国の調査集団のそれと対比してみると，外国の分布形態は，日本の集団と比較的よく似ていた。（第4-1，4-2図参照）各意見・態度項目への反応はほぼ同一のパターンだと見なせよう。これは，調査における各意見・態度項目の妥当性・信頼性を示すものである。分布形態の類似性は，一見，文化差がないことを示すかもしれないが，詳細に眺めると，各社会の特徴はそれなりに見いだされた。

(3) 各調査集団ごとの「間人主義」「個人主義」の平均得点をプロットした散布図（第3図参照）において，「個人主義」24項目全体の平均得点（スコアー）は，5段階評価での中央値（最低スコアー24点，最高スコアー120点の中間値である72点）に近い70.69であったが，「間人主義」24項目のそれは，中央値を約20点近くも上回った90.51であり，その支持・肯定度はグローバルに高いことが立証された。

これは，今後予想される「複雑系」社会システムにおいて，相互信頼，相互依存，対人関係の本質視，を基本属性とする「間人主義」が，社会編成の基本原理として期待されることを示唆している。

(4) しかもこの散布図で注目されるのは，欧米諸国やオセアニア，東南アジアの集団での「間人主義」のスコアーが概して総平均点よりも高く，日本や中国のそれは，総平均点よりも低かった点である。ただし日本の高齢者集団においては，「間人主義」は総平均値に近いが，「個人主義」は，総平均値よりかなり高い。こうした傾向は(1)で触れたように，従来の比較社会に関する常識を覆す新事実である。第2表からも明らかなように，「日本」と「日本を除く各国計」との間には有意差があり，総平均スコアーは，後者の方が前者よりも約5点も高い。「個人主義」に関しては，有意差はなく，平均スコアーはほぼ同じで

6.2 「対人関係観」の国際比較調査

ある。

(5) これまでに分析した全調査対象者（N = 7,551）について，対人関係観の48項目の因子分析を行なったところ五つの因子が抽出された。第1因子は，個人としての自立を含んでいるが，対人関係の本質視と相互依存主義（「間人主義」因子），第2因子は対人関係の手段視（「個人主義」因子），第3因子は自己依拠主義（「個人主義」因子），第4因子は相互依存主義（「間人主義」因子），第5因子は相互信頼主義（「間人主義」因子）だと解釈される。主たる第1因子の優勢存在から，「間人主義」の国際的遍在性が認められよう。（詳細に関しては，調査報告書，1999年，第2章参照）

(6) 完全回答のあった全サンプル（N = 7,551）について，「間人主義」「個人主義」項目に関する数量化III類による分析を行なったが，双方とも尺度の第1次元については，肯・否反応（「そうだと思う」または「ちがうと思う」に○印を付けた場合）と中立反応（「なんとも言えない」に○印を付けた場合）との分化が見られた。肯・否反応は0点より左寄りに，中立反応は右寄りに分布している。

尺度の第2次元に関しては，「間人主義」項目への肯定反応が0点より下寄りに，否定反応が上寄りに分布していることが分かった。「個人主義」項目への肯定反応は逆に0点より上寄りに，否定反応が下寄りに分布している。

そこでこれらの分布図を重ね合わせてみると，中立反応の領域が重なるのは当然としても，「間人主義」と「個人主義」とでは，互いに対照的に位置付けられることになり，それらが互いに区別のつく対人関係観であることが確認された。両者は，相関しながらも基本属性が相異なる対人関係観であることが明確化された。

ただしこの調査で，日本などで比較的多かった「中立反応」が何を意味するかは議論のあるところである。第一は，「肯・否反応」を回避する傾向，すなわちあいまいな回答傾向を指す，という解釈である。その場合には，バイアスとしての「中立反応」を取り除いたデータについて，「肯・否反応」の内容を再検討することが求められよう。その結果，対人関係観の測定尺度を再構成することが必要になる。

第二の解釈は、「中立反応」というのは、「肯・否反応」の要素を共に同等にもつもの、と受け止める立場である。つまり意見項目に対して半ば肯定するが、半ば否定する、文字通りの「肯・否の中間見解」だとするものである。この場合には単純集計においていかに「中立反応」が多くても、5段階評価におけるメディアン（中位数）を示すものとして、そのまま記述統計量に含めることになる。

「中立反応」についてのこれら二つの解釈は、研究方法論上の違いを反映しているかも知れない。第一の「あいまい反応」と見なすのは、回答が肯・否のいずれかに限定されるような形態、つまり、二分法変数で測定されなければ科学的ではないとする前提の上に立っている。中間選択肢を最初から除いておけば黒白がはっきりして、分布傾向がより正確にとらえられる、と考えるのである。

しかしそれでは、肯・否いずれとも決め兼ねている人、あるいは両方の立場を等分に支持する人、判断が難しい人、いずれでもない人を排除することになり、むしろ非科学的データを生み出してしまう恐れが多分にある。第二の「肯・否の中間見解」という解釈は、回答をありのまま受け止めようとする素朴な立場である。ブルー・プリント（青写真）が正確でないと科学的推論をなしえないのではないか、という前提に立っている。

6.2.3 調査データの分析

A）**第1表**は、調査票での配列順に従った、「間人主義」「個人主義」各項目の平均スコアーを、「各国全体」（集計対象となったすべての者）、「日本」（日本の全集計対象者）、「日本を除く各国計」（世界の全集計対象者の中から日本の分を差し引いた集計対象者）、の3カテゴリーに分けて示したものである。

各項目の無回答は集計から取り除いたので、集計対象者の数は、各項目ごとに異なる。「間人主義」「個人主義」それぞれの総集計者数は、48項目のすべてに回答した者（完全回答者）の数なので、調査対象者の全体（N＝8,268）よりは少なくなっている。上記の3カテゴリーでの全集計者数とその平均スコアーは、第2表に示したとおりである。

6.2 「対人関係観」の国際比較調査

まず，第1表の内容について検討しよう。全般的に「間人主義」項目の平均スコアーが高い値を示し，「個人主義」項目のそれは低いことに気づく。「各国全体」において，「間人主義」項目の平均スコアーは，2点台の8・12・16番の項目を除けば，他はすべて3・4点台であり，7・19番の項目のように5点に近いものもある。これに対し「個人主義」項目では，35・41番の項目のように1点台のものもあり，大半が2・3点台を占める。例外的に1番の項目だけが4点台である。

このスコアー点に関して，「日本」と「日本を除く各国計」との間のt検定を行うと，ほとんどの項目に有意差があった。p＜.001レベルでの有意差が目立っている。有意差のある「間人主義」項目については，3・7・11・15・20・23・27・28・30・32・34・37・39・42・43・44・48番の計17項目において，「日本」よりも「日本を除く各国計」のカテゴリーのほうが，平均スコアーの値が高い。「日本」のほうが高いのは，4・8・12・16・19番の5項目にすぎない。他方，有意差のある「個人主義」項目に関しては，「日本」のほうが「日本を除く各国計」のカテゴリーよりも平均スコアーが高いのは，14・17・21・22・26・31・33・35・40・45・47番の11項目である。その逆の「日本を除く各国計」のカテゴリーのほうが高いのは，1・2・5・6・9・10・13・18・29・38・41・46番の12項目である。

日本人が，「間人主義」項目の，(16)「いったん知り合いになれば，その人との縁は，そう簡単に切れるものではない。」とか，(19)「社会生活では，お互いに相手の立場に立ってみることが必要だ。」と感じているのは，ごく普通のことかもしれない。また外国人が，(1)「自分というものをしっかり持たなければ，世渡りはできない。」とか，(5)「個人の持つ権利は，どんなことがあっても守らなくてはならない。」と考えるのも妥当なところであろう。

しかし，(15)「自分のことを隠さずさらけ出したほうが，相手とうまくやって行ける思う。」とか，(48)「どんな人とも，誠意を持って接すれば通じ合えるものだ。」といった「間人主義」項目が，外国で日本以上にサポートされている。逆に，(21)「何といっても人間は自分のことしか考えないものだ。」とか，(35)「わたしは，自分の役に立つような人としかつきあわない。」といった「個人主義」項目を，日本人のほうが強く選好している。

第1表　「間人主義」「個人主義」項目の平均スコアー

種別	番号	対人関係観項目	各国全体	日本	日本を除く各国計
個人	1	自分というものをしっかり持たなければ，世渡りはできない．	4.25	4.21	4.29 ***
個人	2	何事によらず自分のことは，自分自身の力でやるべきだ．	3.94	3.91	3.96 *
間人	3	親身になって助け合わなければ社会生活は成り立たない．	4.13	3.94	4.27 ***
間人	4	親しくつき合える人がいなければ，毎日の生活が味気ないものになってしまう．	4.30	4.38	4.23 ***
個人	5	個人の持つ権利は，どんなことがあっても守らなくてはならない．	3.99	3.77	4.16 ***
個人	6	他人の意見に頼らず，自分ひとりの判断で事を決めた方がよい．	3.18	2.60	3.60 ***
間人	7	「人はなさけ」ということわざもあるように，相手への思いやりが大切だ．	4.44	4.41	4.45 **
間人	8	自分のする行動に対して，きっと相手もうまくこたえてくれると思う．	2.77	2.87	2.70 ***
個人	9	他人の言うことは，そう簡単に信じられるものではない．	3.56	3.23	3.80 ***
個人	10	他人を当てにすることも，他人に頼られることもいやだ．	2.60	2.49	2.68
間人	11	事を決める場合，身近な人ともよく相談し，その意向をくみとるべきだ．	3.89	3.84	3.93 ***
間人	12	「旅は道づれ，世はなさけ」ということわざもあるように，初対面の者どうしでも信頼し合えるものだ．	2.94	2.99	2.91 **
個人	13	社会生活では，自分のしたいこと，ほしいものを，互いにはっきり言うことが必要だ．	3.78	3.62	3.90 ***
個人	14	相手が役立たなければ，つきあいをしても意味がないと思う．	2.04	2.33	1.83 ***
間人	15	自分のことを隠さずさらけ出したほうが，相手とうまくやって行けると思う．	3.36	3.25	3.43 ***
間人	16	いったん知り合いになれば，その人との縁は，そう簡単に切れるものではない．	2.94	3.04	2.87 ***
個人	17	社交的な会合に出るのは，仕事のためなどであって，喜んで出ようとは思わない．	2.47	2.79	2.23 ***
個人	18	人間の生活は，他人からむやみに干渉されるようなものであってはならない．	3.98	3.96	4.00
間人	19	社会生活では，お互いに相手の立場に立ってみることが必要だ．	4.44	4.47	4.41 ***
間人	20	相手が役立つ人かどうかは問題ではなく，その人とのつきあいそれ自体を大切にしていきたい．	4.29	4.18	4.36 ***
個人	21	何といっても人間は自分のことしか考えないものだ．	3.14	3.24	3.07
個人	22	他人との間をうまくやっていこうと思うのも，つきつめてみればわが身が大切だからだ．	3.33	3.48	3.22 ***
間人	23	「渡る世間に鬼はない」というように，困ったときにもきっとだれかが助けてくれるものだ．	3.23	2.92	3.46 ***
間人	24	利害をはなれて人とつきあうことほど人生で楽しいものはない．	3.88	3.88	3.88

種別	番号	対人関係観項目	各国全体	日本	日本を除く各国計
間人	25	常に相手の立場に立ってものを考えることにしている.	3.62	3.62	3.62
個人	26	他の人たちの関心事には, それほど興味をそそられない.	2.47	2.95	2.12 ***
間人	27	問題が起これば, 仲間全員で協力して, 対処してゆくべきだ.	4.11	3.90	4.25 ***
間人	28	近所の人と顔を合わせたとき, 世間話をするのは楽しい.	3.41	3.09	3.65 ***
個人	29	他人にどう思われようと, それにかまわず自分で決断することにしている.	3.01	2.94	3.06
間人	30	まわりの人が悩んでいると, とても平気な顔はしていられない.	3.97	3.73	4.15 ***
個人	31	相手に頼まれなければ, 人の世話などしたくない.	2.46	2.55	2.40 ***
間人	32	一身上のやっかいな問題に直面したときには, 自分で判断するよりも, 家族や友人と相談したほうがよい.	3.78	3.73	3.81 ***
個人	33	何事によらず, 人をあてにせず, 自分自身でやることにしている.	3.07	3.18	3.00 ***
間人	34	自分が困ったら, 友人はきっと助けてくれるはずだ.	3.62	3.12	3.99
個人	35	わたしは, 自分の役に立つような人としかつきあわない.	1.75	1.90	1.64 ***
個人	36	わたしの個人的な問題については, 家族や友人に助けを求めるよりは, 自分ひとりで解決しようと思う.	3.01	3.03	2.99
間人	37	困っている人を見るとその人の気持ちが痛いほどわかるので, 何とかしてあげたいと思う.	3.74	3.69	3.78 ***
個人	38	何かをするとき, あまり人の手を借りようとは思わない.	3.28	3.23	3.32 ***
間人	39	喜びだけでなく悲しみも分かち合えるのが, 仲間との理想的な関係である.	4.42	4.23	4.57
個人	40	人に自分のことを理解してもらいたいとは思わない.	2.15	2.24	2.09 ***
個人	41	他人の気持ちをあまり考えず, 自分の思い通りにしてもかまわない.	1.81	1.69	1.90 ***
間人	42	どんな仕事につくかを決めるとき, 私は友人の意見を聞くつもりだ.	3.04	2.74	3.25
間人	43	仲間と離ればなれになっても, いつまでも仲間のままでいたい.	4.39	4.31	4.44 ***
間人	44	友人とは絶対に切れない関係を持ちたい.	4.13	4.01	4.23
個人	45	近所の人とは, 近くに住んでいるからといって, 親しくつきあおうとは思わない.	3.07	2.69	3.35 ***
個人	46	知っている人が仕事で失敗し, 仲間から冷たくされるのを見ても, 本人に責任があるのだからそ知らぬ顔をしている.	2.21	2.17	2.24 **
個人	47	自分の意志をつらぬくためには, あまり他人の気持を考えない方がよい.	2.26	2.44	2.13 ***
間人	48	どんな人とも, 誠意を持って接すれば通じ合えるものだ.	3.75	3.54	3.91 ***

注) 「日本」と「日本を除く各国計」との有意差　*** p＜.001　** p＜.01　* p＜.05

このことをどう受け止めればよいのだろうか。こうした分布傾向から判断すると，「間人主義」は，日本以外の国においても比較的多く支持されており，「個人主義」は，日本でも，それ以外の国と同じぐらい保持されているように思われる。この点は，従来の比較社会・文化的な見方に反している。

　けれどもこれを事実として受け入れなければならない。その場合は，「間人主義」と「個人主義」は決して背反的な価値観ではなくて，両者は「対人関係観」の両極に位置付けられるものである，と理解せざるをえない。「個別体」（個人）と「関係体」（間人）との相関的二極併存をデータの上で反映しているのである。示されたような「間人主義」の国内外における遍在性は，「関係体」（間人）存在の一般性を示唆するものであろう。

　B）**第2表**は，「間人主義」「個人主義」各24項目の総平均スコアーを，第1表の三つのカテゴリーに従って示したものである。同時に，総集計者（完全回答者）数をも記している。ここでの総平均スコアーは，最低24点（各項目1点×24）と最高120点（各項目5点×24）とのレンジにおける合算スコアーを表示している。このレンジの中央値は，72点〔(120＋24)/2＝72〕である。

　各国の集計者全体でのスコアーは，「間人主義」で90.51（N＝7,844）と高く，「個人主義」での70.69（N＝7,759）との間で，19.82ポイントの差がある。これは，やはり前者の世界的遍在性を示している。「日本」と「日本を除く各国計」との間には，「間人主義」に関してのみ P＜.001レベルでの有意差が認められる。その際「日本を除く各国計」のほうが，「日本」よりも4.7ポイント上回っている。この場合も，第1表のと同じ解釈が可能であろう。「個人主義」については，両者間での有意差は見られなかった。同等の支持があるものと考えられる。

　C）**第3表**は，「日本」と「日本を除く各国計」とを一括して扱うのではなく，各国別に，「間人主義」「個人主義」の総平均スコアーを，集計者数（度数）と標準偏差値とともに示したものである。

　この表を眺めると，「間人主義」項目に関しては，日本のスコアー87.83より低いのは中国だけであって，他の諸外国は，おしなべて日本より高い

第 2 表 「間人主義」「個人主義」24項目の総平均スコアー

	各国全体	日 本	日本を除く各国計
間 人 主 義 (24項目合計)	90.51 N = 7844	87.83 N = 3373	92.53 N = 4471 ***
個 人 主 義 (24項目合計)	70.69 N = 7759	70.52 N = 3374	71.81 N = 4385

注)「日本」と「日本を除く各国計」との有意差 *** p＜.001

第 3 表 「間人主義」「個人主義」の国別平均スコアー

	間人主義スコアー			個人主義スコアー		
国	度数 N	平均値	標準偏差	度数 N	平均値	標準偏差
アメリカ	947	92.54	10.22	936	69.81	10.35
イギリス	458	93.34	9.99	436	70.05	10.23
日 本	3373	87.83	10.00	3374	70.52	10.25
スペイン	27	94.11	8.07	29	63.86	9.38
ドイツ	59	94.29	8.42	55	69.56	7.35
フランス	107	90.86	11.29	108	75.22	12.04
中 国	178	86.98	9.01	174	66.82	9.55
オランダ	317	90.96	8.31	295	67.66	9.97
韓 国	205	92.45	8.91	200	69.71	10.03
チェコ	99	92.83	9.05	99	74.01	9.37
ニュージーランド	150	92.05	9.13	143	69.08	9.10
アルゼンチン	419	95.62	10.30	425	72.72	12.48
オーストリア	85	95.02	9.02	84	73.96	8.53
ベルギー	242	92.51	10.45	238	73.77	10.88
オーストラリア	129	92.64	8.81	131	69.76	11.23
メキシコ	91	96.52	9.31	93	69.66	10.33
ハンガリー	39	90.08	7.87	41	72.32	9.45
インド	130	90.83	10.18	131	77.25	10.98
シンガポール	323	91.67	9.10	313	71.70	9.85
香 港	23	95.57	12.73	25	76.28	8.03
デンマーク	23	91.96	7.73	21	68.24	9.91
イタリア	36	90.50	10.50	34	69.50	13.08
マレーシア	133	92.37	8.78	129	73.85	10.16
タ イ	22	89.91	8.31	24	75.96	8.70
カナダ	229	92.55	11.90	221	68.81	9.51
合 計	7844	90.51	10.23	7759	70.69	10.48

ことが分かる。ハンガリー・イタリア・タイを除けば，他はすべて全体の平均値90.51をかなり上回っている。この分布傾向からも，「間人主義」の国際的遍在を認めることができよう。

「個人主義」項目では，日本のスコアー70.52より高いのは，フランス・チェコ・インドなど11か国であり，低いのは，アメリカ・ドイツ・カナダなど13か国であった。日本を含め，各国の平均スコアーは，中央値の72を前後する数値となっている。どの国もその支持は等しく中程度であると言える。

D) 第3図は，第3表との連関で，調査集団ごとに「間人主義」と「個人主義」の平均スコアーをプロットした，散布図である。各集団のまとまりぐあいを，各国の存する地域や調査票の言語に応じて，サークル化して表示している。この図では，各集団の「個人主義」の平均スコアーは，中央値72点ないし総平均値70.69の±7ぐらいのところに揃って分布している。「間人主義」のそれは，中央値の72を約18ポイントも上回るところに，90.51という総平均値があり，その±10ぐらいの範囲内に各集団が存在している。

注目されるのは，「間人主義」に関しては，日本・中国の諸集団は，概して総平均値より少ない左側に位置を占めており，アメリカ・カナダ，ヨーロッパ，オセアニア，東南アジアの諸国，あるいはフランス語・ドイツ語・スペイン語の圏内の集団は，総平均値より大きい右側のほうにある，という点である。「高齢者集団」というのは，日本のそれであるが，「個人主義」得点が高い。ハワイ・アルゼンチンの日系人，香港・ベルギー・チェコは，「間人主義」「個人主義」が共に高い。

この散布図から，日本・中国よりも，他の国・地域・言語圏のほうが，「間人主義」の平均スコアーの大きいことが知られる。その国際的遍在性がはっきり読み取れる。

E) 第4-1図，第4-2図は，日本の地方公務員の研修者集団81名の回答と，英国企業（製造業）A社80名の回答について，「間人主義」「個人主義」の各項目での平均スコアーを，折れ線でつないで作成したプロフィールを比較する試みである。項目の文章表現は，調査票のものを，スペース

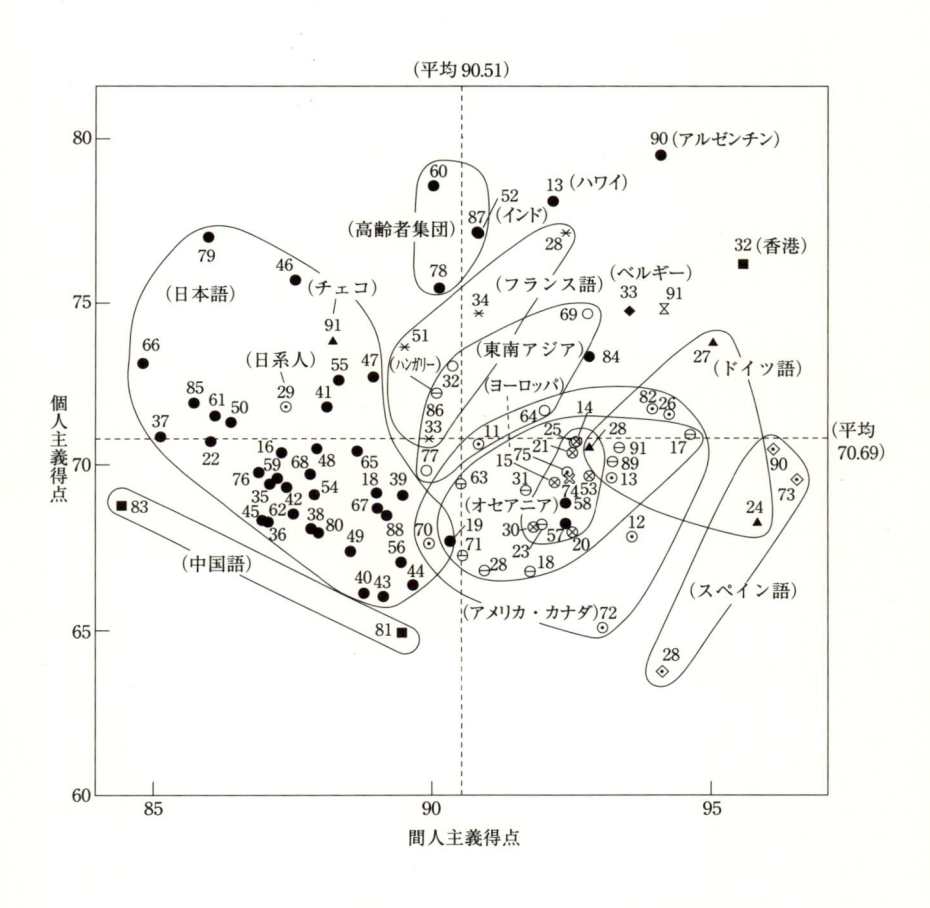

第3図　各調査集団別間人主義得点と個人主義得点の散布図
（数字は，各調査集団のID番号）

228

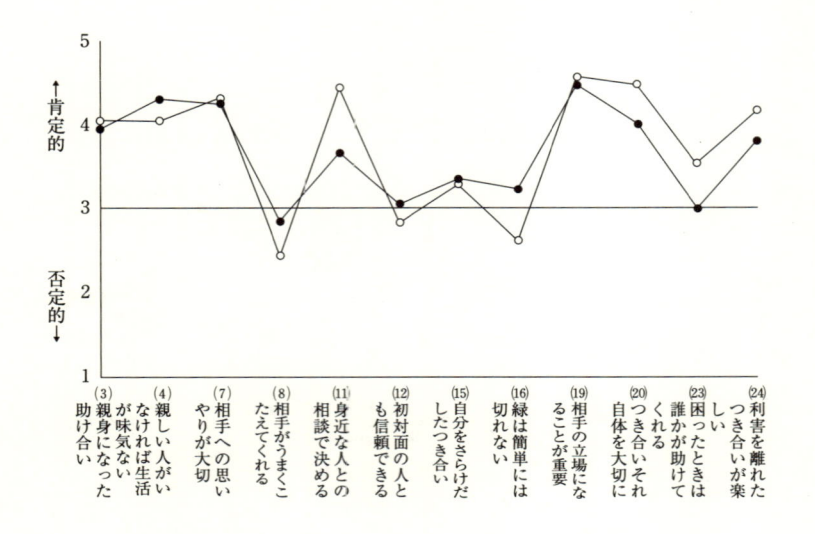

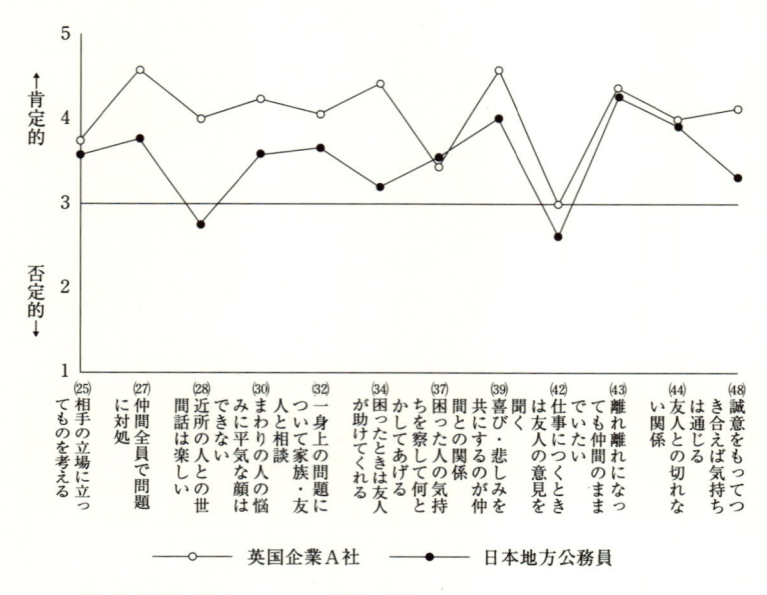

第4-1図 「間人主義」平均スコアーの日・英比較プロフィール

(3) 利害を離れたつき合いが親身になった助け合い
(4) 親しい人がいなければ生活が味気ない
(7) 相手への思いやりが大切
(8) 相手がうまくこたえてくれる
(11) 身近な人との相談で決める
(12) 初対面の人とも信頼できる
(15) 自分をさらけだしたつき合い
(16) 縁は簡単には切れない
(19) 相手の立場になることが重要
(20) つき合いそれ自体を大切に
(23) 困ったときは誰かが助けてくれる
(24) 利害を離れたつき合いが楽しい

(25) 相手の立場に立ってものを考える
(27) 仲間全員で問題に対処
(28) 近所の人との世間話は楽しい
(30) まわりの人の悩みに平気な顔はできない
(32) 一身上の問題について家族・友人と相談
(34) 困ったときは友人が助けてくれる
(37) 困った人の気持ちを察して何かしてあげる
(39) 喜び・悲しみを共にするのが仲間との関係
(42) 仕事につくすでいたい
(43) 離れ離れになっても仲間のまま
(44) 友人との切れない関係
(48) 誠意をもってつき合えば気持ちは通じる

○—— 英国企業A社　　●—— 日本地方公務員

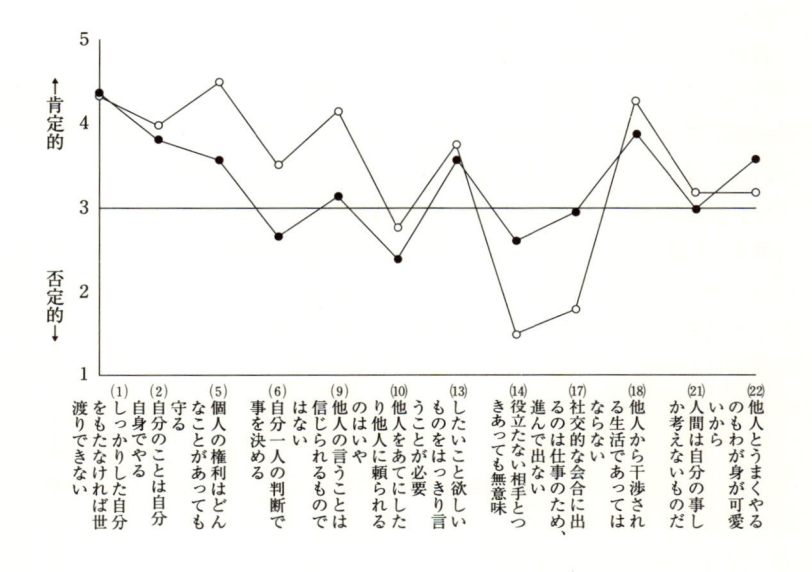

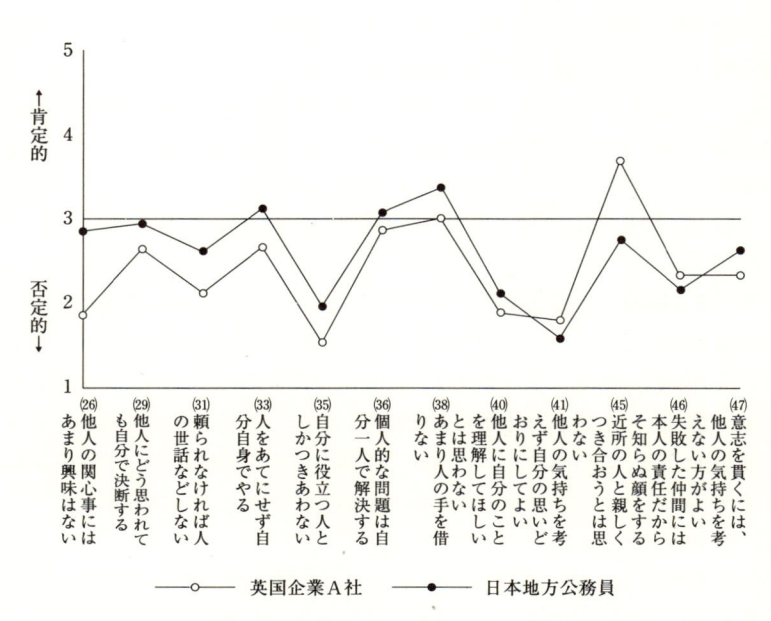

229

第4-2図 「個人主義」平均スコアーの日・英比較プロフィール

凡例: ─○─ 英国企業A社　　─●─ 日本地方公務員

(1) 他人とうまくやり渡りできないをもたないければ世しっかりした自分
(2) 自分でやる自分のことは
(5) 守る個人の権利はどんなことがあっても
(6) 事を決める自分一人の判断で
(9) はない信じられるものでのはい他人の言うことは
(10) のはいやり他人に頼られるにした他人をあてにした
(13) うことが必要ものをはっきり言したいと欲しい
(14) きあっても無意味役立たない相手とつ
(17) 進んで出ないるのは仕事のため、社交的な会合に出
(18) る生活であってはならない他人から干渉され
(21) か考えないものだ人間は自分の事し
(22) いから他人の事のもわが身が可愛

(26) あまり興味はない他人の関心事には
(29) も自分で決断する他人にどう思われて
(31) の世話などしない頼られなければ人
(33) 分自身でやる人をあてにせず自
(35) しかつきあわない自分に役立つ人と
(36) 分一人で解決する個人的な問題は自
(38) りない他人に自分のことを理解してほしいとは思わない
(40) ないおりにしてよい他人の気持ちど
(41) りないえず自分の思いど他人の気持ちを考
(45) つき合おうとは思わない近所の人と親しく
(46) 本人の責任だから失敗した仲間には知らぬ顔をする
(47) 意志を貫くには、他人の気持ちを考えない方がよい

の関係上，適宜修正してある。

　調査報告書では，全国の都道府県から集まった地方公務員の集団に日本を代表させ，それと外国の企業・大学・地域集団，および日本国内の企業等の諸集団と比較するためのプロフィールを描いている。外国との比較では，ここで示したパタンと大差はない。国内諸集団との比較プロフィールでは，折れ線パタンが重なり合う傾向がある。

　第4-1図（「間人主義」項目）では，(8)(12)(16)(37)を除けば，英国企業のほうが平均スコアーが大きい（「肯定的」方向）傾向にある。(11)「身近な人との相談で決める」，(27)「仲間全員で問題に対処」，(28)「近所の人との世間話は楽しい」，(34)「困ったときは友人が助けてくれる」などでは，英国の点数が1点ほど高くなっている。

　第4-2図（「個人主義」項目）に関しては，英国側のほうが点数の高い項目は，(2)(5)(6)(9)(10)(12)(18)(21)(41)(45)(46)の11項目にとどまり，他は日本側のほうが高くなっている。(2)「個人の権利はどんなことがあっても守る」，(9)「他人の言うことは信じられるものではない」，(45)「近所の人と親しくつき合おうとは思わない」などでは日本を1ポイントほどリードしている。他の項目では，折れ線パタンはよく似ている。

　こうした比較作業では，「間人主義」「個人主義」とも，日・英間で決定的な差異があるわけではないことが判明した。両者は，項目によっては違いはあるものの，どちらの社会でもほどほどにサポートされているのである。とくに英国では，「間人主義」の評価が高いことに気づく。

　F）**第5図**は，数量化Ⅲ類を用いて得られた，「間人主義」「個人主義」の国別散布図である。そこでは，(1) 肯定・否定のいずれかに決める傾向と，決めかねる態度（3カテゴリーに丸をつける傾向）とから成る第1次元軸，(2)「間人主義」か「個人主義」か，そのいずれを選好するか，という第2次元軸が見い出された。各国の回答がこれらの軸によって構成される4次元のどこに位置付けられるか，ということを示す図である。データは，平均0，分散1に設定されている。

　この散布図で，「どちらでもない」という回答，すなわち③が多かった日本やアジアの諸国は縦の0軸より右側にあり，しかもドイツとともに，「間人主義」のサイドに位置付けられる。他の諸国は「肯定・否定のいず

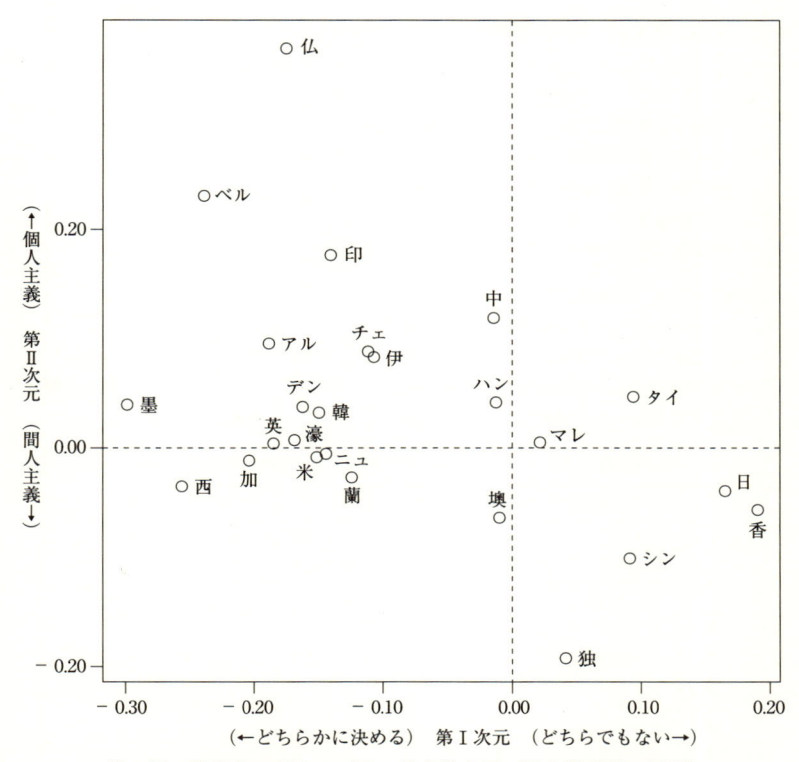

第5図 数量化Ⅲ類カテゴリー得点散布図（対人関係観・国別）

(米)アメリカ, (英)イギリス, (日)日本, (西)スペイン, (独)ドイツ, (仏)フランス,
(中)中国, (蘭)オランダ, (韓)韓国, (チェ)チェコ, (ニュ)ニュージーランド,
(アル)アルゼンチン, (墺)オーストリア, (ベル)ベルギー, (濠)オーストラリア,
(墨)メキシコ, (ハン)ハンガリー, (印)インド, (シン)シンガポール, (香)香港,
(デン)デンマーク, (伊)イタリア, (マレ)マレーシア, (タイ)タイ, (加)カナダ

れかに決める」側にあって，フランス・ベルギー・インドなどは，かなり「個人主義」サイドに寄っている。イギリス・アメリカ・カナダ・オーストラリア・ニュージーランドなど英語圏では，「個人主義」はそれほど強くない。

　単純集計レベルでは，「間人主義」の世界的遍在性が顕著であり，また「個人主義」の平準化も鮮明であった。この数量化理論による分析では，それぞれの明確な国が特定された。「間人主義」では，日本，ドイツが，「個人主義」ではフランス，ベルギーが挙げられる。これは従来の比較社会論的な分化の枠組みに添っている。

第4表　対人関係観の属性集団別のフェース・シート特性

被調査者のスコアー別のタイプ分け（平均点を基準）
（平均個人主義得点：70.69，平均間人主義得点：90.51）
- 積極的個人主義者：個人主義得点が71点以上
- 消極的個人主義者：個人主義得点が71点未満
- 積極的間人主義者：間人主義得点が91点以上
- 消極的間人主義者：間人主義得点が91点未満

属性集団タイプの構成
A　積極的個人主義者＆積極的間人主義者
B　積極的個人主義者＆消極的間人主義者
C　消極的個人主義者＆積極的間人主義者
D　消極的個人主義者＆消極的個人主義者

		積極的間人主義		
消極的個人主義	C	A	積極的個人主義
	D	B	
		消極的間人主義		

（数値は構成比％　太字は各水準の最大値．ただし合計実数≥5のもののみ）

	属性集団タイプ	A	B	C	D	計（人数）
性別	男	19.2	**31.1**	27.1	22.6	100 (4092)
	女	22.1	21.9	**36.0**	20.0	100 (3177)
学歴	小学校	**55.4**	26.8	14.3	3.6	100 (56)
	中学校	**39.6**	27.3	23.5	9.6	100 (260)
	高等学校	22.1	**27.7**	27.6	22.5	100 (1558)
	短大・高専	23.1	23.1	**35.2**	18.7	100 (1006)
	大学	17.7	27.5	**32.5**	22.3	100 (3353)
	大学院	15.1	29.5	**30.8**	24.5	100 (383)
	その他	24.1	22.2	**33.3**	20.3	100 (315)
婚姻状況	未婚	19.1	25.1	**34.1**	21.1	100 (4111)
	既婚	21.9	**28.8**	27.1	22.1	100 (2472)
	異性と同居	23.1	24.8	**32.4**	19.7	100 (238)
	離婚	29.5	**30.2**	23.3	17.1	100 (129)
	死別	**41.3**	28.6	19.0	11.1	100 (63)
	その他	14.8	22.2	**40.7**	22.2	100 (27)
子供	いる	23.1	**28.6**	26.8	21.5	100 (2242)
	いない	19.3	26.1	**33.4**	21.2	100 (4693)
職業	自営業	**42.6**	27.7	22.8	6.9	100 (202)
	専門職	16.6	28.5	**29.4**	25.4	100 (869)
	販売・営業職	19.6	31.5	**32.5**	16.4	100 (495)
	一般事務職	17.2	**29.1**	27.2	26.5	100 (1469)
	現業・技能職	20.8	24.6	**30.5**	24.1	100 (597)
	学生	19.4	25.2	**35.3**	20.1	100 (2938)
	主婦	**40.0**	24.8	20.0	15.2	100 (125)
	そのほか	26.2	**29.5**	26.3	18.0	100 (543)

	属性集団タイプ	A	B	C	D	計（人数）
暮らし	上	21.9	27.2	23.2	27.7	100 (224)
	中の上	20.2	24.9	33.6	21.3	100 (3755)
	中の下	20.5	28.8	28.9	21.8	100 (2884)
	下	18.8	39.7	21.6	19.9	100 (287)
宗教	信じている	24.6	22.1	36.8	16.5	100 (2973)
	信じていない	17.3	30.9	26.8	25.0	100 (4254)
宗教名	カトリック	28.3	16.7	40.2	14.8	100 (946)
	プロテスタント	17.4	17.0	46.0	19.6	100 (459)
	キリスト教（他）	23.3	17.4	47.2	12.2	100 (288)
	ユダヤ教	29.0	9.7	41.9	19.4	100 (31)
	ギリシャ正教	0.0	14.3	71.4	14.3	100 (7)
	ロシア正教	0.0	50.0	25.0	25.0	100 (4)
	イスラム教	33.3	32.2	13.3	21.1	100 (90)
	仏教	23.5	29.0	29.6	17.9	100 (804)
	儒教	0.0	55.6	33.3	11.1	100 (9)
	神道	16.2	29.7	27.0	27.0	100 (37)
	そのほか	27.0	27.0	30.9	15.1	100 (259)
	無宗教	17.3	30.9	26.8	25.0	100 (4254)
生育地域	農山漁村	24.8	27.7	27.2	20.2	100 (757)
	一部市街地化	18.7	27.5	31.0	22.8	100 (1736)
	都市近郊	16.6	26.6	33.7	23.1	100 (1921)
	中小都市	22.4	24.2	33.0	20.4	100 (1628)
	大都市	23.0	31.3	26.2	19.6	100 (1253)
年齢区分	19歳以下	18.1	25.6	35.8	20.5	100 (1325)
	20～24歳	19.7	25.0	34.7	20.5	100 (1966)
	25～29歳	17.4	24.6	35.0	23.0	100 (1093)
	30～34歳	19.8	27.4	30.0	22.8	100 (683)
	35～39歳	18.8	30.2	24.8	26.1	100 (483)
	40～49歳	20.4	29.0	27.2	23.5	100 (835)
	50～59歳	23.6	31.4	23.8	21.3	100 (475)
	60歳以上	39.5	35.8	13.8	11.0	100 (400)
組織観	トップから指令	16.4	39.0	19.6	25.0	100 (1014)
	全体のことを考えて	20.7	22.8	35.9	20.6	100 (4705)
	割り当てられた仕事	21.7	32.8	24.0	21.4	100 (1743)
人間観	性善説	21.0	20.3	39.7	19.0	100 (2151)
	性悪説	12.7	44.6	19.5	23.1	100 (502)
	どちらでもない	20.9	28.6	28.1	22.4	100 (4822)
自然観	変えていく	21.7	42.7	16.2	19.4	100 (253)
	なすがまま	21.8	38.1	25.4	14.7	100 (606)
	調和	20.1	25.7	32.0	22.2	100 (6622)
	計（属性不明を含む）	18.7	25.1	28.3	19.7	100 (7551)

G）**第4表**は，二つの「対人関係観」を平均値を基準に強・弱に分けて，その組み合わせから4種の属性集団A・B・C・Dを構成し，それらとフェース・シート項目との連関を眺めたものである。「間人主義」「個人主義」の保持に関して，全回答者のフェース・シート特性を調べたものといえる。

全平均スコアーを上回るケースを「積極的」，下回るケースを「消極的」と名付けた。「間人主義」では91点，「個人主義」では71点が基準となる。その組み合わせで，ともに「積極的」なのがAグループ，「積極的」個人主義者で，かつ「消極的」間人主義者がBグループ，「積極的」間人主義者で，かつ「消極的」個人主義者がCグループ，ともに「消極的」なのがDグループである。

フェース・シートの各項目ごとに，これら4種の属性集団の人数を計算した（ただしパーセントで表示）のが，第4表である。これを見ると，たとえば，「学歴」に関しては，低学歴から高学歴に移るにつれて，A→B→Cと変わっていくのが分かる。その逆傾向は「年齢区分」であって，34歳まではC，35～59歳はB，60歳以上はAとなっている。（「組織観」「人間観」「自然観」については次節6.3で述べる）

全体的傾向としては，どのフェース・シート項目についても，Cグループが他グループよりも発生比が高いことが分かる。すなわち，「積極的」間人主義者で，かつ「消極的」個人主義者であるケースが最も多い，ということになる。「宗教」で，キリスト教と仏教の信者がCグループに属し，イスラム教徒がAグループであるのは興味深い。中流階層と都市生育者がCグループである。男性はBが多く，女性はCに属する傾向が大である。

6.3

「対人関係観」と組織観・人間観・自然観

「対人関係観」の調査では，「間人主義」「個人主義」項目の肯否を問う問題のほか，組織観・人間観・自然観についての質問をも行なった。これらは，かつてフローレンス・クラックホーンが価値指向（value orientations）の調査研究で使用したものにヒントを得ている。クラックホーンでは，人間性，人間＝自然間の関係，時間，活動性，人間関係の5次元に関して，それぞれ三つの回答の選択肢を用意している[1]。

　この調査では，3次元に関して，それぞれ三つの選択肢を用意し，自分の考えに最も近いと思うもの一つを選ぶように求めた。具体的には，次のとおりである。

　(1) 組織について
　　(A) 組織というものは，トップから指令を出さないとうまく動かない。
　　(B) 組織というものは，それぞれの者が全体のことを考えて連絡を取り合っておれば，うまく動いていく。
　　(C) 組織というものは，それぞれの者が割り当てられた仕事をきちんとしておれば，うまく動いていく。
　(2) 人間について
　　(A) 人間は，生まれつき善である。
　　(B) 人間は，生まれつき悪である。
　　(C) 人間は，生まれつき善であるとも悪であるともいえない。
　(3) 自然について
　　(A) 自然を変えていく努力をしなければ，人間の生活は豊かにはならない。

1） Florence R. Kluckhohn & Fred L. Strondtbeck, Variations in Value Orientations, Row, Peterson, 1961, pp. 11-20.

(B) 自然の力にさからわずに，自然のなすがままになるのがよい。
(C) 自然を破壊しない程度にうまく活用し，自然と調和をはかっていくのがよい。

「組織観」については，(A)はトップ・ダウン方式，(B)は，全体への配慮と密接な連絡を重視，(C)は，分担仕事の責任ある遂行，の中から選ぶことになる。「人間観」では(A)は性善説，(B)は性悪説，(C)は性善・性悪不定，を示している。「自然観」においては，(A)は，人間による自然制御，(B)は自然のなすがままを容認，(C)は自然をうまく活用して調和をはかる，という選択肢である。

単純集計では，アメリカ・イギリス・日本・オランダ・アルゼンチンを比較してみた。「組織観」では，(B)の配慮と連絡が各国とも60％以上を占め，次いで(C)の分担遂行，(A)のトップ・ダウン方式の順であった。国による差はあまりない。「人間観」については，大半の国で(C)の性善・性悪不定が多く，60％以上を占める。オランダは，性善説が40％もある。性悪説の発生比は各国とも極めて小さい。「自然観」では，各国とも，90％ほどが，(C)の活用・調和という考え方である。（調査報告書，1999年，100〜101頁参照）

次いで，これらの「価値指向」と「対人関係観」（「間人主義」・「個人主義」）との相関について検討してみよう。この解明では，まず第一に，第4表の右下部分にある，A・B・C・Dという4属性集団とのクロス状況を眺めてみよう。「組織観」については，B［個人主義］と(A)および(C)との結びつき，C［間人主義］と(B)との接合が見られる。「人間観」に関しては，C［間人主義］と(A)との連関，B［個人主義］と(B)および(C)とのかかわりが指摘される。「自然観」については，B［個人主義］と(A)および(B)との連携，C［間人主義］と(C)との連関が認められる。

そこで数量化Ⅲ類を用いて，これらの相関性を確認した。第6・7・8図は，「間人主義」と「個人主義」から成る軸（第2次元）での相対的な度合いを表現したものである。（数値は，平均0，分散1に変換）　そこでの0点より右側が「個人主義」方向，左側が「間人主義」方向となっている。

「組織観」の**第6図**では，「個人主義」と(A)「トップ・ダウン方式」，お

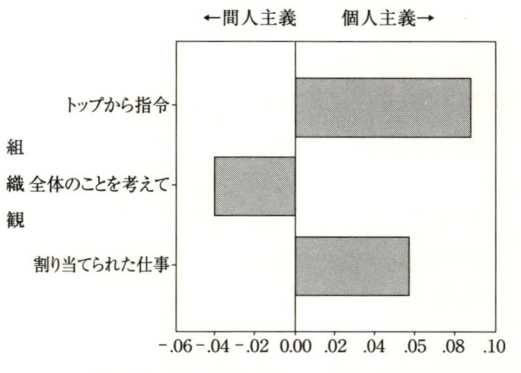

第6図　数量化Ⅲ類カテゴリー得点（組織観別）

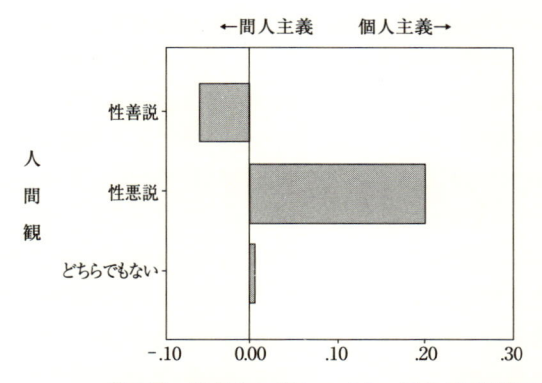

第7図　数量化Ⅲ類カテゴリー得点（人間観別）

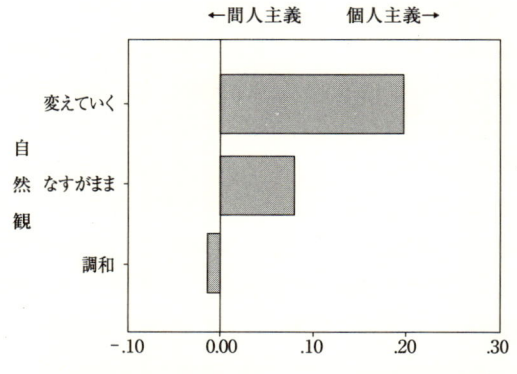

第8図　数量化Ⅲ類カテゴリー得点（自然観別）

よび(C)「分担仕事の責任ある遂行」との結びつき,「間人主義」と(B)「全体への配慮と密接な連絡」とのかかわりが示された。

「人間観」の**第7図**では,「個人主義」と(B)「性悪説」,「間人主義」と(A)「性善説」との接合は明らかだが,(C)「性善・性悪不定」との連関ははっきりしない。

「自然観」の**第8図**において,「個人主義」と(A)「人間による自然制御」および(B)「自然のなすがままを容認」との結合ははっきりしている。(C)「自然をうまく活用して調和をはかる」は「間人主義」と弱く結びついている。

さらに,「組織観」「人間観」「自然観」を一括して,数量化Ⅲ類の分析にかけたのが**第9図**である。そこでは,(1)「対人関係観」の選好で,肯定・否定のいずれかに決める傾向と,決めかねる態度とから成る第1次元軸,(2)「間人主義」か「個人主義」か,そのいずれを選好するか,という第2次元軸が見い出された。この図は,各国の完全回答者全体について,三つの「価値指向」の各項目が,これらの軸によって構成される4次元のどこに位置付けられるか,ということを示している。データは,平均0,分散1で算定されている。

第1象限は,「個人主義」との相関をもちながら,「対人関係観」の肯否判定では中立的である空間である。そこには,「組織観」では(A)「トップ・ダウン方式」および(C)「分担仕事の責任ある遂行」が,「人間観」では(B)「性悪説」が,「自然観」では(A)「人間による自然制御」および(B)「自然のなすがままを容認」が包含されている。「人間観」の(C)「性善・性悪不定」は,わずかに「個人主義」と連関する。

これに対し,第3象限は,「間人主義」と相関し,肯否判定のはっきりした領域を指している。ここには,「組織観」での(B)「全体への配慮と密接な連絡」,「人間観」での(A)「性善説」,「自然観」での(C)「自然をうまく活用して調和をはかる」が入ってくる。

この散布図で,「個人主義」と「トップ・ダウン方式」「人間による自然制御」「性悪説」との結びつき,「間人主義」と「全体への配慮と密接な連絡」「性善説」「自然との調和」との接合が,対照的な形で明確になったことが大変興味深い。これは,従来の比較文化論的な指摘とも合致している。

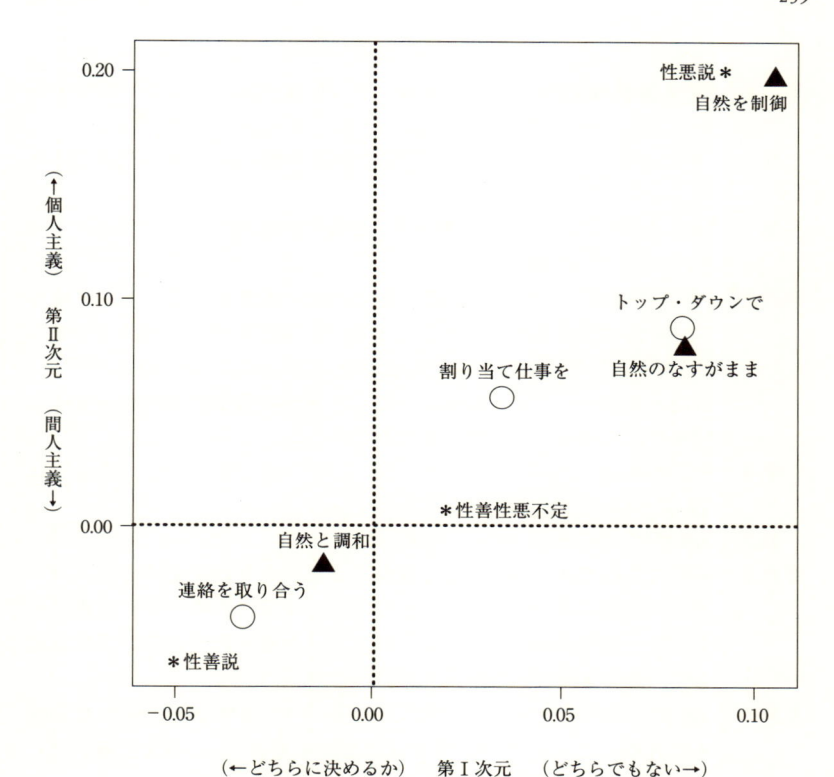

第9図　数量化Ⅲ類カテゴリー得点散布図
（組織観・人間観・自然観別）

○組織について
　トップ・ダウンで：組織というものは，トップから指令を出さないとうまく動かない。
　連絡を取り合う：組織というものは，それぞれの者が全体のことを考えて連絡を取り合っておれば，うまく動いていく。
　割り当て仕事を：組織というものは，それぞれの者が割り当てられた仕事をきちんとしておれば，うまく動いていく。
＊人間について
　性　善　説：人間は，生まれつき善である。
　性　悪　説：人間は，生まれつき悪である。
　性善性悪不定：人間は，生まれつき善であるとも悪であるともいえない。
▲自然について
　自 然 を 制 御：自然を変えていく努力をしなければ，人間の生活は豊かにはならない。
　自然のなすがまま：自然の力にさからわずに，自然のなすがままになるのがよい。
　自 然 と 調 和：自然を破壊しない程度にうまく活用し，自然と調和をはかっていくのがよい。

準則1　「対人関係観」には，「間人主義」と「個人主義」の二つの類型がある。
　系1　「間人主義」には，(1)相互依存主義，(2)相互信頼主義，(3)対人関係の本質視，という三つの属性がある。
　系2　「個人主義」には，(1)自己中心主義，(2)自己依拠主義，(3)対人関係の手段視，という三つの属性がある。
準則2　「対人関係観」に関する国際比較調査が，著者らによって，平成6〜10年度に，世界25か国で行なわれた。調査対象者は計8,268名。「間人主義」と「個人主義」を示す短い意見項目，各24個について，肯定・賛成から否定・反対にいたる1〜5の数字のどれか一つに〇印を付けてもらうアンケート調査であった。
　系1　被調査者に，どの項目が「間人主義」であるか，「個人主義」であるかは示していない。
　系2　調査票は，10か国語に訳して使用した。
準則3　回答の集計では，最も肯定・賛成の1に〇を付けた①に5点，以下順次に，②に4点，「何とも言えない」の③に3点，④に2点，最も否定・反対の⑤に1点というスコアーを与えた。各意見項目に関して，調査集団ごとの平均点を算出した。
準則4　調査結果の概要としては，「間人主義」の肯定度がどの国でも比較的大きかった。その国際的な遍在性が示された。「個人主義」は，どの国でも中程度に支持されていた。（第1・2表）
　系1　「間人主義」項目のすべてに回答した完全回答者7,844名の合計点数の平均は，90.51（最低24，最高120，中央値72）であった。（第2表）
　系2　「個人主義」項目のすべてに回答した完全回答者7,759名の合計点数の平均は，70.61（最低24，最高120，中央値72）であった。（第2表）
準則5　平均スコアーに関して，「日本」と「日本を除く各国計」との間に有意差のある項目が多かった。「間人主義」の17項目で，前者よりも後者のほうが，スコアーが有意に高かった。完全回答者全体の合計点についても，同様の有意差があった。「個人主義」の11項目では，前者よりも後者のほうが，スコアーが有意に低かった。（第1・2表）
準則6　「間人主義」「個人主義」別に国ごとの平均スコアーを眺めてみると，「日本」よりも，「中国」を除く諸外国のほうが，概して「間人主義」得点が高くなっている。「個人主義」では各国とも，スコアー中央値72前後の得点となっている。（第3表）

6.3 「対人関係観」と組織観・人間観・自然観

準則7 各調査集団の「間人主義」「個人主義」平均得点をプロットした散布図（第3図）では，国の地域的まとまりや言語圏がサークル化されて示される。

 系1 「個人主義」に関しては，各集団とも，中央値または総平均値に近いところに揃って分布している。

 系2 「間人主義」に関しては，日本・中国の諸集団は，総平均値より低いところに，欧米諸国・東南アジア・オセアニア，あるいは仏・独・西の言語圏の諸集団は，概して高いところに位置している。

準則8 「日本」を代表すると思われる，地方公務員の研修者集団と，イギリスのメーカー従業員との間で，各項目の平均スコアーをつないだ折れ線プロフィールのパタンを比較したところ，あまり顕著な違いは見当たらなかった。（第4-1・2図）

準則9 数量化Ⅲ類を用いた「間人主義」「個人主義」の国別散布図（第5図）を見ると，日本やアジア諸国，ドイツは，回答で「どちらとも言えない」反応の③が多いと同時に，「間人主義」をサポートする，第4次元に位置付けられている。その他の諸国は，「どちらかに決める」という回答態度で，「個人主義」を支持する傾向にある。フランス・ベルギー・インドの「個人主義」サポートが目立っている。

準則10 「間人主義」と「個人主義」の支持度を，総平均スコアーを基準にとって「積極的」と「消極的」とに分け，それらを組み合わせた4種類のカテゴリーを設定し，それらとフェース・シートとの相関を眺めたのが第4表である。概して「積極的間人主義者・消極的個人主義者」グループの発生比が高かった。

準則11 調査票では別の質問，すなわち「組織観」（トップ・ダウン方式，全体への配慮と密接な連絡，分担仕事の責任ある遂行，の3回答），「人間観」（性善説，性悪説，性善・性悪不定の3回答），「自然観」（人間による自然制御，自然のなすがままを容認，自然をうまく活用して調和をはかる，の3回答）をたずねた。

準則12 これら三つの「価値指向」と「間人主義」「個人主義」との相関を，数量化Ⅲ類によって調べてみた。「組織観」では，「全体への配慮と密接な連絡」と「間人主義」，「トップ・ダウン方式」「分担仕事の責任ある遂行」と「個人主義」とのかかわりが判明し（第6図），「人間観」では，「性善説」と「間人主義」，「性悪説」と「個人主義」との対応が分かった（第7図）。「自然観」については，「人間による自然制御」「自然のなすがままを容認」と「個人主義」との結びつきがあるが，「自然をうまく活用して調和をはかる」と「間

人主義」との接合は弱い（第8図）。

準則13 「組織観」「人間観」「自然観」の各3回答項目が，「対人関係観」の2類型や回答様態とどうかかわっているかを，数量化Ⅲ類で調べた（第9図）。その散布図での第1象限は，「個人主義」と相関しながら，中立回答の多い領域である。そこでは「トップ・ダウン方式」「性悪説」「人間による自然制御」が含まれる。第3象限は，肯否反応のはっきりした「間人主義」支持の領域であり，「全体への配慮と密接な連絡」「性善説」「自然をうまく活用して調和をはかる」がそこに属している。

———————————

エピローグ

本書での議論の要点

　本書では，最初に，これまでの代表的な日本論の文献をいくつか取り上げた。検討した本の第一は，今日でも日本研究の古典とされているベネディクトの『菊と刀』である。同書は，日本の「文化の型」を多面的に分析している。第二は，中根千枝の『タテ社会の人間関係』である。続いては，土居健郎の『「甘え」の構造』と，南　博の『日本的自我』である。

　これらは，日本人において自律的な態度・パーソナリティ・社会構造が欠けるという意味で，いわゆる「集団主義」的な傾向を指摘したものと言える。しかし「集団主義」という分析パラダイムを機械的に適用するのは適切ではない。著者たちもその点には気付いている。（第1・2章）

　「集団主義」というのは，主体的個人に基盤を置く「個人主義」の欠如態であるにすぎず，そのようなものは日本に実際に存在するはずがない。日本に固有な属性とされるものは，「人と人との間」といった関係性である。実は，検討した上記の日本論文献は，その属性にも注目している。それをベースにしたグローバル・モデルが生まれる可能性もある。（第2章）

　あえて日本型集団主義と称するならば，それは日本企業に普通に見られる「協同団体主義」とでもいうべき社会編成原理を指していよう。それを解明するには，〈にんげん〉モデルの変革を必要とする。従来の「個人」といった個体的存在から，関係的存在への転換が要請されることになる。そのモデルは，新たに「間人」と名づけられた。（第3章）

　その際，ゲーデル定理による「個人」の実在性への疑問から，「擬・個体」（独自体），「原・個体」（個別体），「原・関体」（関係体）という三つのシステム形態が区別された。通常「個人」といっているのは，潜在的な

関係性を宿した「個別体」のことである。また関係性については，「相対（そうたい）」と「相待（そうたい）」の相違と相関とが指摘された。

そこで日本研究パラダイムを再構築するための基礎理論の検討に入る。（第4章）まず，個体存在から相関存在への転換をはかるために，デカルト主義を克服しようとする，西田幾多郎の「場所」論に注目する。また藤沢令夫の「個体」虚構説，八木誠一の「フロント」理論にもリファーする。さらに，対人関係を，「社会関係」と「間柄」に分けて対比する。とくに後者での縁故関係に注意を払った。

同じく第4章で，「場所」は単に環境を意味するものではなく，むしろそれ自体が主体的存在であることを，何人かの研究者の理論を参照しながら論述した。さらに，輻輳した人間関係のネットワークである「複雑系」に注目したが，それを「システム関係体」として捉えた。その解明を行なった，清水　博の「関係子」理論やケストラーの「ホロン」論についてコメントした。

第5章の「相関存在論」に関しては，主に中国の荘子や古代インドの龍樹の理論が取り上げられた。ことに龍樹の「自性」（自立した個体）と相互依存的「縁起」連関とのアンティノミーの問題が検討された。同時にテトラ・レンマの論理にも注目し，山内得立の言う，「相待」による「依止（えし）」が問題として提起された。それは「関係体」や「間人」の存在論的基盤となるからである。

「間人主義と個人主義」と題した第6章では，それら二つの「対人関係観」についての国際比較調査のデータが分析された。世界25か国，約8300人を対象にしたこの質問紙調査では，「間人主義」の国際的遍在性が立証された。しかもそこでは，日本や中国よりも，欧米・東南アジアのほうが，選好度が大であった。「個人主義」は，日本を含め，各国とも中程度にサポートされていたにすぎない。こうした実証研究からすると，これら二つの「対人関係観」は，決して相対立するものではなく，相補的連関をもっていると言える。

このような研究を総括して「間（あわい）の文化」論と呼ぶならば，それは上記の研究のみによって完結するものではない。二つほどの未決課題を残している。その一つは，「独（ひとり）の文化」との連関で，社会文化の比較研究の方法論をどう設定するか，という問題である。もう一つは，

エピローグ

「間(あわい)の文化」を社会編成原理の一つのタイプとしてとらえる場合，何がその機能要件となるかの問題である。まず，第一の課題から検討しよう。

比較社会文化論の構図

本書での理論的検討から推論されるのは，「関係体」や「間人」が主体システムとして，より一般的な存在であり，「個別体」や「個人」は，個体サイドの極にある，その特定形態だということである。「間人主義」と「個人主義」も同様の連関にある。こうしたことから，おそらく日本などに起源をもつ「間(あわい)の文化」を，新たに国際比較基準に設定し，その立場から日本と欧米とを較べてみるアプローチが必要となる。

つまり，「関係体」概念に基づく「日本らしさ」「欧米らしさ」の解明パラダイムとして，「方法論的関係体主義」(methodological relatum-ism)を採択する可能性が開かれてくる。もっとも，これは日本だけに適用されるパラダイムではない。「関係体」の普遍性からすると，国際的な汎用性をもっている。

対比される二つの社会文化の差異は，次のような数式的表現によって析出されるであろう。

$$\alpha \sim \beta = [(A \sim B)/C_a] \sim [(B \sim A)/C_b] \quad \text{ただし} \quad C_a \neq C_b$$

$$\alpha = [(A \sim B)/C_a]：基準 C_a のもとでのA・B社会間の差異$$
$$\beta = [(B \sim A)/C_b]：基準 C_b のもとでのB・A社会間の差異$$

A社会の"emics"(内在的認識カテゴリーないし土着的特質)に基づいて設定された基準 C_a のもとでのB社会との差異が α，B社会の"emics"に基づいて設定された基準 C_b のもとでのA社会との差異が β である。ただしその際，C_a と C_b は，"etics"(当該社会の外部研究者の立場から把握された客観的分析カテゴリー)として設定されるのではなく，当該社会で生まれ育った内部研究者が，それぞれ普遍的比較基準だと想定している主観的なものであり，しかも〈自明な〉(明確な根拠・理由をもたない)"emics"であることに留意する必要がある。

前記の式による二段構えの比較作業は，生後，もっぱらA・Bいずれかの社会で文化化（enculturation）されるにとどまる研究者が，一方の基準のみに依拠するのではなく，文化相対主義の立場から，他文化の基準にも配慮して，双方で互いに緊密に連携して行なうことが必要である。

　たとえば荒井一博は，新古典派経済学に立脚する，アメリカなどの契約に基づく「効用」追求としての自由経済機構と，日本の「信頼」に依拠する終身雇用制度とを対比している。互いに異質な制度を支える思考法や価値観を明確にし，それに基づいて比較しなければ，双方のシステムを単に対照的にとらえるにとどまるであろう[1]。

　同様のコメントは，社会学者のドーアが，アングロサクソンの市場主義型資本主義と，日・独型（ライン型）の長期展望での協調路線とを対置している研究についても当てはまるであろう[2]。

　このように相異なる基準を採択して得られた二種類の差異の対比という比較研究では，基準C_aまたは基準C_bは，あくまで鶴見和子の言う「仮構」としての普遍的基準なのであるが，それをどのようなものとして設定するかが大きな課題となる。

　園田英弘が提唱したように，日本の社会科学における従来の「欠如理論」（欧米の制度を過度に普遍的と思い込み，それが日本にないことを後進性の表明とする）から脱却し，「逆欠如理論」（日本では普通にあるものが，どういう形で欧米でありうるのか，あるいはなぜないのかを探究する）に準拠することは，ここで言う比較基準の相対化にほかならない[3]。

　「逆欠如理論」を適用しうる一例として，鈴木孝夫が挙げる，飼い犬の処分方法にかかわる日・英間での「残虐さ」の受け止め方の違いがある。イギリス人は，薬殺や射殺などによって安楽死させることが当然であると

---

1) 荒井一博『文化の経済学』，文芸春秋社，2000年，参照
2) R.ドーア『日本型資本主義と市場主義との衝突』，東洋経済新報社，2001年，参照
3) 園田英弘「逆欠如理論」，教育社会学研究，49集，1991年，9-33頁，「日本文化論と逆欠如理論」，濱口惠俊編著『日本型モデルとは何か』，新曜社，1993年，161-173頁，Sonoda Hidehiro, "The Theory of Japanese Culture and the Theory of Reverse Absence", Japan Review, 12, 2000, pp. 93-104.

し，日本人が「捨て犬」にするのを「残虐」だとする。日本人は，自らの手で処置しないことがせめてもの救いだと考える。この処置法がイギリス人にないのは，人間優位の牧畜民的伝統のせいなのだろうか[4]。

このような事例からすると，比較基準の相対化は必須である。ただし，「間(あわい)の文化」に根ざす「方法論的関係体(間人)主義」は，たとえ国際的普遍性を備えているとしても，日本側からの比較基準と比較方法の提唱であるにとどまる。このことは十分に留意しなければならない。これによって確認された文化差 α は，欧米サイドの「独(ひとり)の文化」に根ざす「方法論的個別体(個人)主義」から見出された文化差 β とさらに対比されなければならない。その成果として，$\alpha \sim \beta$ という一つのタイプの差異を提示することになる。もう一つのタイプは，従来の「方法論的個別体主義」を基準枠にした，$\beta \sim \alpha$ という差異である。

それゆえ，「方法論的関係体(間人)主義」がどれほど普遍性をもつ新しい方式だとしても，「方法論的個別体(個人)主義」を否定したり，それに取って代わるべきパラダイムではない。双方のパラダイムからの比較研究が要請される。$\alpha \sim \beta$ と $\beta \sim \alpha$ とは，はたして同じであろうか。

「間(あわい)の文化」という社会編成原理と「信頼」要件

「間(あわい)の文化」にとって，もう一つの現実的な課題がある。それは，社会秩序の維持機構にかかわる問題である。「間(あわい)の文化」という社会編成原理（システム自体による自己編集過程の原則）の成立要件を何に求めればよいのか，という課題だと言ってよい。

いわゆる個人主義社会の秩序は，それぞれ自立した「個人」の自律的態度と自己依拠能力によって保たれている。各人がそれぞれ「個」に徹すればよいのである。そうした自己制御による社会秩序の維持は比較的やさしい。

しかし先に述べた調査結果からも想定されるように，今後の社会で「間人主義」が「個人主義」よりも相対的に優位を占めるようになる可能性がある。そうした社会の秩序は，どのようにして維持されることになるのだ

---

4) 鈴木孝夫『ことばと文化』，岩波書店，1973年，118-119頁

ろうか。

　一般に関係性そのものを的確に制御することは困難である。相互作用自体はつねに不安定であって，社会システムは「複雑系」とならざるをえない。そうした相互作用の安定化要因は，ルーマンの言うように，行為者相互の「信頼」に求めるしかないのではないか。それは実は「間人主義」の重要な属性でもある。この「信頼」についてやや詳しく検討しておきたい。

　現在，経済，とくに金融面でのグローバリズムが進行するなかで，その不安定さを懸念し市場原理主義からの転換を図ろうとする動きが強まってきている。構造的不況を克服するのにアングロ・アメリカン・システム（株主主権のコーポレート・ガバナンス）に果たして効果があるのか，という疑念が日本では大きい。従業員（ステーク・ホルダー）主権の日本型経済制度のメリットを，改めて見直そうとする見解も出てきている。その際，注目すべきことは，資本主義システムの安定化要因は何か，ということである（4章4節参照）。「信頼」はその有力な要因の一つであろう。この点を考える上で参考となる文献名だけを若干挙げておこう。

　　　榊原英資『市場原理主義の終焉』，PHP研究所，1999年
　　　ジョージ・ソロス『ソロスの資本主義改革論』，日本経済新聞社，2001年
　　　金子勝『反グローバリズム』，岩波書店，1999年
　　　ロナルド・ドーア『日本型資本主義と市場主義の衝突』，東洋経済新報社，
　　　　2001年
　　　青木昌彦『経済システムの進化と多元性』，東洋経済新報社，1995年
　　　青木昌彦『比較制度分析に向けて』，NTT出版，2001年
　　　佐伯啓思・松原隆一郎編著『〈新しい市場社会〉の構想——信頼と公正の経済
　　　　社会像』，新世社，2002年
　　　稲葉陽二・松山健士編『日本経済と信頼の経済学』，東洋経済新報社，2002年
　　　関西社会経済研究所『市場主義経済と「日本型資本主義」のあり方』（研究報
　　　　告書），2002年4月

　国際政治の面では，2001年9月11日の同時多発テロ以来，アメリカとイスラム原理主義者との間で，ハンチントンの言う，文明（民族・人種）間

の「断層（fault-line）戦争」が続いており，社会的不安は募っている。それは，国レベルでの「コミューン戦争」とは違い，ある意味では宗教間の抗争である[5]。

アメリカは，イスラム（「神への絶対的帰依」の意）教の神 Allah の説く道で努力することをいう"*jihad*"を，［過激派はそれを「聖戦」と呼ぶので］単純に殉教精神や国際テロ活動と見なしている。イスラエルとパレスチナとの抗争にも同様の構図がある。市場原理主義をグローバリズムの名のもとに各国に強要するなら，同じような反発的な運動が生じることだろう。

異なる宗教間の「文明の衝突」を未然に回避し，それにうまく対応するには，互いに相手に対して寛容であり，同時に他を「信頼」するより仕様がないであろう。一神教的伝統のもとでは，それは難しい事柄かもしれないが，それしかほかに有効な手だてはなさそうである。

このように国際経済・政治において社会的「信頼」の欠如が顕著である。では「信頼」(trust) とはいったい何なのか。それは「信じてたよること。たよりにできるとして信じること」（岩波国語辞典）であり，その同義語である「信用」(credit) は，「今まで（現在）の行為からしても将来も間違いを起こさないと，信頼すること」（岩波国語辞典）を指している。「信用取り引き」というのは，「信頼」という，相手への主観的依拠に根ざした給付と反対給付の交換である[6]。

社会的「信頼」には，次のような二つの型がある。

① 自己依拠的「信頼」

各個人が自律的な自我を確立し，それぞれ自己依拠的に振る舞うなら，その行動は制御されたものとなり，合理的に「効用」を達成しうるであろう。その場合は，相手の行動の動機づけをほぼ正確に予測でき，相互不可侵の形で信頼関係を樹立できる。ただし自律的な個に徹すれば徹するほど，他者不信の傾向を生み，法的な立場から「契約」を前

---

5) サミエル・ハンチントン（鈴木主税訳）『文明の衝突』，集英社，1998年，『文明の衝突と21世紀の日本』，集英社，2000年，参照
6) 濱口惠俊「『信頼』と『信用』」，通産ジャーナル，1984年6月号

提にした取り引きを設定せざるをえなくなる。市場原理主義での「信頼」は，他者不信の上に築かれた，脆さを伴った取り引きである。

　山岸俊男の言う「信頼」は，このようなタイプに属している。「信頼が必要とされるのは社会的不確実性の大きな状況」だとする。それは，「相手が自己利益のために搾取的な行動をとる意図をもっていると思うかどうかに関わる限りでの信頼である」。つまり他者不信を基盤とする「信頼」である。集団主義社会での「安心」と対照化される[7]。この場合は，「信用」より「用心」のほうがウエイトを占める，と言ってもよさそうである。

② 相互依拠的「信頼」

不信感と隣り合った「信頼」ではなく，相手の立場を考慮して対処したり，すっかり相手に自分の身をゆだねてしまうという，人間関係そのものへの信託としての「信頼」をいう。個人主義者からは無防備だと非難されるかもしれないが，深い共感が生み出す効果は大きい。互いの思惑が一致し，相手に特に要請しなくても，こちらの意図や希望を鋭敏に察して適宜叶えてくれるような「信頼」関係である。

　社会生活を一人の力と責任で送ることは実際には不可能であって，親身になった相互依存が不可欠である。「介護」も相互の信頼感なしには十分達成されえない。もちろんプライバシーは護られる必要があるが，時には自己をさらけ出し，断わられることを案じずにほかの人に頼みごとができるような〈親密な〉間柄が必要である。それこそ「信頼」の原点であろう。

このような「信頼」関係の事例としては，4章4.2節で紹介した，故障したマンション・ドアー錠の開け方を，戸惑いながらも隣の外国人に教えた日本人主婦のケースがある。

　ここでいう「社会編成」とは，社会システム自体による秩序の自己編集，すなわちシステム構造の「自己創出」(autopoiesis)のことである。これに関して二つの「信頼」論が出されている。

---

[7]　山岸俊男『信頼の構造』，東京大学出版会，1998年，『安心社会から信頼社会へ』（中公新書）1999年，参照

エピローグ

(1) 「信頼」による社会システムの複雑性の縮減

すでに4章4.2節，4.4.3項で触れたことだが，ドイツの社会学者のルーマンによれば，相互作用での不安定な状況を解消させる戦略の要となるものは，相手に対する「信頼」(Vertrauen) である。それは現実の世界（環境）のおびただしい複雑性を縮減する機能を有している。

「信頼」とは，自分が他者や社会に対して抱く期待を自ら当てにすることである。そうした「信頼」は，複雑なシステムで確かな情報が不足しているのを内面から補って，システムに何らかの秩序をもたらし，その主体性の確立に役立つのである。

相互作用においては，自己の行為選択は相手の出方次第であるが，相手もまた同様であって，二人は「二重の不確定事態」に置かれている。それはある意味ではリスクを伴っている。自分の期待が何であるかを相手が知っているとき，相手はそれを阻んだり，欺くこともできる。しかし不信頼の可能性がある場合にも，あえて相手を信じることによって社会関係が徐々に作られ，互いに信じ合えることが分かると，両者の「信頼」がよりどころになり，社会システムの編成が進むことになる，とする[8]。

「二重の不確定事態」の解消に向けての「信頼」の事例としては，高速道路で「法定速度を守る」という車の自己宣言を避けて，自然な車の流れに身をゆだねる運転行動が挙げられよう。観察例では，前を走る会社の小型トラックの扉に，「追突注意！」と大書してあり，その下には「私は法定速度を守ります」と書いてあった。

その車は順法精神に富んでいるが，後続の車がそれと同じ速度で走らないかぎり，かえって追突事故の原因となりかねない。法定速度での走行を宣言することは，社会性があるようで，実際は独りよがりである。ハイウェイの走行では，リーズナブルな範囲内でのスピードで，他の車を信じてスムーズな流れを作ることのほうが大切である。安全を確保するには，「複雑系」としての車の流れのなかで，おのずと編成される秩序に身をゆだねる，「信頼」行動の意義は大きい[9]。

---

8) N. ルーマン（佐藤勉監訳）『社会システム理論（上）』，恒星社厚生閣，1993年，198-201頁ほか，N. ルーマン（大庭健・正村俊之訳）『信頼―社会的な複雑性の縮減メカニズム』，勁草書房，1990年，参照
9) 濱口惠俊「〈複雑系〉としての社会」，毎日新聞，1997年7月30日

(2) 社会資本としての「信頼」

アメリカの国際政治の研究者フランシス・フクヤマは，自由な市場経済において，今後は，社会の構成メンバー間で「信頼」関係が良いか否かがその決め手になるとし，人的組織力を「社会資本」(social capital) と呼んだ。日本・アメリカ，ドイツは，世界でずば抜けた高信頼社会だとする。ただし契約に頼りすぎるアメリカは脆さを内蔵しているのだが。

従来の新古典派経済学での利己的・合理的選択（「効用」の極大化）よりも，自明であるため意識されないような伝統的生活様式（文化）・社会倫理・習慣のもつ機能を再評価すべきだと言う。「信頼」とは，成員が規範に従って規則を守り，誠実に，互いに協力して振る舞うように，地域社会で期待されている事態をいう[10]。

これにかかわるような事例としては，阪神大震災直後における無担保貸出に対する高返済率のケースが挙げられよう。某信用金庫は，震災直後に，六千人以上の被災者に対して，5万円の疎開資金等を，名前と連絡先を記すだけで貸し出した。無利子，無期限，無保証人で，返済の催促もまったくなかったが，一年未満で，貸出総額7500万円の八割以上が自発的に返済されたという。これは「人は信頼されたら自分の行動に責任を持つ」からだろうと，当時神戸大学にいた，蜂屋良彦教授（社会心理学）のコメントがある[11]。

現代人の消費活動は，制約された予算と資源のため，財の購入に選好順序を付した上で，最大限の欲望充足を果たすことを余儀なくされる。こうした合理的選択の中で充足度の最大化を目指すときの主観的測度が「効用」(utility) である。

「効用」概念が有効なのは，自己依拠的活動に支えられた経済システムが，線形的に展開される均衡系においてである。だが現代のように「複雑系」として展開される経済状況下では，ことに非均衡的な日本型経営システムでは，相互依存・相互信頼といった非線形的要因が強く作用する。

「信用」ないし「信頼」は，「物財」とは違い，「関係財」として社会シ

---

10) Francis Fukuyama, Trust, Hamish Hamilton, 1995（加藤寛訳『「信」無くば立たず』，三笠書房，1995年），および，濱口惠俊『日本型信頼社会の復権－グローバル化する間人主義』，東洋経済新報社，1996年，参照

11) 毎日新聞，「信頼のきずな」，1996年1月10日

ステムの維持存続に寄与する。高度に情報化された現代社会では，電子取り引きでのように，「信用」の重要性がますます増大する。かくて「効用」から「信用」へのシフトが必然化され，それはグローバルな傾向となるであろう。

　昔，親族・藩士・農民・商人との間での「信頼」関係の再構築から始めた，恩田木工民親による信州松代藩の行財政改革がある。それが見事に成功したのも，「信用」重視のゆえであった[12]。

　社会編成原理としての「間(あわい)の文化」の機能要件となる「信頼」の問題について，一層の理論的・実証的研究が要望される。調査結果に見られるように，「間人主義」の「相互信頼」という属性がさらにグローバル化されるのであれば，なおさらのことである。現状ではまだ十分な研究成果は得られていないように思われる。

―――――――――

準則1　本書の意図は，相関存在論の再検討に基づき，「独(ひとり)の文化」と連関づけて「間(あわい)の文化」論を展開することにある。「間(あわい)の文化」は，本来，国際的な遍在性を備えているが，差し当たり日本をその分析のための拠点に設定することにした。準拠するパラダイムとしては，「方法論的関係体(間人)主義」を採択する。

準則2　これまでの「集団主義」日本という通説を退け，〈にんげん〉モデルを「個人」から「間人」へと転換し，さらにそのシステム形態として「個別体」と「関係体」を設定した。また，「縁」としての「間柄」に注目するとともに，「場所」を主体存在として把握した。「複雑系」における「システム関係体」の機能にも言及した。

準則3　デカルトの「個体存在論」に代わるべき「相関存在論」については，荘子・龍樹・山内得立の説を批判的に検討した。「相関存在論」を実証的に解明するために，「対人関係観」である「間人主義」「個人主義」の国際比較調査を実施し，「間人主義」のグローバルな遍在性を立証した。

準則4　「間(あわい)の文化」論の展開にとって，「方法論的関係体主義」は，国際的普遍性を備えているとはいえ，日本起源という文化拘束性から完全に解き放たれてはいない。それをどうブレーク・スルーする

―――――――――

12)　笠谷和比古 校注『日暮硯』(岩波文庫)，1988年

のか，大きい課題を背負っている。また「独(ひとり)の文化」論とどのように連関するのかも問題である

系1 A・B社会間の文化差を記述するための比較等式は，下記のとおりである。

$\alpha \sim \beta = [(A \sim B)/C_a] \sim [(B \sim A)/C_b]$　ただし　$C_a \neq C_b$

$\alpha = [(A \sim B)/C_a]$：基準$C_a$でのA・B間の差異
$\beta = [(B \sim A)/C_b]$：基準C_bでのB・A間の差異

系2 「方法論的関係体主義」は，$\alpha \sim \beta$という一つのタイプの差異と，「方法論的個別体主義」は，別のタイプの差異，$\beta \sim \alpha$とかかわっている。

準則5 「間(あわい)の文化」論にとってのもう一つの研究課題となるのは，その成立要件としての社会的「信頼」が，どのような機能を発揮するのか，まだ十分解明されていないことである。

系1 社会的「信頼」には，自己依拠的「信頼」と，相互依拠的「信頼」との二類型がある。

系2 「信頼」による「社会編成」機能については，ルーマンによる，「社会システムの複雑性の縮減」説と，フクヤマによる「社会資本」説とがある。

あ と が き

　これまで私自身，アカデミック・キャリアとしても，教育社会学，文化社会学，社会心理学，心理人類学，比較文明学，情報社会論，経営組織論などといった領域とかかわってきた。そしてこうした学際的な立場から，主に日本論や比較社会文化論の理論的，実証的研究を行なってきた。
　その間に，学位論文『日本研究原論』を提出し，あるいは『間人主義の社会　日本』（サントリー学芸賞），『日本型信頼社会の復権』といった評論集を世に問うた。また「国際日本文化研究センター」での共同研究に基づいて，『日本型モデルとは何か』『世界のなかの日本型システム』『日本文化は異質か』『日本社会とは何か』といった編・著作を刊行した。さらにまた，多くの方々の協力を得て，かなり大規模な国際比較調査を実施し，その報告書も数冊出版した。
　だがよく考えてみると，日本論の体系的な著書は，1977年に日本経済新聞社から刊行された『「日本らしさ」の再発見』以降，まったく書かれていないことに気づく。そこで，日本論をも含む比較社会のための基礎理論についての，システマティックな著作を新たに書き下ろすことが必要だと，数年来思い続けてきた。本書は，そのような意図から書かれた，まとまりのある二冊目の本である。本来それは，外国語で書くべきものであったかもしれない。
　私事で恐縮だが，私は二年ほど前に，心臓のバイパス手術を受けた。術後半年ほど経って，以前から温めていた本書の執筆に取りかかった。一年がかりでようやく書きおえることができた。これもひとえに，京都桂病院の心臓外科部長，勝間田敬弘医師の完璧な施術の賜物である。また，徴候をいち早くとらえ，必要な検査を即刻実施してくださった，同病院内科の宮崎博子医師に負うところも大きい。生命力を賦活してくださった両先生のご恩に私なりに報いたい，そんな気持で書き続けた。
　術後二月ほどで大学（滋賀県立大学）に出て，講義を再開し，学生部

長・学科長の職務をも果たすことができた。平成14年3月には，無事に定年退官の運びとなった。これも日高敏隆前学長，西川幸治現学長のご理解，ご支援があったからこそであり，深く感謝する次第である。本書は大学院「比較社会文化論特講」の最終講義をベースにしている。

　この書では，各章あるいは各節の後に，論旨を手短かに記述した**準則**とその**系**を付した。それらによって議論の概略をつかんで頂けるものと思う。議論をこうした形である程度定式化することが，日本の学問，とくに人文・社会科学にとっては必要ではないかと考えている。論述の明確さが一般理論を設定する必要・十分条件だからである。こうした叙述の形式に関しては，Alfred Kuhn, The Logic of Social Systems, Jossey-Bass, 1974. が参考になる。

　6章の調査データの統計的解析とその図表の作成に関しては，調査の共同研究者であった，京都学園大学人間文化学部の岡本裕介氏の助力を得た。ご協力に心から感謝したい。

　本書の刊行については，新しい意欲的な出版社の知泉書館，小山光夫氏，高野文子さんのご尽力を得た。内容面にまで深くコミットして編集して頂いた。特記して感謝の意を表したい。

　　平成15年1月

　　　　　　　　　　　　　　　　　　洛西桂坂にて
　　　　　　　　　　　　　　　　　濱　口　惠　俊

参 考 文 献

日本論，比較社会文化論で，本文で引用・参照した著作・論文を除き，参考となる基本文献を挙げる。

日本論リファレンス

祖父江孝男「アメリカ人類学者による日本研究・展望と評価」，『民族学研究』22巻3-4号，1959年，141-48頁（Takao Sofue, "Japanese Studies by American Anthropologist: Review and Evaluation", American Anthropologist, Vol. 62, No. 2, 1960, pp. 306-17.）

日本学術会議『文科系文献目録15，日本人の性格研究篇』，日本学術会議，1963年2月

森口兼二・濱口惠俊「日本文化研究の展望と文献リスト――戦後を中心とする日本文化論の系譜」，『思想の科学』1964年4月号，64-74頁（Esyun Hamaguchi, "A Bibliographic Overview in Postwar Studies of Japanese Culture", Psychologia, Vol. 8., No. 1-2, 1965, pp. 50-62.）

大島建彦ほか編『日本を知る事典』，社会思想社，1971年

濱口惠俊「世界の中の日本文化を考える・六〇冊の本」，梅棹忠夫・多田道太郎編『日本文化の表情――論集・日本文化3』，講談社，1972年，195-225頁

濱口惠俊「日本人論の系譜」，飯島宗一・鯖田豊之編『日本人とは何か』，日本経済新聞社，1973年，7-36頁

野村総合研究所情報開発部『戦後日本人論年表』，野村総合研究所，1979年3月

佐治芳雄編『邦訳日本研究文献解題』，宗高書房，1980年

南　博編『日本人の人間関係事典』，講談社，1980年

南　博『日本人論の系譜』，講談社，1980年

佐橋　滋編『日本人論の検証――現代日本社会研究』，誠文堂新光社，1980年

築島謙三『「日本人論」の中の日本人』，大日本図書，1984年（講談社，2000年）

辻村　明・古畑和孝・飽戸　弘編『世界は日本をどう見ているか――対日イメージの研究』，日本評論社，1987年

富田　仁編『事典　外国人の見た日本』，日外アソシエーツ，1992年

Harumi Befu/Josef Kreiner eds., Otherness of Japan, Historical and Cultural Influences on Japanese Studies in Ten Countries, Indicium Verlag, 1992.

南　博『日本人論――明治から今日まで』，岩波書店，1994年

奥井智之『日本問題——「奇跡」から「脅威」へ』，中央公論社，1994年
Kodansha International, JAPAN: Profile of a Nation, Kodansha International, 1995
日外アソシエーツ編集部『文献目録　日本論・日本人論の50年　1945-1995』，日外アソシエーツ，1996年
石澤靖治『日本人論・日本論の系譜』，丸善，1997年

日本論・比較社会文化論　基本文献

川島武宜『日本社会の家族的構成』，日本評論社，1950年
ラフカディオ・ヘルン著，平井呈一訳『心——日本の内面生活の暗示と影響』，岩波書店，1951年
E. ヘリゲル著，稲富栄次郎他訳『弓と禅』，協同出版，1956年
祖父江孝男・我妻　洋『世界の国民性——日本人の心理と欧米人の心理』，講談社，1959年
中村　元『比較思想論』，岩波書店，1960年
丸山真男『日本の思想』，岩波書店，1961年
桜井庄太郎『恩と義理——社会学的研究』，アサヒ社，1961年
統計数理研究所国民性調査委員会編『日本人の国民性』，至誠堂，1961年
中村　元『東洋人の思惟方法 1-4』，春秋社，1961-1962年（Hajime Nakamura, Ways of Thinking of Eastern Peoples: India-China-Tibet-Japan, East-West Center Press, 1964.)
村松常雄編著『日本人——文化とパーソナリティの実証的研究』，黎明書房，1962年
R. N. ベラー著，堀　一郎・池田　昭訳『日本近代化と宗教倫理——日本近世宗教論』，未来社，1962年
中村　元・早島鏡正訳『ミリンダ王の問い——インドとギリシャの対決，1-3』，平凡社，1963，1964，1964年
石田英一郎『東西抄——日本・西洋・人間』，筑摩書房，1965年
笠　信太郎『なくてななくせ』，暮しの手帖社，1966年
川島武宜『日本人の法意識』，岩波書店，1967年
梅棹忠夫『文明の生態史観』，中央公論社，1967年
松田道雄『育児の百科』，岩波書店，1967年
ベンジャミン・スポック著，暮しの手帖翻訳グループ訳『スポック博士の育児書』，暮しの手帖社，1970年
統計数理研究所国民性調査委員会『第2　日本人の国民性』，至誠堂，1970年
F. L. K. シュー著，作田啓一・濱口惠俊訳『比較文明社会論——クラン・カスト・クラブ・家元』，培風館，1971年
山村賢明『日本人と母』，東洋館出版，1971年
Francis L. K. Hsu, IEMOTO: The Heart of Japan, John Wiley & Sons, 1975.

参考文献

統計数理研究所国民性調査委員会編『第3 日本人の国民性』, 至誠堂, 1975年
Takie Sugiyama Lebra, Japanese Patterns of Behavior, The University Press of Hawaii, 1976.
岩田龍子『日本的経営の編成原理』, 文眞堂, 1977年
井上洋治『日本とイエスの顔』, 北洋社, 1978年
『現代社会学』Vol.7, No.1, 1980年, (特集) 日本社会論, [安田三郎「日本社会論の展望」, 濱口惠俊「日本社会論のパラダイム革新を目指して」を収録]
井上洋治『イエスのまなざし——日本人とキリスト教』, 日本基督教団出版局, 1981年
剣持武彦・西山松之助・清家 清・小倉 朗・木村 敏『日本人と「間」』, 講談社, 1981年
小此木啓吾『日本人の阿闍世コンプレックス』, 中央公論社, 1982年
河合隼雄『中空構造日本の深層』, 中央公論社, 1982年
統計数理研究所国民性調査委員会編『第4 日本人の国民性』, 出光書店, 1982年
Francis L. K. Hsu, Rugged Individualism Reconsidered, The University of Tennessee Press, 1983.
奥野健男『「間」の構造——文学における関係素』, 集英社, 1983年
姫岡 勤『家族社会学論集』, ミネルヴァ書房, 1983年
南 博編『間の研究——日本人の美的表現』, 講談社, 1983年
ロス・マオア, 杉本良夫編著『個人 間人 日本人』, 学陽書房, 1987年
ハルミ・ベフ『イデオロギーとしての日本文化論』, 思想の科学社, 1987年 (増補版1990年)
やまだ・ようこ『私をつつむ母なるもの——イメージ画にみる日本文化の心理』, 有斐閣, 1988年
ポーリン・ケント「罪の文化と恥の文化・再考」, 大阪大学人間科学部『年報人間科学』, 第10号, 1989年, 69-87頁
垂水 稔『結界の構造——一つの歴史民俗学的領域論』, 名著出版, 1990年
今西錦司『自然学の展開』, 講談社, 1990年
統計数理研究所国民性調査委員会編『第5 日本人の国民性——戦後昭和期総集』, 出光書店, 1992年
恒吉僚子『人間形成の日米比較——かくれたカリキュラム』, 中央公論社, 1992年
山折哲雄『聖と俗のインド』, 有学書林, 1992年
剣持武彦『「間」の日本文化』, 朝文社, 1992年
水谷 修・佐々木瑞枝・細川英雄・池田 裕編『日本事情ハンドブック』, 大修館書店, 1995年
S. N. Eisenstadt, Japanese Civilization, A Comparative View, The University of Chicago Press, 1996.
林 知己夫『日本らしさの構造』, 東洋経済新報社, 1996年
ポーリン・ケント『第一次資料によるルース・ベネディクト研究——そのデータベースの整理』[Pauline Kent, Ruth Benedict and Her Wartime Studies—

Primary Materials and References, 1996.]（1995年度文部省科学研究費補助金，奨励研究(A)，研究成果報告書），国際日本文化研究センター，1996年
長谷川三千子『バベルの謎――ヤハウィストの冒険』，中央公論社，1996年
伊丹敬之『場のマネジメント――経営の新パラダイム』，NTT出版，1999年
梅原　猛『日本の深層』（梅原猛著作集6），小学館，2000年
林　知己夫『日本人の国民性研究』，南窓社，2001年
Ryoko Tsuneyoshi, The Japanese Model of Schooling, Comparisons with the United States, RoutledgeFalmar, 2001.
ハルミ・ベフ編著『日系アメリカ人の歩みと現在』，人文書院，2002年
柳父　章『秘の思想――日本文化のオモテとウラ』，法政大学出版局，2002年

著者の日本論文献リスト
（本文でリファーした分を含む）

「『状況的』行為の原理――日本人の民族的性格分析の一視角」，『社会学評論』，16巻3号，1966年，51-74頁
「日本人のモラル・システム」，重松俊明編著『変動期の社会と教育』，黎明書房，1970年，111-159頁
「日本社会の家族的構成　再考」，『ソシオロジ』，17巻1・2号，1971年，1-17頁
「アウトサイド・インの原理――日本研究における行動科学的公準」，集団力学研究所編『組織変革とPM理論』，ダイヤモンド社，1975年，171-190頁
「日本の組織における対人関係観と意思決定」，『年報社会心理学』，16号，1975年，55-68頁
「日本人における成人社会化の基本特性――社会的経歴の分析を通して」，『教育社会学研究』，31集，1976年，40-53頁（徳岡秀雄・今津孝次郎と共著）
『「日本らしさ」の再発見』，日本経済新聞社，1977年（講談社学術文庫版，1988年）
「イエモト集団内の人間関係」，伊東俊太郎ほか編『日本人の社会』，研究社，1977年，163-184頁
『日本人にとってキャリアとは――人脈のなかの履歴』（編著）（徳岡秀雄・今津孝次郎と共著），日本経済新聞社，1979年
「日本社会論・比較社会論」，熊谷尚夫・篠原三代平編『経済学大事典』（第2巻），東洋経済新報社，1980年，943-960頁
「日本人の人間観・対人関係観」，祖父江孝男編『日本人の構造』（現代のエスプリ別冊），至文堂，1980年，25-48頁
『集団主義――日本らしさの原点』（編），（現代のエスプリ160号），至文堂，1980年
『間人主義の社会　日本』，東洋経済新報社，1982年
『日本人の間柄』（編）（現代のエスプリ178号），至文堂，1982年
『日本的集団主義――その真価を問う』（公文俊平との共編），有斐閣，1982年（濱口惠俊「日本的集団主義とは何か」2-26頁を収録）
「日本人の人間モデルと『間柄』」，『理想』，584号，1982年，45-52頁

「日本人の人間モデルと『間柄』」,『大阪大学人間科学部紀要』, 8巻, 1982年, 207-240頁
「社会科学の方法論とその文化的基盤」,『経済評論』, 31巻11号, 1982年, 2-17頁
「日本的組織の編成原理再考──『集団主義』から『間人＝間柄主義』へ」,『組織科学』, 17巻1号, 1983年, 19-26頁
「日本文明と日本文化──比較文明学の基本枠組の確立をめざして」,『比較文明』, 1号, 1985年, 179-192頁
Eshun Hamaguchi (translated by Shumpei Kumon and Mildred R. Creighton), "A Contextual Model of the Japanese: Toward a Methodological Innovation in the Japan Studies", The Journal of Japanese Studies, Vol. 11, No. 2, 1985, pp. 289-321.
「日本文明の基本的性格──『文化』の文明化もしくは『文明』の文化化をめぐって」,『比較文明』, 2号, 1986年, 21-38頁
『高度情報社会と日本のゆくえ』(編), 日本放送出版協会, 1986年 (濱口惠俊「日本の『高度情報社会』への視点」7-24頁,「高度情報社会における『人間』の問題」178-205頁を収録)
「日本の組織化原理と国民性」, 三隅二不二監修, 狩野素朗ほか編『現代社会心理学』, 有斐閣, 1987年, 334-360頁
「間柄としての〈にんげん〉──仏教に探る新しい社会科学の基礎」,『仏教』9号, 1989年, 67-75頁
『国際化と情報化──比較文明学の視点から』(編), 日本放送出版協会, 1989年 (濱口惠俊「文明のダイナミックスとしての『国際化』と『情報化』」193-204頁を収録)
「日本研究の新たなるパラダイム」, 梅原猛編『日本とは何なのか──国際化のただなかで』, 日本放送出版協会, 1990年, 78-89頁
Hamaguchi Eshun, "Ein Modell zur Selbstinterpretation der Japaner—Intersubjekt und Zwischensein", Jens Heise ed., Die Hühle Seele, Fischer Taschenbuch, 1990, SS. 138-147.
「グローバリゼーションにおける日本型システムとその価値前提」,『組織科学』, 24巻4号, 1991年, 49-59頁
『日本型システム──人類文明の一つの型』(編者代表), Japanese Systems: An Alternative Civilization ?, ㈱セコタック, 1992年
『日本型モデルとは何か──国際化時代におけるメリットとデメリット』(編著), 新曜社, 1993年 (濱口惠俊「日本型モデルの構造特性──『関係体』の原基性をめぐって」3-30頁を収録)
「日本型システムにおける〈ゆらぎ〉」,『ゆらぎの科学』, 4号, 1994年, 69-99頁
Eshun Hamaguchi, "Innovation of an Ethical Paradigm and Japanese Culture", Moral Education, 4. (Carnegie Council and Uehiro Foundation), 1995, pp. 29-46.
「『日本らしさ』の存在論的基礎」, 中西進 (編者代表)『人類の創造へ──梅原猛と

の交点から』，中央公論社，1995年，383-409頁

Eshun Hamaguchi, "A New Paradigm for Japanese Studies: Methodological Relatum-ism", Bjarke Frellvig and Chritian Morimoto Hermansen eds., Florilegium Japonicum: Studies Presented to Olof G. Lidin on the Occasion of his 70th Birthday, Akademisk Vorlag, 1996, pp. 103-109.

『日本文化は異質か』（編著），日本放送出版協会，1996年（濱口惠俊「日本は本当に異質・特殊なのか？——シンポのまとめとコメント」109-126頁，「日本研究における『方法論的関係体主義』」90-94頁，「日本研究における『関係体』パラダイムの可能性」280-296頁を収録）

「国際化のなかの日本文化」，井上俊ほか編『日本文化の社会学』，岩波書店，1996年，39-69頁

『日本型信頼社会の復権』，東洋経済新報社，1996年

Eshun Hamaguchi, "The Contextual Model in Japanese Studies", Josef Kreiner and Hans Dieter Ölschleger eds., Japanese Culture and Society: Models in Interpretation, Indicium Verlag, 1996, pp. 337-357.

「価値転換の時代——『効用』から『信用』へ」，『比較文明』，12号，1996年，19-37頁

Eshun Hamaguchi, "A Methodological Basis for Japanese Studies—With Regard to 'Relatum' As Its Foundation", Japan Review, No. 9, 1997, pp. 41-63.

「文明としての社会システム」，伊東俊太郎編『比較文明学を学ぶ人のために』，世界思想社，1997年，172-88頁

『世界のなかの日本型システム』（編著），新曜社，1998年，（濱口惠俊「日本型システムの成立基盤とその構造・機能的特質」3-20頁を収録）

Eshun Hamaguchi, "Die ontologische Grundlage Östlicher Kulturen", *Minikomi*, 4, 1998, SS. 16-23. (aus dem Englischen von Theo Röttgers)

『日本研究原論——「関係体」としての日本人と日本社会』，有斐閣，1998年

『日本社会とは何か——〈複雑系〉の視点から』（編著），日本放送出版協会，1998年（濱口惠俊「日本型システムの『人間』的編成」12-38頁，「『間人主義』・『個人主義』調査の概要」256-269頁，「対人関係観の国際比較——傾向分析」〔岡本裕介と共同執筆〕270-281頁を収録）

「文明としての日本」，米山俊直・吉沢五郎編『比較文明における歴史と地域』，朝倉書店，1999年，65-78頁

Eshun Hamaguchi, "Die ontologische Grundlage Östlicher Kulturen", Beiträge zur Integralen Weltsicht, Vol. xiv, 1999, SS. 15-30. (aus dem Englischen von Theo Röttgers)

人名索引
（n は脚注）

合原一幸　　165n, 166n
間場寿一　　154n
青井和夫　　135n
青木やよひ　　47
青木昌彦　　248
浅見行一　　128n
荒井一博　　246
アリストテレス　　124
伊東俊太郎　　150
稲葉陽二　　248
井庭　崇　　166, 167n
岩田龍子　　141
上田義文　　194, 198, 199n
ウォルフレン，カレル・ファン　　64
梅原　猛　　84
エリクソン，エリック　　92
太田成男　　128n
岡本裕介　　217
恩田木工民親　　253

加藤秀俊　　28
金谷　治　　185n
金児暁嗣　　217
金子　勝　　248
神島二郎　　71
川島武宜　　24
河野重行　　128n
きだ・みのる　　69, 70
木村　敏　　vii, 46, 86, 118, 147, 148n
キルケゴール　　147, 148
クーン，アルフレッド　　133-34
クーン，トーマス　　vi, 91
鳩摩羅什（Kumārajiva）　　193, 197
公文俊平　　6, 74, 116, 124n, 138
クラックホーン，クライド　　16

クラックホーン，フローレンス　　235
黒岩常祥　　128n
ゲーデル，クルト　　93, 100
ケストラー，アーサー　　175, 176, 244

斉藤了文　　165n, 166n
佐伯啓思　　248
榊原英資　　248
作田啓一　　27, 114, 115n, 154n
佐藤誠三郎　　74, 124n
佐橋　滋　　63
清水　博　　156, 171-75, 176, 244
シュー，フランシス L.K.　　6n, 141n
ジョンソン，チャーマーズ　　55, 61-65
親鸞　　28
鈴木孝夫　　246
ズナニエツキー，フロリアン　　156
瀬名秀明　　128n
千石　保　　137
荘子　　169, 184-88, 244
副田義也　　29
園田英弘　　vi, 246
祖父江孝男　　25
ソロス，ジョージ　　248

高橋昌一郎　　93n
竹村之宏　　60
立川武蔵　　197, 198n
杖下隆英　　94n
柘植利之　　93n
津田一郎　　171, 175
都築卓司　　149
鶴見和子　　71, 72n, 246
デヴォス，ジョージ　　28
デール，ピーター　　64

デカルト　84,86,87,93,123
土居健郎　44-47,50,51,52,243
ドーア，ロナルド　246,248
トマス，ウィリアム　156

中川久定　125
中沢　透　128n
中根千枝　34-41,50,51,59,243
中村雄二郎　125,190
中村　元　194
西田幾多郎　117,124,125,184,190,
　206,244

パーソンズ，タルコット　136,154
パッシン，ハバート　123
間　弘　2n,4,5
濱口惠俊　6,64n,65,70n,154,160,178,
　190,216,217,249n,251n,252n
バリント，マイケル　44
ハンチントン，サミエル　248
広松　渉　100n,103n,105n
ファローズ，ジェームズ　64
フクヤマ，フランシス　252
福原義久　166,167n
藤沢令夫　95-97,100,101,115,126,
　127n,244
プラトン　124
古川秀夫　217
プレストウィッツ，クライド　64
フロイト，ジグムント　46,49
フロム，エーリッヒ　74
ベネディクト，ルース　15-30,50,51,
　243
別府春海　75,76
ベルク，オーギュスタン　93n,158,
　159n,160
ボーゲル，エズラ　4,55,56-61,71
ホール，エドワード　116,151-54
ボールディング，ケネス　135
ホフスタッター，ダグラス　93

増永洋三　102n
松野孝一郎　171,175
松原隆一郎　248
松山健士　248
ミード，ジョージ H.　48,129
南　博　47-50,51,52,243
宮沢弘成　149n
ミルグラム，スタンリー　74
村上泰亮　74,124n
村上陽一郎　87,148
孟子　73
モラン，エドガール　167,170
森三樹三郎　27,185n
森　有正　142
森口兼二　26
モリソン，ロバート　116

八木誠一　127,244
矢島羊吉　193n,194,200n
安田三郎　24,36
柳父　章　114,116n,117n
山岸俊男　250
山内得立　106,189,199,200,244
湯川秀樹　149,150
吉田和男　161
吉永良正　166n,169,169n
米沢富美子　166,167n

ライプニッツ　102
李白　149
リブラ，タキエ・スギヤマ　28,47n
龍樹（Nâgârjuna）　188,244
ルークス，スティーブン　92n
ルーマン，ニクラス　135-37,169,
　248,251
レヴィン，クルト　150,151
レッテガー，テオ　116

我妻　洋　28
和田純夫　150n
和辻哲郎　83,84,158,159,160

事項索引

あ行

間柄　51, 127, 141-43, 244
　〈親密な〉——　250
阿吽　128
亜個体・亜統体　178
亜全体　176
　——・亜部分　178
アナログ　125
アポロ型文化　16
甘え　44-47, 50, 51
　——る一方　47, 52
『「甘え」の構造』　243
間（あわい）の文化　vii, viii, 215, 244, 245, 247
「間」（あわい）の実在性　97
石垣モデル　39
依存　47
　——欲求　46, 47
一視同仁　74
因（hetu）　139
因縁　139
因子分析　219
"individuum"　100
"individuus"　100
インプット−アウトプット系　154
受身的対象愛　44
依止（saṃsraya）　189, 204-08, 244
"etics"　245
エトス　16, 25
"emics"　245
縁（pratyaya）　139, 140
縁起　139, 188, 189, 192-95, 198, 203, 208

メタ——　200, 205, 206
　両否の「——」　206
黄金律　19
「往来」関係　24
オート・ポイエーシス　126
「思い遣り」型の相互作用　142
折れ線グラフ　218
折れ線プロフィール　226
恩　21, 22
恩義　23
　——の文化　16, 20, 25

か行

外的客我　48, 49
概念　94
　——分割　20, 84, 85, 87
カオス　166
　——の縁（ふち）　166, 169
かくれた次元　152
仮構　246
カセット効果　114
価値志向　154
価値指向　235
　「——」と「対人関係観」との相関　236
環境世界　123
関係　94, 97, 103, 104, 112, 113
　——と関係とのメタ的な関係　148
　——としての人間　147, 148
　〈親密な〉——　141
「関係」の本質視　109
「関係」観　105
関係財　252
関係子　156, 157, 172, 173, 175, 176, 244

関係主体　104
関係集約型にんげん　130
関係準拠型の「個体」　103
関係性　vi, vii, viii, 51, 107, 108, 126
　——の関係性　107,
関係体　51, 104-06, 108, 113, 122, 127-30, 137, 148, 161, 170, 190, 207, 244, 245
関係的調整　51
関係的自我　52
関係場　118, 123, 148, 190
関体　104, 113, 115, 118, 184
関与主体　115, 118, 127
間人（かんじん）　85, 115, 117-19, 130, 137-39, 153, 160, 170, 243-45
間人（かんじん）主義　vii, 76, 212, 215, 217, 218, 244, 245, 247, 248, 253
　「——」項目　221
企業福祉主義　71
『菊と刀』　17, 243
擬・個人　114, 115, 117
擬・個体　101, 102, 112, 208, 243
基準系　155
規制指向型国家　64
期待　11
機能－構造主義　137
「機能」的要件　136
機能要件　10
〈気のおけない〉関係　141
義務　23
客我（Me）　48, 129
　内的——　48, 49
客体　122, 123, 125
逆欠如理論　vi, 246
行政指導　58, 61, 63, 65
協同体的関係　24
協同団体主義　60, 71-73, 82, 83, 243
共同体原理　60
極　128
虚構　96, 101, 127
義理　23, 24, 25
儀礼的な序列　40

空　189, 195, 200, 203, 206
空間　149, 151, 152
組み合う社会　41
「組み合わせ」構造　39
暮らし第一主義　70
グローバル・モデル　55, 56, 65
グローバリズム　248, 249
刑罰　27
契約　134
結界　205
結合手　139
原・関体　104, 105, 112, 243
原・個人　114, 115, 117
原・個体　101-03, 105, 112, 208, 243
個　72, 95-97, 126
「個」と「間」　94
「個」の虚構性　97
個我　92, 128
個人　v, vi, vii, 3, 5, 9-11, 72, 82, 83, 85, 88, 92, 100, 103, 113, 114, 118, 119, 130, 133, 138, 139, 243, 245
　——対集団　v, 3, 9, 12
一個人　114
個人主義　3-6, 9, 30, 68, 73-75, 82, 91, 122, 212, 213, 215, 217, 218, 244, 245, 247
　「——」項目　221
　「——」の欠如　243
個体　94, 100-03, 112, 113, 118, 184
　——存在論　184
　「——」虚構説　244
　——集約型システム　92
　——集約型にんげん　130
　——存在　122
　——的自律　51
個別　101
　——性　74, 75
　——体　vii, 101-03, 105, 106, 108, 113, 129, 130, 133, 212, 244, 245
行為　10, 11
　——の志向　9
行動の型　15, 16, 18

事項索引　　　　　　　　　　　　　　　　　　　　　　　267

口唇期　45
構造-機能分析　136
構造的アンティノミー　194, 195, 200, 206
効用　128, 169, 246, 249, 252, 253
コーラー　124
国民性　44, 57
互恵　141
互酬性　22
コミューン戦争　249
ごもっとも主義　50, 52
"context"　117
"contextual"　117

さ　行

サーボ・メカニズム　155
再帰性の原理　167
サイバネティック・モデル　154
"the contextual"　116
残虐さ　246
産業構造　63
産業政策　65
散布図　218
　　国別――　230
　　調査集団別得点――　226
自我　44, 47-50
　　――還元主義　50
　　――原理主義　87, 91
　　――中心主義　213
　　――統合型の「個体」　102
　　――統合型システム　92
　　――不確実感　48, 49, 52
自己
　　――依拠性　103
　　――依拠主義　214
　　――主張の傾向　176
　　――創出　250
　　――中心性　103
資格　34-36
しかしまた (but also's)　16
四句分別　199

「四句分別」の偈　197
市場原理主義　249, 250
自性(じしょう)　106, 188, 189, 192, 193, 198, 203, 208, 244
システム
　　――関係体　171, 176
　　――・バウンダリー　189, 205
　　焦点――　177
　　上位――　177
　　下位――　177
自然観　235, 236
自尊心の損傷体験　26
自認的自我　92, 100, 207, 213
実体　87, 95, 100
　　――主義　100
"jihad"　249
資本主義規制国家　62
資本主義発展国家　62
社会　11
　　――関係　11, 135, 141, 143, 244
　　――構造　34
　　――資本　252
　　――システム　11, 135, 169, 171
　　――実在論　3, 115
　　――主義発展国家　62
　　――的威信　27
　　――的原子　119, 138
　　――的行為　10
　　――的分子　119
　　――編成　250
　　――編成原理　243, 247
　　――名目論　3, 115
集団　v, 5, 9, 11, 14, 72, 83, 88
　　――我　49, 51
　　――主義　v, vii, 2-6, 9, 14, 30, 68, 73-75, 82, 91
　　小――　38, 39
集合性　74, 75
羞恥　27
主我(I)　48, 129
主体　122-25, 157, 158, 160
　　「――」空間　149

「——」対「客体」　86
「——」内在説　86
樹状化　177
述語
　　——的世界　125, 126
　　——的統一　124
　　——論理　124, 125, 184
情宜　142
状況　154, 156
　　——主義　49
　　——的　18
　　——の定義づけ　156
情報フィードバック・ループ　174
正味の選好の度合い　134
序列意識　37
自立性　39
人我　84
深重なる罪業　28
信用　249, 252, 253
信頼　246, 248-53
　　自己依拠的「——」　249
　　相互依拠的「——」　250
数量化Ⅲ類　219, 230
　　「組織観」「人間観」「自然観」の——
　　　分析　238
生活空間　118, 150
精神主義　76
生命システム　172
世間　206, 207
接近学　151
絶対無　125
善悪基準　27
全層性　177
全体　176
　　——帰属的傾向　176
　　——子　174
専門母型　91
相依相待　204
相関〈縁起〉　205
相関存在　122
相関存在論　140, 184, 188, 208
相関体　207

相互依拠性　108
相互依存　47, 194
　　——主義　212
　　——性　203
相互関係の情報　173
相互作用　10, 11, 118, 133-35
相互浸透　137
相互信頼　253
　　——関係　170
　　——主義　213
　　——性　109
操作用具性　103
「相対」（そうたい）　106, 107, 138, 203, 206, 244
「相待」（そうだい）　106, 107, 138, 203, 204, 206, 207, 244
創発特性　167, 169
総平均スコアー　224
相利共生　71, 127, 177
属性集団別フェース・シート特性　234
組織観　235, 236
その場主義　49
素粒子　149, 150
素領域　150
　　——論　149
存在論　122

た　行

対人関係
　　——観　212, 215, 244
　　——の手段視　214
　　——の本質視　213
対話論理の原理　167
他性（たしょう）　188, 189, 192, 193
タテ社会　34, 36, 37
『タテ社会の人間関係』　243
「タテ」の関係　35, 50, 51
ダブル・コンティンジェンシィ　136, 137
頼り頼られ　47, 52

事項索引

単位　95, 96
単一集団　59
単独主体　115
断層 (fault-line) 戦争　249
恥辱　27
中間子　150
中道　195
中立反応　219
『中論』　188, 193, 194, 199, 198
通態性　159
つき合いのための賛成　69
罪　26-29
　　──か恥か　29
　　──の文化　16, 25, 29, 30
　　も恥も　29
ディオニソス文化　16
定言命法　19
デカルト主義　113, 122, 127, 244
テトラ・レンマ　189, 199, 206, 207
「点」と「線」　94
同位体　11, 88, 118
等価機能主義　137
動機　10
　　──づけ志向　154
統合形態　15, 25
独我　92, 128
独自体　101, 112
徳目間での戸惑い　16, 18, 20
トポス　124
枢 (とぼそ)　169, 186
協調性　39
取引きモデル　133

な　行

〈なじみ〉　141
"nothing but-ism"　91
汝の汝　142
二元対立構図　20
二者関係　10, 141
　　──関係モデル　40
二重の不確定事態　135, 251

二分法　123
　　──論理　85
日本
　　──異質論　3
　　──型集団主義　70, 73
　　──型モデル　57
　　──集団主義　76
　　──叩き　64
　　──らしさ　55
『日本的自我』　243
入力＝出力システム　155
人間　84
　　──観　235, 236
　　──関係　84
〈にんげん〉システム　84, 85, 92
〈にんげん〉モデル　83, 119
人情　23
根まわし　59

は　行

場　vi, 34-36, 51, 148, 150, 151, 153, 154,
　　157, 175
　　──の情報　173
　　──の量子論　149
　　支配力の──　151
場所　117, 123, 124, 126, 127, 129, 143,
　　156, 157, 160, 173, 175, 244
　　──的拘束条件　156
　　──的自己言及　157
　　──論　244
"bi-textual"　117
π中間子　149
バイオ・ホロン　173-75
恥　26-29
　　──の文化　16, 25, 29, 30, 50, 51
「罰」の文化　28
発展指向型国家　63-65
パラダイム　91
引き込み　157, 172
非線形　125
　　──システム　88

否定我　48, 49
ひと　83, 84
人柄　118, 119
人の和　68, 73
独(ひとり)の文化　viii, 215, 244, 247
標準　156
フィードバック系　154
フィードバック・コントロール系
　　154
風土　160
　──性　158, 159
フェアー・シェア　60
不確実さ　136
不完全性定理　93
複雑系　vii, 88, 126, 138, 140, 142, 161,
　　165-67, 184, 244, 248, 252
複雑さ　167, 168
複雑性　251
　──の縮減　170, 251
　組織された──の問題　165
複雑適応系　166
節　176
部分　176
"propria persona"　92
フロント構造　127, 128
「フロント」理論　244
文化
　──化　246
　──構造の「中心的傾向」　25
　──の型　15, 18, 20
文明の衝突　249
法 (dharma)　193, 197
報恩　22
方法論的
　──関係体(間人)主義　vii, 51,
　　122, 247
　──個人主義　v, 5, 6, 9, 51, 75, 92
　──個別体(個人)主義　vii, 247
　──集団主義　5, 6, 9

ポパイ (Popeye)　123, 124
ホログラムの原理　168
ホロニック・ループ　172, 175
ホロン　175, 176-78, 244

ま　行

薪(燃料)と火　198
モナド　102
ミトコンドリア　127, 177
脈絡　117, 152, 153, 171
　──人　117, 153
　「──」の度合いが大きい文化
　　153, 154
　「──」の度合いが小さい文化　154
無の場所　125
群れの思想　71, 72
網状化　177
目的論的定義　171
"mono-textual"　116, 117

や　行

ヤヌス神　176
唯我論　103
優劣基準　27
ゆらぎ　88
要素還元主義　91, 95, 101, 126
「ヨコ」の関係　35

ら・わ　行

『礼記』　24
リビジョニスト　64
連続体　39
連帯的自律性　72
枠　34
我思う, ゆえに我あり　86, 123

濱口惠俊（はまぐち・えしゅん）

1931年 和歌山県生まれ．京都大学教育学部卒業，同大学院博士課程単位取得退学，京都大学教育学部助手，龍谷大学文学部助教授，大阪大学人間科学部助教授・教授，国際日本文化研究センター教授，滋賀県立大学人間文化学部教授を歴任．現在，国際日本文化研究センター，総合研究大学院大学，滋賀県立大学，各名誉教授．
博士（学術）〔総合研究大学院大学より取得〕
〔専攻〕日本研究，比較社会学，心理人類学，比較文明学，社会心理学
〔著訳書〕『「日本らしさ」の再発見』（日本経済新聞社・講談社），『間人主義の社会　日本』『日本型信頼社会の復権』（以上，東洋経済新報社），『日本型モデルとは何か』『世界のなかの日本型システム』（以上，編著，新曜社），『日本社会とは何か』『日本文化は異質か』（以上，編著，日本放送出版協会），『日本研究原論』（有斐閣），F.L.K.シュー『比較文明社会論―クラン・カスト・クラブ・家元』（作田啓一と共訳，培風館）など

「間（あわい）の文化」と「独（ひとり）の文化」　　　ISBN4-901654-12-8

2003年2月10日　第1刷印刷
2003年2月15日　第1刷発行

　著　者　濱　口　惠　俊
　発行者　小　山　光　夫
　印刷者　藤　原　良　成

発行所　〒113-0033 東京都文京区本郷1-13-2
　　　　電話(3814)6161　振替00120-6-117170
　　　　http://www.chisen.co.jp
　　　　株式会社　知泉書館

Printed in Japan　　©2003 Eshun Hamaguchi　　印刷・製本／藤原印刷